秋霞的一千零一夜

多桑蔣渭川的二二八

蔣理容

序　自覺的契機　覺人的勇氣

蔣寶漳

蔣渭水先生是我的曾祖父，渭川先生是我的曾叔公，「秋霞」我應該要叫嬸婆。還記得是二〇〇三年的夏天，我在考取牙醫師執照後等待當兵的空檔，赴美探望兄長，也順道拜訪旅居美國的秋霞嬸婆。嬸婆和她最小的女兒Tina姑姑同住，算起來當時已經七十五歲高齡，也旅美將近二十年了。嬸婆特別稱讚我這個侄孫很「乖」，到美國有記得來看她，慈祥的微笑讓我倍感溫馨，厚重的老花眼鏡也遮不住笑得彎彎的眼眉。嬸婆雖年事已高但耳聰目明，講起和松柏叔公的往事時，眼神雪亮且朝氣十足，言談中也藏不住對「公公」蔣渭川公義清廉的欽慕之情。一整個下午，那次嬸婆的「口述歷史」，是我對曾叔祖除了生硬史料之外的血緣連結與再認識。

本書作者蔣理容女士是蔣渭川的孫女，蔣松柏的次女，也就是我的堂姑，個性熱情溫暖，愛鄉愛土，慈善公益從不落人後，文筆極為流暢而富有感情。據理容姑姑描述，松柏叔公行醫濟世，氣宇軒昂，仁俠義骨，頗有「伯父」蔣渭水遺風。我雖無緣親睹風采，但從姓名就能感到血濃於水的親切感，因為我的祖父是蔣渭水的長子蔣松輝，據說松輝松柏堂兄弟倆在基隆的重逢，就是我的父親蔣智揚在當時就讀基隆中學的放學途中，看到樂安醫院招牌上寫著院長蔣松柏，才藉由「姓名」重新牽上血親的緣分。

祖父曾回憶一九四七年攜妻小乘船自上海返台欲入基隆港時，因為島上衝突事態惡化，故在海上滯延數日後始能入港，幸運未捲入二二八事件之中，算是第二次的「命大」。第一次的「命大」，則是因為父親蔣渭水將家產全數投入社會運動又英年早逝，經濟無力負擔，被迫中輟長崎醫科大學，而幸運躲過長崎原爆。

祖父未能如願完成學業成為醫師，由「堂弟」松柏代為延續家族職志，也算是佳話。然而因為戰亂的顛沛流離，堂兄弟倆竟相隔了將近三十年才偶然在基隆重逢，令人不勝唏噓。不過血緣的相牽羈絆一直都在，也一直持續，受過日式教育，日語流利的秋霞嬸婆，和蔣松輝的妻子，也就是我日籍的祖母池田八重子，成為了心靈交流的妯娌之交。我的父親蔣智揚後來就讀台大外文系時，擔任包括理容姑姑在內「堂妹」們的家教，這樣的緣分延續到下一代，我的哥哥蔣濱州就讀史丹佛大學時，也擔任過 Grace 姑姑女兒 Vivian「表妹」的家教。

戰亂讓人顛沛流離，台灣人的命運在日本殖民政權結束之後，面臨另一項嚴苛的考驗，勇於抗日的知識分子們期盼的「祖國」，顯然並沒有符合他們的期望。二二八事件和之後長年的白色恐怖，成為許多台灣人家庭心中的痛。甚至在當權者的勢力籠罩之下，很多當事人的家屬後代為了身家性命安全，只能選擇噤聲，讓史實真相因為耆老的凋零而逐漸模糊不清。

蔣渭水英年早逝，未能親見終戰之後的台灣，然而胞弟蔣渭川，卻成為二二八事件的關鍵人物，甚至在事件中牽連兒女中彈，女兒喪生，從前齊心抗日的同志們也多數犧牲。蔣渭川在逃亡年餘後「榮任」黨國體制下的高階官員，不僅不被受難者家屬認同，連後代子孫都背負著原罪，被部分台灣同胞誤解為背叛者或出賣者，這就是史實真相未明的殘忍後果。

史學家和民間對於蔣渭川在二二八事件中扮演的角色始終難有定論，或許跟當時延伸至今仍然詭譎的政治情勢有關，受難後竟能在政府體制內任官更是爭議不斷。但蔣渭川在事件中痛失愛女，且在不知是否有明天的亡命生活中所寫下的逐日手記，絕對是瞭解事件真相的重要且可信的管道之一。理容姑姑以小說筆觸書寫《秋霞的一千零一夜——多桑蔣渭川的二二八》，描寫蔣家人相處的實情實景，並全文收錄蔣渭川當時的日記，深富人性且具臨場感，可說是最能貼近史實的軟性素材。

身為台灣人，不可不知二二八。正如我們認同民主人權的普世價值，必定反對中共政權刻意屏蔽六四相關資訊，並絕對同意：若是中國人，豈能不知天安門？理解二二八事件的來龍去脈，不是為了仇恨，而是為了放下，充分理解和圓滿放下後，才能真實回歸到現今所有台灣人從日治時期以來，抑或國共內戰之後，各自背負乘載的自我歷史認同，也才能真正達到以古鑑今，放下仇恨的族群融合，促成同島一命的共識，齊心為台灣這片土地努力。

蔣渭水曾在〈五個年中的我〉自述：「（林獻堂先生）做出台灣議會設置請願的運動。這的消息傳到我的耳朶，此請願趣意書，映入我的眼裡，我覺得這真是台灣人唯一無二的活路啊。」可說是他開業五年後重燃學窗政治熱之「自覺的契機」。又寫道：「那時我就逢人便說，台灣議會的設置，是台灣人唯一的活路，有偵探對我說，稻江人士濟濟，人人都不敢表示贊成台灣議會請願的意思，獨你一個人，大呼特呼極力贊成，我說人人都是怕著政府的威嚴壓迫，不敢多言，設能將全島台灣人，一一施以催眠術，使其脱離督府的脅威，我想人人都現出真情，來表示贊成啦。」則充分表現出他不畏威權打壓，號召同志，勇於追求理想之「覺人的勇氣」。

蔣渭水和當時的先知先覺先賢者們，經過「自覺的契機」，發揮「覺人的勇氣」，秉持著自覺覺人的智慧和熱情，開創一九二〇年代台灣人在外來政權統治下的一波新文化運動——「台灣維新」。

願《秋霞的一千零一夜——多桑蔣渭川的二二八》成為現代台灣人再次認識二二八，重拾失落歷史片段，找回自我身分認同的「自覺的契機」，並共同發揮「覺人的勇氣」，相互提攜影響，再次推動「台灣維新」，重返時代榮光。

二〇二一年六月四日於疫情下的台北

序　秋霞　我的外婆

詹雅安

在我出生前，外公（蔣松柏）已辭世多年，外婆（秋霞）也隨著阿姨們搬往美國定居。我一直到十三歲那年移民去美國念書，才開始和外婆有較多的相處。外婆是一位很優雅、喜愛閱讀、對晚輩很慈祥，喜歡和我用日文通信的老太太。住在美國時我有一個很美好的印象，就是我母親（蔣理容）和外婆坐在客廳長談，外婆滔滔不絕，母親手邊的筆也沒聽過，兩人對話也很豐富，很動人的畫面。數年過後我才知，那就是《秋霞的一千零一夜——多桑蔣渭川的二二八》的緣起。

這本書從描述新婚的秋霞在蔣家裡的種種見聞開始，對蔣家從初期的不適應，到由同情而理解、再由理解而尊敬。這段過程對我來說除了是很大的震撼，也感到非常新奇。不管是日常生活隨口提起，或是長輩們處理「蔣渭水」相關史料的時候，我都曾聽過不少在那個動盪時代的故事，但那些只是片段，而非全貌。《秋霞的一千零一夜——多桑蔣渭川的二二八》對我而言，除了是一本小說，也可說是一盒拼圖，讓我看見外婆的前大半人生！雖然外公（蔣松柏）在我出生以前好多年就已離世，他是外婆、母親和阿姨們時常掛在嘴邊的「爸比」，這次透過閱讀《秋霞的一千零一夜——多桑蔣渭川的二二八》也讓我對外公的理解，不再僅僅是照片裡的慈祥面孔。

在國立編譯館一手掌握課綱和教材的時代，我沒有機會體會外婆的生活經歷，但近年隨著民間力量與學術界不屈不撓的努力，台灣社會已經有愈來愈多管道讓台灣人學習自己的歷史，而不是單單當年教科書所灌輸的國民黨版本史觀了。在這之中，透過「蔣渭水文化基金會」的家族長輩（包含我母親），以及各界的努力，蔣渭水在日治時期的事蹟對很多台灣人而言已不陌生，他在很多台灣人心中也有崇高的地位。但是他的弟弟蔣渭川（也就是我的阿祖蔣渭川）與台灣省政府建設協會在國民黨時期的事蹟，要不是我的外公外婆保留他的日記、大姑婆（蔣渭川大女兒）遠赴美國尋找證據，所有資料在我母親、小姑婆（蔣渭川小女兒）和其他長輩手中還原那段被誤解、被污衊的歷史，真相也許就會完完全全被世人遺忘了吧？

阿祖對我而言根本是天邊般遙遠的存在，與我親近的外婆在去年辭世。在解嚴年出生的我，今天有機會透過外婆的視角，瞭解阿祖和那段「學校沒教的歷史課」，感覺像是外婆穿越時空，像往常一樣，捎來一封信，和我再度有了連結。

前言　追尋祖父的足跡　瞭解自己的歷史

蔣理容

一九九一年我的人生觀受到很大的震撼。政治解嚴（一九八七）還沒多久，社會上並不怎麼意識到解嚴的意義。那時我將近四十歲，從師大音樂系畢業已經十五年，在教育職場和孩子的教養上，都是盡心盡力、負責稱職的老師和母親。具備了頗多經驗之後，撰寫專欄、彙編學術刊物，組織教育協會，秉持著「希望自己的孩子好，也要別人的孩子一起好」的信念，任重道遠，投注心力在兒童啟蒙教育的耕耘。那是一方有美、有愛，溫暖的園地。

走出舒適圈

那一年我的姑姑們，六十六歲的梨雲和五十二歲的節雲，把她們父親蔣渭川一九四七年二月二十八日到三月二十七日的日記《二二八事變始末記》（蔣渭川在第一頁親筆寫的標題）請人打字，自費印刷了一千本致贈給認識與不認識的學

者。（梨雲的先生高欽福博士是一九八六年民主進步黨創黨黨員也是台灣教授協會會員）

撫卷讀著七萬多字的日記，那是我出生前五年的事！我沒聽過的名字，完全沒經歷過的情節。但是日記中鉅細靡遺，哪一天的甚麼時間、甚麼場所，哪些人、他們說了甚麼話，思考的是甚麼、懷疑甚麼、結論是甚麼……清楚的躍然紙上！我不由得讚嘆起來：「這就是我的阿公！思慮周詳，凡事一絲不苟，奉行誠實和勤勞的嚴訓，即使在生命每一刻都遭受著威脅之時，他仍然堅持做他認為對的事。」

然而日記出土、送出了千本，對於二二八事變的研究和解讀引不起多少重視。反而在愈來愈多的二二八研討會和紀念會上，姑姑們常被另眼看待和排擠：「你們不是受難者家屬！」、「蔣渭川的日記『太主觀』了，片面之詞不值得參考！」我的遭遇則是更難堪：「妳的阿公沒死而我的阿公死了！出賣同志，交換條件，謀取榮華富貴……」

被噤聲四十多年的二二八因為隔閡已久，累積諸多的曲解和誤會，不僅傷痕難平，家屬們還互相畫下更多的新傷。那是一段令人感到無助，而非常痛苦的時期。我們不像一般受難者的後代那樣，可以哭訴他們祖先的冤屈和苦難，可以大聲的嗆執政者奪人性命、奪人財產，他們更有資格進入體制尋求法理上的補償或賠償。

一九九三年姑姑幾度赴美，踏上尋找證據之路。位於美國首府華盛頓的「國家檔案局」存有已經解密的二二八前後美、中、台三方往來電文，國家級的檔案足以佐證蔣渭川受陳儀之邀出來會談，以及他在二二八期間的行為言動。還包括了為甚麼蔣介石來到台灣以後任命他為官……

一九九六年，由陳芳明教授協助整編，將這些電文連同蔣渭川日記、親手寫的報告書、回憶錄，以及相關報導集結成《蔣渭川和他的時代》一冊及附冊，由前衛出版社出版。二〇〇九年更在堂表弟妹們通力合作下，辦演講、展覽、音樂會，也架設了《蔣渭川和他的時代》網站。

這份鍥而不捨尋找真相，不和稀泥、不妥協的精神，想必都是來自「蔣渭川」的DNA吧。跟著姑姑和表兄姊做了這些事，我從內心深處得到了救贖，和祖父的英靈相遇，當我有機會發表這段歷史時更有自信，以祖父為榮。

走進「秋霞」和「松柏」的年代

以「秋霞」為主述的這本書，本質上就是「爸爸媽媽和阿公阿嬤的二二八故事」。我的爸媽在一九四八年經媒妁之言，由雙方家長主持完成婚禮。那時二二八剛過一年，兩家共同的朋友醫學博士杜聰明和畫家陳清汾擔任介紹人，證婚人是二二八時候的省黨部主委李翼中（據秋霞的口述，他是個「一天到晚在我們家『蛇來蛇去』講話很大聲，我很不喜歡的人。」）

從婚禮後才「初識蔣家」的秋霞，從生活細節裡常常不經意地感受到無處不在的二二八陰影；她親眼見過吳國楨帶美國使節「每天」來訪，也親歷了接受民政廳長任命後蔣渭川遭半山派鋪天蓋地的羞辱；她知道二二八日記的存在，但是松柏告訴她：「這是多桑的救命符，何時適合拿出來？是福還是禍？沒有人知道，為了妳好，不要問。」

松柏是台大醫學院一九四七年的畢業生，五月的畢業典禮他已經和他父親分頭逃難，畢業團體照上他是和羅難或是失蹤的同學一樣，大頭照被分別圈起來的。婚後秋霞受婆婆囑咐每晚為公公溫一壺酒，陪父子兩人交心夜談。秋霞常有局外人的思考和疑問，從中能夠體恤日治時期渭水、渭川兄弟倆、戰後渭川、松柏父子倆，兩代人的思想和人格，以及國族情操。

秋霞從小喜歡閱讀文學作品，對歷史類尤其偏愛，文青少女時期曾投稿日文（當時稱國語）報章雜誌；也曾和手帕交一起坐「巴士」到城內、到太平町看書、買書。娘家父親更是對日本時代的蔣家兄弟欽敬不已，所以秋霞與松柏雖然婚前只見過一次面，是奉父母之命的古式婚姻，卻是建立在敬意和尊重的基礎上。

與婆婆的互動，讓秋霞對蔣家二二八的傷痛更賦予同情，也發覺到婆婆在渭水伯的時代所蒙受的委屈，點點滴滴都是苦難時代「台灣查某人」內心無法言說的苦楚。

一九四九年長女慧容出生，為蔣家帶來莫大的喜悅。那卻是台灣局面最詭譎動盪的一年，二二八才過去兩年，省議會還在各擁派系糾葛不清的時刻，國府挾兩百萬人口大舉遷徙來台、蔣介石在台灣「復行視事」……

秋霞見證了蔣渭川在政壇上招忌妒打壓，也看到官場上諸多曲意奉承者。日治時期就主持「讀報社」、領導「台灣工友總聯盟」的蔣渭川，站在這個恐怖的平衡點上，支撐他剛正不阿的是甚麼樣的人生信念？秋霞了然於心。

雖非刻意「成書」，一切卻似水到渠成

媽媽在一九八四年，我爸爸逝後就移居美國，我每年數次往返台北舊金山探望她。二〇二〇疫情之年，感恩節前夕媽媽以九十二之齡仙逝。

阿公的日記一九九一年出土時，我爸爸離世已七年，媽媽看到我從台灣帶來給她、印成鉛字，厚達一百頁的日記，情緒相當崩潰！四十多年前，從少女到少婦，每晚溫一壺清酒，聆聽父子夜談的情景一幕幕回來了！她從未看過日記手稿，但她完全知道內容，有些部分因為印象切割而不很清楚的，如今看到真本，難掩內心激動，彷彿回到那個時空，身陷險境卻全然不懼的「多桑」在對她現身說法！

一九九八年我更長住美國，有更多時間和媽媽相處。媽媽和我一樣，回憶起和阿公阿嬤住在一起的時光，歡喜的感覺居多，那也是我童年最鮮明的印象。

我姊姊一歲時，媽媽抱著在第一劇場看顧正秋唱京劇、「太子」也在座；婆婆講過無數次的「阿甜仔」，實際見過一次；任顯群曾把他自己的座車借給內政

部使用；家中訪客杜聰明、林衡道是不用說的，有特殊印象的還有高玉樹、謝東閔、郭雨新、余登發等人；有白恐相關家屬祕密來求救的，更不乏情治單位的監視者……我不認為媽媽瞭解多少「政治祕辛」？但因為耳濡目染受到「多桑」的影響，依據她的所見所聽，自然產生出她的判斷。

媽媽因為酷愛閱讀，文字的世界令她不出門也見多識廣，思路清晰又有自己的見解。我原本設定要她講二二八，認真的作筆記，但往往談興一發不可收拾，她跳躍式的思考也常常讓我「跟丟了」一部分線索。

二十多年的筆記累積起來也很可觀，有些在記錄的當下懵懵懂懂，幾年過後再翻閱忽然就豁然開朗，發現疑問也可隨時問媽媽。甚至我回台灣期間媽媽還會給我寫信、寄剪報，繼續想到甚麼就說甚麼（真是一位超級合作的口述歷史者！）

透過「秋霞」的口述，蔣渭川和他的時代歷歷如昨，在我們眼前展開。

這不是傳記、不是回憶錄，是以秋霞的視野看那個時代，雖是小說體裁，但情節屬實、誠懇，毫無虛構。

目錄

序　自覺的契機　覺人的勇氣　蔣寶漳　002
序　秋霞　我的外婆　詹雅安　007
前言　追尋祖父的足跡　瞭解自己的歷史　蔣理容　009
第一章　初識蔣家
01、東方露出魚肚白　022
02、相親　024
03、婚禮．惡人的花圈　027
04、我叫妳「秋霞」　030
05、小姑和小叔　033
06、慢慢認識這一家人　036
07、回娘家　040
08、白色小洋裝的回憶　045
09、充滿了矛盾的家庭　048
10、婆婆的迷信　051

11、「三跪九叩一百間廟」終於解決 055
12、宜蘭來的親戚們 058
13、政治是管理眾人之事 061
14、勤來家中探訪的外省朋友 065
15、家運好轉 070
16、從不一樣的人生到一起生活 074
17、公公的書房 079
18、傷痕·記憶 084
19、關鍵的一九四七年三月五日 088
20、吳國楨來訪 094
21、不理睬政治，政治卻找上門 099
非己所願的政治路 蔣理容補述 106
22、哪裡來的敵人那麼多？萬念俱灰 110

第二章 回顧二二八事件始末

二月二十八日 事變突發 官方來訪 117
三月一日 柯參謀長與李主委來函，張慕陶團長昨日一函今日第二次來函 125
三月二日 第一次會面 陳儀邀約電台廣播 129

三月三日　昨天第一次廣播後引發效應 續第二次廣播　160
三月四日　受陳炘之託帶領群眾共赴長官公署　178
三月五日　關鍵的一天 陳儀親口保證南京絕不會派兵　204
三月六日　初衷為平息社會秩序我已盡力達成任務 今日最後一次廣播　242
三月七日　氣氛異常融洽 張慕陶銜陳儀命令 徵詢擔任教育部長　256
三月八日　事態惡化　267
三月九日　屠殺行動開始　274
三月十日　「我們奉命來槍斃你！」 三民書局血案現場　283
三月十一日　開始一年的逃亡　288
三月十二日　僅有新生報有出刊 官員所說皆非事實 我決心整理始末記　290
三月十三日　港町派出所散發造謠傳單，謂「三十二條要求是台灣省政治協會某派人提出」　292
三月十四日　據報載中央派十多位官員來台調查，蔣經國亦在其中　293
三月十五日　知情者匿名來信，分析及警示　294
三月十六日　打探子女的安危　299
三月十七日　柯遠芬於新生報公布事變之一切暴行皆台灣省政治建設協會所為　299
二十二日　女兒巧雲終不治　300
二十四日　終日躲著，整理記錄　301
三月二十五日　次女碧雲設法傳來家書　302
三月二十六日　準備移居　305
三月二十七日　第二個藏身處　306

第三章 不情願走上的仕途，見識官場作風，感到厭惡

01、從民政廳到內政部 310
02、甚麼？中央？內政部！ 314
03、「土地公還給他三顆子彈！」 318
04、「蔣渭水氏逝世二十年紀念」？ 323
05、追憶渭水伯父 327
06、日產變黨產，公產變私產的中華文化 330
07、在杭州南路的自宅 333
08、內政部時期 336
09、官夫人 340
10、生命轉彎處 345
11、穩定的家庭生活 350
12、碧雲：目擊三民書局的慘事 355

第四章 內政部次長時期，相知的政壇友人

01、是順遂還是坎坷？ 364
02、離開，不太近也不太遠 369
03、堅強的政海一孤舟 373

04、政治上的這些人、那些人 377
05、朋友都是政治家，不是政客 380

第五章 松柏回歸醫生本業，是社會醫生

01、醫「病」、醫人、醫心 386
02、決定了，搬到基隆 390
03、悲喜一九五七 395
04、與松輝阿兄重逢 398
05、多桑的二二八，就此沉埋？ 403
06、再越過一座山 407
07、新朋、舊友 410
08、素養、教養、教育 414
09、遠離政壇 418
10、像巨木倒下 422

後記 秋霞看多桑 蔣理容 427

＊本書第二章都是全文引用蔣渭川的親筆日記，唯有「解讀」部分是作者蔣理容，以現代的時空觀點加註解釋。

第一章 初識蔣家

01 東方露出魚肚白

一九四八年八月某一天

她張開眼，「天亮了嗎？」躺在床上一動也不敢動，環視一周，床頭和床尾有鐵柱，好奇怪的床！垂掛著布簾當蚊帳，但是這欄杆看起來好像病床啊！腦海浮現出小時跟著媽媽到病院探視爸爸的情境。爸爸長得高大又體面，但一發起哮喘的毛病，常需要進進出出病院。但這個不好的回想只一瞬，就飄過了。

再環視一周，牆面貼的白壁紙也是好奇怪啊，小張小張的拼貼，也不像一般壁紙是整片完整的。這一家想必是很窮，昨天印象很深刻的是新郎的親戚們的穿著，看起來都舊舊的，她在自己家裡是六姊妹的老大，姊妹們的衣裳都是卡桑一手打理的，她開始上班後更是自己縫製衣裙，不管任何時候都穿得合宜又漂亮。

慢慢回過神來，理解到自己是昨天的新嫁娘！而昨天還是颱風剛過境呢。從來不曾以主角的姿態站在公會堂的舞台，面對著七十桌吵雜、喧嚷的、熱熱鬧鬧的那麼多人。司儀念著賀電，好幾百封，一封接著一封好像永遠念不完。白紗裡面是勉強才達到四十公斤的身軀，斗大的汗珠不停的滾落，真是混亂的婚禮！

她轉頭，看到身邊的男子，還在熟睡著。這是個美男子，只有相親時見過一次，就深深的被他眉宇到鼻樑之間不凡的氣質吸引著。昨天婚禮算是第二次的見面，連訂婚儀式也僅僅是形式上的下聘而已。

想起兩個月前相親那一天，多桑非常滿意這門親事，一連迭聲的說：「蔣家是個偉大的家族，別看他們家窮，好幾代都是人格者、很正派的家庭，兒子有醫學士和藥學士兩張牌（執照），妳將來一定會好命，做醫生娘很好、做生意人也好，不會么腹肚（挨餓）的。」

又想到昨天的證婚人，據說是鼎鼎大名的「杜聰明博士」，致詞時說了很多關於新郎的長輩、伯父……

唉呀！不由得跳了起來！這是自己當新嫁娘的第一天，啊！幾點了？匆匆拿了臉盆和毛巾！經過廚房時看到婆婆已經在生火煮飯了。

02 相親

松柏作夢也沒想過，自己會有這麼盛大的一場婚禮，站在身旁的這位美麗無比的新娘子就是自己的妻子！相親之前其實媒人已安排「偷看」過一次，只是松柏自己害羞跑開，錯失了機會。

女方父親是士林知名的商人，媒婆上門為掌上明珠說親時，做父親的堅持要到男方看診的小診所佯裝病人，探看未來女婿的人品。看過之後，也就同意了由男方父母假藉拜訪女方任教學校的校長，商談幼子入學之事。校長本人認識雙方家長，也是知情的，校長請「邱招治老師」帶學生名冊來校長室。

蔣家父母與兒子三人在沙發上坐定，松柏覺得不自在，藉口說「我出去一下」，低著頭匆匆走出時正好和剛走進校長室的女老師擦身而過。

邱招治是四年級老師，被告知有學生要轉學進她的班級，請來校長室一見。招治不疑有他，進了校長室見到有訪客，便只是行個禮，將名冊放在校長桌上，再行一個禮就轉身走出去。

松柏懷著緊張的心情在穿堂踱步，盯著校長室的門卻一逕的不敢平視，只見門開處，過膝的窄裙下一雙美麗的小腿，蹬著矮跟包頭鞋，小碎步的走遠。

正式的相親在舊太平町的「波麗路西餐廳」。邱家父親是見過大場面的商人，但也能體恤蔣家雖也是做生意，但前一年才遭遇過二二八、家道中落的苦處，因此只要求相親場面要像樣，其他「不要聘金」、「婚禮只請兩桌」、「不度蜜月旅行」全都同意，連婚禮日期也沒有意見。

波麗路餐廳，兩位主角松柏和招治、兩方父母外加一位媒婆，展開很「制式」的聊天。邱家媽媽還抱著襁褓中的小兒子，蔣家則有一個六歲，調皮地跑來跑去的小弟。招治注意到了小男孩的衣褲縫補得非常粗糙，而那位「男主角」呢，西裝褲不像邱家爸爸總是熨出一條畢挺的摺痕！眼前這位男子，只有五官面容真的看得出來，出身自一個不凡的家庭。

就是這一天，相親後回到家裡，邱家爸爸大大歡喜，告訴女兒說，男孩子人品最重要，其次才是家教和職業。蔣家爸爸和伯父早年有現代化的進步觀念，不迷信，主張男女平等，是在台灣社會上很受尊敬的人，尤其蔣爸爸去年二二八時還做了很勇敢的事，差點丟了性命。

「女兒，妳放心嫁過去，將來一定受丈夫和公婆疼愛，妳會很好命的。」

03 婚禮・惡人的花圈

蔣家媽媽因為在二二八受過家破人亡的苦難，特別喜歡求神問卜，為了選定長子的婚期，拜來拜去、千挑萬選終於確定了吉日良辰，萬萬沒想到卻是選到了大颱風過境的次日。燠熱又潮溼的天氣，真是可惜了新嫁娘精心縫製的白紗禮服。

還有，不是說婚禮只在自家騎樓擺兩桌嗎？怎麼會變成在中山堂（公會堂）！還變成七十幾桌呢？這件事讓招治覺得不受尊重，差點翻臉、也差點退了親事。蔣家很窮，這是明明知道的事，女方家庭本來也不是喜好鋪張的奢華類型，說好騎樓擺兩桌也接納了，後來說賓客太多，需要借用稻江女學校大禮堂辦桌，現在，竟然演變成租借大會堂！四十桌還是五十桌也還不知道夠不夠？實在是太過份了。

邱家爸爸不厭其煩地跑蔣家商討，奇怪的是一向很堅持人生態度和大道理的邱家爸爸竟然一反常態，對蔣家在婚禮計畫上的一再轉變竟然沒有一點異議，還安撫女兒，說：「他們家在二二八時受了苦，犧牲那麼大，也立了很大的功勞，台灣人都感念他們，連日本人、阿山仔也都知道，才會冒出那麼多道賀的人啊！女兒妳是有福氣的人，娶到妳是他們家的福氣，妳會帶福氣給蔣家。」

邱爸爸說得對嗎？婚禮與其說是熱鬧，不如說混亂來得貼切一些，招治感到非常的不安，從沒想過自己的婚禮是這個樣子！日本時代所受的教養和禮儀，不是家中有錢沒錢的問題，窮人家的孩子在儀表上也都是有型有格的，是不是讀書人一眼就看得出來。邱爸爸心目中「偉大的蔣家」為甚麼充滿了矛盾和不協調？宜蘭來的親戚都面無喜氣，好像不知道是要來做甚麼。

那個神祕的「二二八」究竟是甚麼？「經歷過二二八」一切就會變得這麼混亂不安，驚恐，和不知所措嗎？

台上證婚的杜聰明博士把蔣家的豐功偉業詳細的講了一遍，日文的用詞遣字，讓招治感覺到了一些些好像學生時代，聽日本老師說話、教導的安定感。但是，再來是由司儀一篇一篇的宣讀來自海內外的賀電，好幾百封。新郎感受到身旁新娘微微顫抖，真擔心她會不支而昏倒！

好不容易念完了，雙方主婚人、證婚人和新人都下了台來，還沒坐下，婆婆急急地說新房不能空著，幾點幾分之前一定要回到家！指示新郎留下來招待賓客就好，抓起新娘的手就匆匆忙忙穿過一張一張賓客的餐桌，往禮堂入口處跑。

白紗蓬裙在狹隘的走道間寸步難行，婆婆心急，抄起裙擺繼續往外跑。一位壯碩的男士見狀，趨前指著婆婆說：「妳幫媳婦兒牽裙子哦，妳害了了了，以後媳婦一定把妳踩在腳底下……」後來才知這人是一個親戚，在婚禮中說這種話，是詛咒婆媳兩人的感情嗎？真是一個不安好心的人。

在等著黑頭車司機開車過來的空檔，公公拿起門邊最醒目的一個祝賀花圈，毫不留情的撕扯、重摔在地上！招治看到，賀詞是「花好月圓」，下款署名是……彭孟緝……

04 我叫妳「秋霞」

婆婆說：「給妳大官端洗臉水去，在書房。」

招治在自己家中替小妹妹洗澡時，總是先挽起袖子，用手肘試水溫剛剛好，她想了一下，那……公公是大男人應該會喜歡比較燙一點的水吧？這樣想想就端了一盆燙燙的水進公公的書房。

果然公公很滿意。「妳等一下款待松柏吃完早頓再來，我有話交代妳。」

書房的格局很怪，是介於一樓和二樓間的一個夾層，想像這個夾層的地板一定非常堅固，除了書桌幾乎被書淹沒了以外，書櫃上更是堆得滿滿的書。據說公公在戰前就是開書店的。

從小愛看書的招治，這會兒看到埋首書堆中的公公，內心不禁生起一絲好感，想到幾年前戰爭時，趁著沒空襲的空檔都從圖書館抱回一大批的書，在限制開燈的晚上躲在被窩裡用手電筒照著，讀得津津有味。讀高校時也夢想自己的寫作在《文藝春秋》刊登出來……

「招治？」「是，多桑。」公公頭也沒抬。

「妳好像有好多個妹妹，是嗎？」

「是，家裡有五個妹妹，兩個弟弟。」

「你的歐多桑並不是舊頭腦重男輕女的人，怎麼會給你取這個名字，招治？然後你招了五個妹妹！」公公微微一笑，拿下眼鏡，示意招治坐下。

「招治是我阿嬤的意思，我爸爸想要取的名字是文子。」

「文子？很好啊，你們靜修女學校的學生都很愛讀書，聽說你歷史科特別好？」

「嗯。」招治不知要怎麼回答才好。

眼前這位長輩看來慈祥又和藹可親，很難和自己爸爸口中的「很偉大的人」聯想在一起。

腦海中忽然浮起昨天婚禮會場外，那個「花好月圓」的花圈，公公暴怒的臉孔。招治感到困惑，那個「彭孟緝」是誰？

公公又說話了，把招治拉回到現實。

「這樣吧，我的女兒都是雲，梨雲、碧雲、玉雲、巧雲、滿雲、節雲，妳是秋天嫁進我家，我就叫妳秋霞！」

文子、招治、秋霞！（啊，喜歡！）

05 小姑和小叔

秋霞婚前教書時，衣著都是自己親手縫製的，每天換穿不同款式、新穎又細緻的服裝。經商的父親，家裡從不缺布料，加上自己的巧手，往往徹夜趕製，第二天就穿新衣去上班。準備嫁妝時，最重要的就是一台日本製的縫衣機。

現在這些漂亮的衣服和縫衣機在這麼狹小的房間裡顯得侷促，很不協調。正苦惱著，一個小小的身影出現在門口。「阿嫂，我可以進來妳房間嗎？」「啊，是節子！可以啊，進來進來。」十一歲的節子是松柏最小的妹妹，上面是十二歲的滿雲，還有七歲的小弟弟松平。

沒想到節子一進來，後面跟著滿雲和松平都一起跑進來！他們都暑假中，秋霞想起自己幾個月前還在教書時的學生們，相仿的年紀。

三個孩子好奇地張望了房間一陣，然後乖巧的排排坐在床沿，好像準備聽老師講課。

秋霞注意到小孩子們的眉眼嘴都透著一股氣質，但他們的衣服都非常舊，做工也很粗糙，想起父親說過好幾次的：「蔣家雖然很窮，但是人格很偉大，妳的夫婿有醫學和藥學兩張執照，不會一直窮的，妳會帶福氣給他們……」秋霞在家中也是大姊，現在好像又多了三個弟弟妹妹，疼愛的心思油然而生。

松柏比秋霞大七歲，他的大妹梨雲和三妹玉雲在戰前就嫁了，大妹婿是化學博士、三妹婿經營電器行，二妹碧雲四個月前成婚，二妹婿是留日回來的醫生；秋霞依稀知道四妹巧雲去年就讀第三高女時死於一九四七・二二八慘案。小弟弟松平當時就是被她抱在懷中，一起中彈，後來僥倖被救活。

感受到他們曾經受過的苦，秋霞暗暗的下決心要愛護這個家中的每一個人。

松平，就是在波麗路相親時調皮搗蛋，不肯乖乖坐在位置上的那個小孩，因為二二八時重傷被救活，據說婆婆特別寵愛。幾天相處下來，秋霞發現到他很聽節子姊姊的話，調皮卻也不失善良和守規矩，還是個很可愛的小男孩，不像一般被寵壞的小孩一樣。節子看起來就是可以當老師的小幫手那樣的好學生，聰明細心有責任感的樣子，看起來比較像三個孩子中的大姊，滿雲很乖，個子小一些，看來比較像妹妹。

三個小孩對縫紉機很好奇，秋霞說：「我想想看，嗯～放在哪裡比較好？擺好了我就可以幫你們做衣服。」節子說：「卡將也有一台，可是卡將沒有用它，她都用手縫。」秋霞想，等到擺放好縫紉機，要裝上車針和線軸時再來示範給他們看，一定很有意思。

秋霞手工藝的本領很強，目測大小尺寸，不必打樣就可以直接裁剪布料，就像娘家媽媽和外婆，不必描圖就會繡出一幅幅鮮豔活潑的花鳥圖！想到可以盡情地去買布為小姑小叔裁製衣裳，秋霞的心又雀躍起來了。

06 慢慢認識這一家人

一九四八年九月

松柏一早出門有時到吃晚飯的時間都還沒回家，公公是省參議員，就算在台北沒有開會的日子也是在書房裡埋頭讀書寫字，整天家裡直到小姑小叔放學回來之前，就只有秋霞和婆婆兩人。婆婆異常沉默，兩人一起在廚房時，婆婆往往一個眼色，秋霞就接過該做的事，好像搭配演一齣默契十足的默劇。秋霞喜愛文學，常在心裡細細地描繪對白和畫面，彷彿婆婆交代著「這個你來切」、「端好喔，小心燙」、「煤炭火不要熄了」……婆婆好像也安於這樣一個靜靜乖巧的媳婦兒。

婆婆和娘家媽媽一樣都生了六個女兒，不一樣的是娘家五個妹妹讀初中高中，男孩是讀小學的大弟和兩歲的小弟，家裡整天都很熱鬧。爸爸生性開朗嗓門又宏亮，又不乏來串門子的親戚、鄰居。媽媽常常得煮很多飯菜以應付突然來訪的食客，爸爸也常感恩說比起戰爭時候，大家現在生活好太多了。

婆家大概是二二八的關係吧？家破人亡的打擊奪走了他們的笑容，快樂好像是不應該的。想起婚後沒幾天秋霞幫著婆婆準備拜拜時，就被祖先牌位旁陰暗牆面上的幾張照片嚇到。這些人是誰啊？

「這是宜蘭的阿公和阿嬤，這是阿伯蔣渭水、這是我的妹妹阿巧仔。」那天松柏在家，他撫著一張張照片溫柔的解釋著。秋霞被那張年輕女孩的臉龐吸引住了，「你的妹妹？這麼小？她怎麼死了！」「二二八啊，子彈不長眼睛，要追殺多桑誤傷了妹妹，她回頭抱弟弟，兩個人一起中彈。」「弟弟？是松平嗎？還好，他沒怎樣。」松柏深深地嘆一口氣：「怎麼沒怎樣？子彈打到他的胸膛！是因為先打中他姊姊的頸部再穿出來，力道變小了，也可能小孩子骨骼較有彈性，總之，子彈還卡在他胸骨間，一年多了到現在還沒有醫生敢開刀把它拿出來。」

秋霞真不敢相信那個調皮好動的小叔竟然有一顆槍彈留在身體裡！

松柏說：「所以卡將很寵他，二二八已經喪失一個女兒，差點也失去小兒子。」

秋霞：「但是松平很乖肯聽我的話，調皮的孩子都是比較聰明的。滿雲和節雲也都很懂事，對功課很認真，啊，我真想念我士林小學的學生！」

松柏：「我覺得你如果能繼續教書也很好，但是多桑有很多公務事，將來有些事你也可以幫忙。」

秋霞：「你的弟弟妹妹讓我想到我的學生，這樣就夠了。『二二八』的時候你的家人好可憐喔，難怪多桑和卡將都很嚴肅，不快樂。」

松柏：「二二八是很慘的事，誰碰到那樣生死一瞬的事會不害怕的？所以每到過年過節時卡將總是悲從中來，哭個不停；多桑呢，一方面有自責，一方面他也有很多冤屈和不平，以後我再慢慢告訴你。」

松柏拿下巧雲的照片，從背面把邊框拆下，照片後面有一篇毛筆字寫的文章〈月夜河畔〉還有一束頭髮！松柏滿含著眼淚：「她中彈那一刻（三月十日早上）我在教授家準備畢業論文，衝回家時店員正拆下門板當擔架送她去洪外科，因為傷的是中樞神經，急救了十天還是不治。那時追捕多桑的武裝警察監視醫院，也跟蹤我是否和多桑會合，甚至洪院長也被懷疑藏匿多桑而被修理（挨打）。巧雲死後尚未出殯時，我潛入醫院剪下她一撮頭髮……」

秋霞陪著流淚，也不知說甚麼好。出事那天巧雲的學校因戒嚴停課，在家做功課，正準備寫作文。聽到父親被追殺的混亂聲，跳出房門抱起弟弟，中彈倒下！作文簿裡是之前老師批改過、畫了好幾個紅圈圈的這一篇〈月夜河畔〉。松柏把一撮頭髮和一篇作文珍藏在遺照的背面。松柏說：「卡將不知道這裡有巧雲的頭髮和作文，我怕她知道了會發瘋！」

秋霞泣不成聲，一個比自己小幾歲的女孩子，戰後才開始學「國語」，娟秀的毛筆字描述月亮和水面的倒影，那意境，和家人共賞月夜的溫馨！是多麼具才情又聰慧的女孩，多麼美好的生命，卻這樣消失了！

這一家人，悲慘的過去。

07 回娘家

公公臨時說要去北投開會，可以順道送秋霞回士林家看看，下午再接回來。

秋霞匆匆換上外出服，以免耽誤了公公的行程。公公常常這樣，臨時起意或是改變決定，讓婆婆措手不及，來不及為媳婦回娘家準備伴手禮，婆婆好生沮喪。「卡將，沒要緊啦，上次回去你送了那麼多，都『有春』還請厝邊頭尾幫忙吃呢！」婆婆也就釋懷。其實親戚來往的禮數對婆婆來說是不小的負擔，秋霞很清楚，宜蘭來的親戚，情感上和金錢上對公公婆婆都是重負。邱家爸媽不介意這些，唯一希望自己的掌上珍珠也得婆家疼愛就好了。

邱家「招治小姐」坐著「黑頭仔車」回娘家了！鄰居都跑出門來看，還奔相走告，有的人還跟著簇擁到天井裡。

二進的廳堂仍如往昔，阿嬤、媽媽、阿姑，一屋子的女人們喝茶聊天，欣賞著南洋帶回來的布匹，新奇的手工藝品和製作女紅的工具。這些東西秋霞也都很感興趣，爸爸有生意朋友回來，每次都不會少了秋霞的一份。婚後帶去婆家的縫紉機雖好用，再添一把上好的剪刀就更好了。秋霞把玩著一把剪刀，阿姑湊過來示範剪刀的妙用，竟然有磁性！掉落地上的縫衣針竟然就吸起來了。

秋霞跟著媽媽進房間，秋霞和小妹的房間現在是二妹和三妹合住，靜修女校學生的閨房就是布置成這個樣子！秋霞不禁羨慕起少女時代的生活。媽媽說家裡一直都不斷的有媒人來說親，以後要嫁妹妹一定要先問對方有沒有房子再談親事。爸爸正好走進房來聽到媽媽這麼說，不以為然的又一再重複那句話：「不要看他們蔣家很窮，親家是人格者，正派的人都不歪哥，妳的夫婿有醫藥兩支牌照，一定不會窮的，妳會好命。」

秋霞倒不覺得委屈，雖然松柏連婚禮時穿的西裝也是借來的，雖是台大醫學院戰後第一屆畢業生，經過二二八就再也進不去台大醫院。和人分租一個小店面經營藥品和儀器，每天騎腳踏車上班兼載貨，工作像個勞動的捆工，但他儀表軒昂，鼻眼之間英挺高尚，是讓秋霞十分傾心的夫婿。

「蔣家的房子也是租的呢。」秋霞對媽媽說。

「啊，真的？親家說過書房那夾層是他自己釘的！租屋怎會讓他加蓋？」

「房主允許的，一大家人才住得下啊。」

「喔，那真是辛苦！每個月付房租也是 tai-hen 內！但是省議會有配送車子跟司機，怎麼沒有配給宿舍呢？這不合理。」爸爸嘆一口氣。

秋霞向爸媽轉述松柏說過，公公在省議會的情形。報上曾經刊登「蔣渭川這支大砲一向最敢於批評政府，現在卻惦惦無聲？」松柏解釋說因為二二八之後險些丟了命，躲了一年，遞補王添灯的遺缺而成省議員，面對省議會裡面外省人和半山政客的生態，覺得沒甚麼能說的，開會提出議題時多半也只參與別人的提案聯署，質詢民生、糖價、教科書等等沒有火藥味的題目。只有一次單獨提案質詢魏道明主席施政總報告，算是比較尖銳：（本段文字摘錄自一九四八年十二月二十日省議會開會紀錄）

渭川：……公營事業機關的人事、會計應統一事權之管理，不必要的冗員應予以淘汰。土地放領放租多被富豪壟斷，自耕農反而得不到實惠，政府不知嗎？各級公務員的薪資規劃應公平，登用本省人才的辦法要確實改善。

魏主席：前述七項，為配合國策、安定後方，非常重要。蔣先生立意甚善，政府將瞭解重心所在，尊重民意，則安定應無問題。

渭川：邇來因內地時局緊張，來台避難人口遽增，政府有無妥善處理辦法，如解決「住」的問題，以防止發生社會不良結果？又，內地資金陸續匯來台，政府應有妥善辦法以防止其擾亂本省經濟安定。

魏主席：因內地難民來台詳細數字尚無確定，是軍隊還是平民？人口也相當分散，房屋是本省人的利益和產業，我很抱歉無法為來台外省人解決「住」的問題。生產事業如紡織廠、機械廠、紙廠、DDT廠等遷移來台，則是對本省經濟有莫大助益，我保證不會引發擾亂金融的問題。

「唉，親家就是這樣的人！做官都是想到為國家做事，為人民的福利著想，而不是為自己得好處。但是這樣會吃虧啊，自己是對得起自己的良心，但是那些外省人和半山仔，想要歪哥的人他的好處被你蔣渭川擋了，一定會報復，起來反對你！」爸爸憂心的說。

媽媽說：「他們蔣家人都有自我犧牲的精神，甚麼對的事就憨膽的一直做，渭水阿伯就是這樣，才活到四十歲就死了。招治仔，每個人有每個人的命，還好松柏不愛睬政治，你叫他好好地當醫生就好，你才會好命。」

秋霞一點也不擔心，公公是令人尊敬的人，在蔣家，他就像一個房子的屋頂，或是像一棵大樹，讓人感到安全。

08 白色小洋裝的回憶

大弟文雄明年要考初中了，最近迷上釣魚，午飯後拉著大姊去看他秀一秀釣魚技術，秋霞怕公公的車隨時會來接她，就說屋外走一走就好啦，帶著七歲的小妹一起。

繞過土坡，要踏上田邊小徑的時候，秋霞特意要弟妹把腳步放得很輕很輕，先伸長了脖子，大氣也不敢喘一下。看到了——長長的一排小烏龜！四周靜悄悄的，小東西們擺著各種舒服的姿態，有的半閉眼睛，彷彿享受著午後溫柔的風，和暖和的陽光。「你們也知道嗎？和平真好，自由自在，真好！」秋霞不禁深吸一口氣，心裡漲滿了甜甜的滋味。

上次走這條路是戰爭結束之後過了半年吧？（一九四六）合唱團要在中山堂演出〈哈利路亞〉四部大合唱！外婆答應為她在白色小洋裝上繡花。外婆是刺繡高手，不必描圖就能繡出一幅幅山水、花鳥。秋霞陷入深深的回想，女生團員那普普通通的白布洋裝，有了外婆繡上光澤的白絲線花朵圖樣，心中還記得那股微微的激動！那場音樂會真是永生難忘的啊。

就是那次走這條溪溝旁的山路去外婆家試衣，看看外婆的花草繡得怎麼樣了。戰爭後期「疏開」的時候常走這條路，也從來不曾空著手，秋霞是大姊，幫忙扛米或蕃薯是常有的事。勞累還不打緊，想到每回洗米時，那夾在雜質中蠕動的虫才是最令人難受的。母親總是交代：「不要看，洗一下就好，煮熟了就不怕！」那真是一段艱苦的日子。

戰後一切都不一樣了，協進會的學長們熱心的教唱英文歌曲、欣賞小提琴音樂和交響樂，練合唱、辦音樂會。小時候和桑原老師的女兒愛子一起在士林教會學音樂，真是美好的時光。郭牧師兩姊妹教大家唱歌，泗治先生指揮合唱，他的夫人聲音尤其美，秋霞她們一群女生都無限的嚮往。老師們高尚、優秀，待人溫暖、厚道，更是她們的榜樣。

為了慶祝光復的第一場音樂會，大家興致勃勃的練習〈哈利路亞〉四部大合唱，泗治先生教大家背唱原文歌詞時，發明了一個好辦法：背好了一句就把那一句歌詞的譜撕下來，「吞下去」！大家嘻嘻哈哈地笑說怎麼可以這樣做？嬉笑中就不知不覺背起來了。泗治先生就是這樣有幽默感又慈祥。

音樂會非常的成功！偉大的音樂，好像歌頌著世界和平！不分日人、台人，都受到音樂感染，情緒高昂。有一位姓柴田的二等兵來拜訪陳老師，原來是東京出身的聲樂家，他擔任安可曲的演唱，穿著軍服，唱德文藝術歌曲〈魔王〉，泗治先生鋼琴伴奏，澎湃的音樂大大的震撼了所有的聽眾！

演唱會結束後，出了中山堂，群眾還大聲的繼續唱，整街的人唱起安可曲的〈O Sole mio〉（我的太陽），秋霞和她的同伴們很驚奇：「怎麼大家都會唱？」是啊！大家都唱起來了，好的音樂不論你聽不聽得懂，都感動人！

那是一九四六年，穿著白色小洋裝，唱著歌的花樣年華、「招治」的美好年代。

現在她叫做「秋霞」，是蔣渭川先生的媳婦兒，少女時代的友伴、情懷，刻在記憶的深處，卻也漸行漸遠了。

09 充滿矛盾的家庭

一九四八年底

*秋霞愈來愈不能同意娘家爸爸說的：「偉大的人格、高尚的家庭！」
*拜拜，掀起新仇舊怨 愁雲慘霧 秋霞沒看到過多桑渭川極慟 覺得人生不值得
*迷信 算命的乞丐敲著破碗來家門口預言「家破人亡」
*婆婆曾經許願 若度過災厄將到一百間廟三跪九叩
*學醫的新式頭腦怎麼做這種事？
*秋霞初識二二八 晚上溫酒 旁聽父子夜談

一九四九年新年過了，舊曆年還沒到。秋霞來到蔣家即將過的第一個年，不像在娘家時準備過年的忙碌和歡樂景況，邱家，裡裡外外的女眷全都動員起來，

ㄟ粿、包粿，切切煮煮、炸的、蒸的……忙得不可開交，秋霞最愛的是為弟弟妹妹們趕製新衣，新年一切都是歡喜的。去年在娘家過年時還沒想到今年就嫁做人婦了呢。

但是在這個家裡一切都不一樣，靜靜的、冷冷的空氣裡有一股看不見的陰沉。秋霞剛剛發現懷孕的跡象，對氣息特別敏感，感覺特別不舒服，走過公媽桌旁沿牆的一排照片——著清裝的祖父祖母畫像、一臉病容的渭水伯父、清秀姑娘巧雲妹妹的遺容……恐怖感襲來，秋霞一陣天旋地轉，瞬間就暈倒了！

醒轉來第一眼看到松柏一臉肅穆，握著秋霞的手傳來一陣暖意，秋霞卻不由得感到酸楚起來，剛剛要哭出聲，卻被房門外，婆婆的嚎啕大哭嚇壞了！婆婆在家裡從來都是無聲的操持著家務，像一個影子，好似沒有七情六慾，也不覺飢寒溫飽為何物，不知道她竟會冒出這麼大聲的哭喊和咒罵！這是壓抑著多大創傷的靈魂啊？

秋霞拉起松柏的手往廳堂跑去：「發生了甚麼事？」婆婆捶胸頓足完全不顧形象的詛咒著：「外面的壞查某啊！沒天良啊！」，連祖宗八代也難逃她的數落，又呼天呼地的哭喊「我的乖查某囝仔……阿巧啊，妳真歹命啊……」公公鐵青著臉，緊握拳頭、額上青筋暴露，喃喃低吼：「足嘸達（真不值得）ㄟ啦！」小姑小叔瑟縮在一個角落。秋霞不知道怎麼做好，撲通就跪在婆婆面前，一句話都說不出來，松柏也順勢在一旁跪下來，一陣安撫，婆婆終於靜了，松柏堅定的說：「卡將，我去，我是你的大兒子，我替多桑去還願，三跪九叩一百間廟。」

甚麼是一百間廟？

這一天婆婆倦極，晚餐後就入寢，公公洗浴後精神恢復了些，秋霞代替婆婆為公公溫熱一壺酒。

「以後都準備兩個杯，松柏陪我喝一杯。」「是。」

「秋霞，妳歐多桑是試茶的博士，但他好像不會喝酒？妳呢？會不會喝？」

「我阿爸一滴酒都不能喝，但是我阿姆懂酒，阮阿爸教的，我也會品酒。」

「品酒沒關係，但是女人不可以喝酒和跳舞，我是男女平等的觀念，但是女人如果愛喝酒愛跳舞，這一個家一定會破碎。」

秋霞瞭解了，原來公公對是非善惡有他自己的尺在計量。

每晚溫一壺酒，準備兩個杯。嗯，好。

10 婆婆的迷信

秋霞懷孕的不適經過昨天的折騰，還有近農曆年了，家裡卻甚麼都沒有準備，不安的感覺襲上心頭，更加覺得不舒服。松柏一早準備出門上班了，秋霞想開口，又不知道說甚麼好。

松柏體恤的摟摟她的肩：「晚上溫一壺酒，和多桑聊一聊，嗯？」秋霞點點頭。好多疑問，那麼多解不開的結，一個晚上說得完嗎？

屋子裡又剩下婆媳兩個人。一切都一如往常，秋霞懷疑起昨晚的混亂，難道是夢境嗎？為甚麼好像一點痕跡都沒有？不對啊，這幾個月來只有婚後第一天看到婆婆燒香，向祖先稟明兒子成婚了，就那麼一次，不像娘家媽媽，每逢初一十五都有「舛」（準備）豐盛的牲禮拜拜的習慣。那婆婆為甚麼會提到「三跪九叩一百間廟」？那已經超過一般人對「虔誠」的認知了。

秋霞在家是大姊，又當過老師，每當弟弟妹妹有爭執，或學生吵架，小則不理會，嚴重時一定要主持公道，讓雙方說清楚，解開癥結、和好如初。但是婆婆是長輩啊，不是學生，要怎麼開導呢？

婆婆擦著神桌，神情透著悲戚。秋霞鼓起勇氣，試探的問：「快要過年了，家裡，咁需要準備拜拜？」

「攏嘛按內！不讓人拜拜，說是『迷信』！唉，家尼壞運！人攏死了了……」

從婆婆邊唉嘆、邊詛咒，又參雜自怨自艾、求天公伯仔赦免、保佑，幾乎語無倫次的地步，秋霞拼拼湊湊出一個大致的輪廓。好像是二伯和多桑不敬鬼神，常常出去演講鼓吹民眾不要拜拜，家裡就因為這樣才招來厄運！先是在宜蘭的阿公好好的一個人有一天就死了，隔一年多阿嬤也死了，再隔一年多，竟連二伯自己也死了！於是有傳言說，再來就會輪到渭川了，他也會死。婆婆因此一直受著這種宿命觀的折磨。

「好哩佳哉二伯死了後一個月，我生了阿巧仔，足水足巧、足可愛ㄟ查某嬰仔！」婆婆臉上閃過了一絲溫柔。「這個小孩好命，我做月內有麻油雞吃，她的二姊阿碧最疼她，最愛抱她。」婆婆深信因為生了阿巧這個好命的孩子，多桑才逃過了死神，沒有落入厄運的輪迴。

「阿巧仔五歲時您多桑帶她出去看人家搬影戲，只顧和人開講，沒注意到她就從二樓掉出去路上！好運有一個拳頭師傅在伸懶腰，手伸得高高的，剛好接住她，一點點都沒有受傷！人人都說這個小孩一定有大富大貴的大福氣！」「可是啊，帶去算命，算命仙說，她會『再活一剋年』！十七歲時就會死……」

婆婆又嚶嚶的啜泣起來，難以遏制，索性又嚎啕大哭了。秋霞心裡又升起恐怖感！又是那個「二二八」？

哭了好一陣子，婆婆眼濛濛的看著遠方，心思好像也飄遠了。「二二八那一年舊曆年，一個乞丐來討飯，在門口敲著破碗，『叩叩叩叩叩』，我拿飯給他。那乞丐眼睛是青瞑的，把臉對著我，說：『家破、人亡……家破、人亡喔……』我氣極了！過年時陣怎麼有人這樣說？雞母皮統統爬起來！」

「我不敢跟妳多桑說青瞑仔的事情，那個時候那麼亂，每天米價都不一樣，買不到甚麼吃的、糖、米、油這些。多桑在商會每天都一大堆人要他去和長官協調，那個年很難過。我就知道這個青瞑仔是神明！我們家一定會家破人亡……」

「我偷偷的在『天井』對神明拜拜，拜託您阿公、阿嬤和二伯，督愛保佑渭川家，不要家破人亡。」

「但是，我想起恁二伯死的時候我和阿有（渭水阿姆）、阿甜仔（渭水的小妾陳甜，後來出家）三個女人慌了手腳，不知要不要拜他？因為渭水伯都不准人家拜拜，有人拜拜他都生氣、罵人。但是人死了我們還是要給他拜飯啊！不然他去那邊不是變成餓鬼嗎？」婆婆說到這裡，自己也感到哭笑不得。「那時候，我們就是在天井對著天公拜拜，跋杯問他吃飽了沒？飯菜要收了。啊他也是有聖杯說吃飽了。」

秋霞對婆婆生出萬分同情的感覺。娘家爸爸口中的「蔣家是很偉大的家族」，原來背後是家中女眷承受著無邊的恐懼，用自己有限的力量在抗拒和支撐著。

那個青瞑仔的「家破、人亡…家破、人亡喔……」給了婆婆多大的衝擊？

「我足驚惶ㄟ，我跟神明發誓『您保庇不要讓蔣渭川死，我一定讓他走一百間廟，三跪九叩來還願！』

11 「三跪九叩一百間廟」終於解決

這一天，一反常態的，松柏早早下班返家，公公反而過了晚餐時間很久才回到家。板著臉孔不發一語，逕自草草梳洗過，就在書房整理文書。

知道公公是個嚴肅的人，秋霞打從心底敬畏他，然而很多時候卻感受到他不經意流露的關懷和慈愛。看到今天氣氛不一樣，秋霞沏了一壺茶送到書桌前，就默默地退出。

公公還在為迷信的習俗生氣嗎？他和渭水伯父兩兄弟為甚麼那麼反對拜拜？秋霞打抱不平：「婆婆許願要公公還願拜一百間廟還不是為大家好？女人只不過是希望闔家平安啊！」

松柏不禁笑起來。「你還在煩惱三跪九叩的事啊？沒事沒事了，卡將會聽我的。」

「可是你說的是你要代替多桑去三跪九叩的！你醫學院畢業的人怎麼可以做這種事？我猜想你的渭水伯父一定也會反對。」

「有時候要看情形。這個事如果不做，卡將一生都會不安，家裡就不平靜了。但是我有和卡將說明，挑幾間有緣的、在台北的，就好。宜蘭老家就選一間日本時代叫做『昭應宮』的，這樣整個就很圓滿了。」

秋霞感到佩服了。「你真是很懂得『孝順』的道理啊！」

「對，要做到『孝』很簡單，但是不合理的事也要『順』，那就不簡單了。」

松柏接著若有所思，說：「秋霞，家裡整天就你和卡將在，如果卡將叫你做甚麼而你不想做，你就來告訴我，我再來想辦法。因為你不是在我家長大的人，很多的習慣不同，我比較知道卡將的脾氣。」

松柏比秋霞大七歲又留學日本，見識廣、又有善良的心思，是一位可依靠的夫婿啊。世界大戰時他人在日本九州的熊本市，已念到醫學院的最後一年，戰後才轉學回台灣大學醫學院。一九四七畢業時又碰上二二八逃難，一九四八年三月父親蔣渭川受到丘念台保釋結束逃亡後，松柏已無法像學弟們可以留在台大醫院執醫了。

秋霞的思緒飄得遠遠的，想起戰後短暫結識的協志會學長們，不乏醫學院學生，他們大概都比松柏幸運多了吧？為甚麼蔣家會碰上「二二八」呢？而且如同婆婆說的那個「神明裝扮成青暝乀」來預告家破人亡呢？好可怕啊。

回到現實面，秋霞覺得雖然松柏無法進入大醫院當醫生，但是日子過得平順安定，對家人體貼照顧，也算是相當難能可貴的了。公公是省參議員，繁雜的公務之外還擔任台北市商會、台灣省商會的顧問，還有一些延續伯父時代的政治結社，等等。一切都很需要仰仗松柏，如果他當醫生，這麼多複雜龐大的瑣碎事務誰來做呢？

想到這些，秋霞幾乎要全然接受婆婆的「拜拜」和「許願」這些思想了！闔家平安、闔家平安、闔家平安……是唯一的祈求！

記得婚後第一天公公就說：「妳是秋天嫁進我們蔣家，我叫妳『秋霞』！」

好歡喜啊！今年秋天，松柏和秋霞就要迎接他們的第一個孩子了。

12 宜蘭來的親戚們

秋霞在蔣家的第一年，就見識了不少「宜蘭親戚」，大姆、二姆、幾位阿姑，還有一位「雞母阿姨」等等。有的親屬關係很明確，有的就搞不清楚是哪門子親戚了。而很特別的是這些親戚大都是女眷，少有男性親戚，只有婆婆娘家的舅舅們有好幾位，雖出身鄉下，但都像讀書人，和松柏很談得來。

「二姆仔」就是渭水姆！秋霞特別注意到她，據說才三十多歲就喪偶，她的那位人人都說「非常偉大」的丈夫，做社會運動不但破產，又早死，留下一群小孩讓她獨力撫養，家裡還有一個小妾、外面還欠一屁股債……虧得她好像相當看得開，遇到任何事都說「貫態伊去、貫態伊去！」很樂天知命的樣子。她甚至於帶小孫子來台北時還會去一間寺廟看看「吃齋阿嬸」！

所謂「吃齋阿嬸」就是渭水伯的妾，阿甜。

秋霞的婆婆對二姆很好，一方面是渭水伯還在世的時候，兩家在台北住在一起，兩人是妯娌，卻像手帕交，一起操持家務、一起帶小孩。兩人交好的另一原因是婆婆屬於較有正義感的人，她看不慣阿甜介入人家家庭，還仗著得寵，高姿態對家人頤氣指使；多桑渭川負擔兩家生計還要張羅哥哥渭水的社會運動支出，對這個外來的女人也十分反感……這個家庭難題本該在渭水伯死後、阿甜帶髮出家以後就該落幕，誰知投靠的寺廟不可能平白收容她，陳甜於是席捲了家當落跑，投入「空門」，家人因財務扯得相當不堪，也不愉快。蔣渭水一生清譽、兩袖清風，身後的債務只能由弟弟渭川一肩扛，連喪葬費也是社運同志們出資出版文集義賣，才辦成葬禮。

在日治後期，二姆的孩子們四散，有的失學、有的去中國，也有加入共產黨的……最小的兒子戰爭時當兵去了南洋就沒有回來。蔣渭水時代的社會運動組織也分崩瓦解，或者轉入地下。

來福大伯的太太，大姆，則是一位不理世事、天下太平的老好人，裹著小腳行動卻很俐落，從老家坐客運車來到台北，往往走路，很少花錢坐三輪車。而且是來如一陣風、去也如一陣風，讓人懷疑「大姆有來過嗎？啊她又走了嗎？」

秋霞沒有見過「吃齋阿嬤」。相對於二姆的大量（或是不在乎），婆婆對阿甜是記恨著的。婆婆說她和阿甜兩人當面發過重誓，說：「就算死後也絕不相認！」

「沒有血緣關係又沒有感情基礎的幾個女人，在那個思想封閉、男女不平等的時代，還不得不窩在同一個屋簷下，真是難為啊！」秋霞偶而和松柏聊起親戚們的種種，松柏就會這樣開導她。

婆婆對宜蘭親戚頻繁的往來已有一點疲於應付，也無奈，因為在宜蘭這個家族裡只剩公公是唯一的男丁，有那麼多清官也難斷的家務事。但是婆婆對三位已婚的女兒倒是很疼愛，時常從拮据的家用裡再儉省一些錢，燉煮食物送去給她們每一家，好像要為少女年華就逝去的四女巧雲做補償似的。

秋霞想到自己的媽媽也是這樣，再怎麼節省，還是要給嫁出去的女兒最好的，這就是媽媽的心。對於和自己沒有血緣關係，又必須住在一起，又是一個廚房主人的「婆婆」，秋霞也就釋懷了。何況還有松柏，他對女人的處境完全能真心的理解，和體諒。

13 政治是管理眾人之事

一九四九年中，秋霞過了懷孕初期不適的階段，她知道等到秋天孩子出世之後可能就沒有時間幫多桑溫酒，旁聽多桑和松柏的父子講談了，她喜歡聽他們談話，特別珍惜這些時光。

秋霞學生時代就對歷史科最有興趣，課外讀物也是喜歡選讀歷史小說或是哲學類，對於多桑講到他和渭水伯在日治中期從事反抗運動，所仿效的就是「明治維新」的精神！秋霞聽得特別振奮，好像從多桑的神情可以看到明治維新的志士們那種希望國家強盛、希望人民過好日子的那種熱情！

松柏是「臺灣文化協會」成立那一年（大正十年一九二一）出生的，渭水伯去世時他才十歲，但是他長大後去日本讀醫科，戰後回台灣讀「台大醫學院」，就是日本時代渭水伯讀的「總督府醫學校」！秋霞由衷地問道：「那麼，多桑您是不是很高興松柏有接續阿伯的志向，當了醫生？」

「這也不值得高興。」松柏接口：「多桑的哥哥考上醫學校，多桑當工友，還在郵局兼差當接線生，兩份收入供給哥哥的學費和家裡的生活所需，兄弟倆說好等哥哥當了醫生賺錢養家，再輪到弟弟去讀醫學院。」公公無奈地說：「誰知道，他在醫學校二年級就開始搞學生運動！帶頭批評政府制度的不公平，常常被抓去處罰、關禁閉，課也沒有好好念，考進去醫學校是第一名，畢業時是第二名！」秋霞很驚訝：「都沒念書還能第二名畢業！那很厲害了呀。」公公微微一笑，說：「我二兄頭腦很好，他旁邊的人沒有一個不佩服他。我也佩服他，就一直打拚做生意，讓他去辦報紙、做社會運動，那都是很『傷本』的事。」

邱家爸爸說過「蔣家是偉大的家族」，大概指的就是渭水伯那個時代的醫生、老師們都是有社會責任心和理想性的人，做的都是為大眾爭取利益的事情。尤其公公犧牲了自己升學的機會，全心全力幫助哥哥的事業（志業），實在是太偉大了。所幸他雖然沒有如願學醫，卻經商有成，栽培孩子好好的讀書；在社會運動上也繼承哥哥的遺志重新整頓總工會（日本時代的「台灣工友總聯盟」），組織台北市商會及省商聯會，都擔任理事長或顧問等很重要的職務。

公公在戰後一九四六年台灣省議員選舉時選上「候補」，經一九四七年二二八事件，多位省議員被殺害或失蹤，公公蒙難一年，一九四八年三月受到丘念台保釋（原被陳儀貼標籤為叛亂罪），獲「不起訴處分」而遞補為省議員。

從一九四八年三月到一九四九年年中，作為「省議員」，是公公很不喜歡的事。省議會都被半山仔控制，那些人在日本時代雖然也有人參加反抗殖民政府的運動，暗地裡卻在為自己的利益，與統治者勾結。這在一向善惡分明的公公眼裡，看得清清楚楚，有的人令他尊敬和同情，有的人他就很不齒。

松柏說：「卡將經歷過二二八的打擊，『勿通理睬政治！』成為她的人生觀，很排斥政壇上的人際關係，其實多桑也是，不喜歡官場。但是他和伯父一樣，血液裡就是有政治因子，他們都信仰『政治是管理眾人之事』，覺得從政應該是要實現崇高的理想。」

秋霞非常理解日本明治維新年代的志士們的犧牲精神，尤其聽到松柏說：「成立『臺灣文化協會』的時候，兩任總督府醫學校的校長都來參加，並且勉勵伯父蔣渭水說，從事社會改革的人除了要有無私的中心思想，最重要的是要有『隨時會犧牲』的心理準備……」

真令人肅然起敬。但是，秋霞心想：現在是一九四九年了呀，我們已經在大戰中打贏了日本！而且在南京的中央政府去年底還任命蔣介石總裁最信任的陳誠當台灣省主席，台灣就要實行三民主義了！將來會成為全中國的模範省！這不就是三十年前伯父和多桑他們犧牲和奮鬥最終的理想嗎？秋霞這樣興奮的想著，就說：「多桑，您已經苦盡甘來了，伯父過世快要二十年，您們努力了這麼久，台灣終於有了今天光明的局面，今後不必再犧牲了，卡將說勿通睬政治是對的，您忙商會的事就好了。」

多桑面露慍色，「陳誠是他的親信！派來台灣當省主席？陳儀還不是也是他的親信？今天呢，陳儀去當了浙江省主席！派最親的親信去他的故鄉當省主席！」多桑毫不掩飾的冷笑一聲。「二二八的帳目都不必算一算嗎？」怒氣好像一觸即發！

秋霞感到困惑。陳誠？陳儀？那個神祕的二二八！陰影又聚攏過來……

14 勤來家中探訪的外省朋友

一九四九年中秋夜，蔣渭川的長孫女誕生了！全家喜氣洋洋迎接這個漂亮的女娃娃，家中一向安靜、有點陰沉的氣氛一掃而空。

事實上，這半年多以來，從冬天到夏天，到現在入秋，家人很像漸漸從陰霾中走出來了，那個深不可測的二二八，雖然還是不可說的禁忌，但好像有一束光照下來！婆婆的心事有點放開了，眉頭也稍微舒坦了。公公參與外面的社會活動比起省議會的會議熱心得多，商界的朋友都豪邁，說話大小聲。所幸他們談天論地、談社會、談賺錢，都在外面，不必在家煮飯菜、泡茶招待他們，並不感覺到公公的事業和政經關係有多龐大。

新生兒取名叫「慧容」，是一位常來家中的外省人朋友取的，說是「秀外慧中」，女孩子既有聰明智慧，又有美麗的面容。公公很滿意這個名字，大大的謝了這位朋友。

一時興起，公公還大聲的跟客人說起他在躲藏二二八搜捕的期間，有一段時間躲在大女婿高欽福家中（最危險的地方最安全），大女兒梨雲生產時他聽到長外孫女的第一個哭聲，也親手抱到外孫女，為她取名叫「高雪惠」。

「在遭遇家破人亡，逃難、生死未卜的危機中，特別感受到生命的脆弱和堅強，我同時也想到我的兄哥渭水，他自號雪谷，所以我把外孫女取名雪谷的『雪』、恩惠的『惠』……」

客人也大聲的擊掌附和：「蔣先生您真有福氣啊，令兄長帶給您的光彩您更加把它發揚光大，真是中華民族的驕傲啊！真是可喜可賀。」

這一位客人說話的外省腔調很不容易聽懂，他的名字叫做「李翼中」。

晚上，松柏愛憐地逗弄著嬰兒，「『慧容』，這名字很好！我們在家裡還是叫她日本名子吧，叫優將？」

「名字是好，但是我不喜歡他抱我的小孩！」秋霞氣呼呼地說。

「你說李先生？為甚麼？」

「人家多桑抱著時，孩子都很乖，還會對阿公笑，可是那個人一抱，小孩就哭了！我也很討厭他，為甚麼他一天到晚來我們家？家裡還有滿雲、節雲和松平都是小孩子，實在不太方便。還有，他到哪都跟著多桑，去這裡、去那裡，好像多桑的跟班！」

「哈哈哈，你說他是跟班？他可是一個大人物呢！他是『黨部』的主委啊。他還當我們婚禮的證婚人呢！」

「證婚人不是杜聰明博士嗎？我不知道還有一位證婚人。」

「杜博士和畫家陳清汾是『介紹人』，李先生是『證婚人』。介紹人是雙方家長的好朋友、證婚人就找有名望的人。」

「多桑不是會請大官坐上位的人，為甚麼請這個人當證婚人？」

松柏說：「這問題問得好！多桑對一般人沒有成見，他看人主要是看他的作為，是不是『坦坦蕩蕩的男子漢』？而這個外省人呢，從光復以後就常常在我家走動，我想他相當清楚多桑的光明磊落，但經過二二八，多桑對他並不完全信任，我也心存懷疑，我會再謹慎觀察。」

「聽你說起來好可怕呢！」秋霞不禁想起婚禮那天，公公怒氣沖沖的重摔在地的那個花圈！花好月圓……那個惡名昭彰的彭孟緝，駐地在高雄，多桑跟他毫無交集，也不認識，在松柏的婚禮他為甚麼平白送來這個花圈，惹來多桑這麼生氣？還有這個李翼中，他們之間有關連嗎？

【解讀之一】

在日治時期，台灣人普遍具有民主思想，一九四五年二戰後，自然在歡迎「祖國」的熱潮下仍抱持著「以民主概念籌組政黨」作為在野黨，視為天經地義之事。

蔣渭川結集日治時期的臺灣文化協會、臺灣民眾黨、農民組合、臺灣工友總聯盟四個舊有團體同志，擬籌組「民眾黨」。這時候，中國國民黨台灣省黨部主委李翼中剛來到台灣，知道此事，聯繫到前臺灣民眾黨重要幹部廖進平，在他家中與蔣渭川會面，遊說以「不宜組黨」。於是蔣渭川在一九四六年一月六日將組黨的原意改為成立「臺灣民眾協會」，會員多為前臺灣民眾黨的成員。

這個協會相當活躍，引起行政長官陳儀注意，誣陷他們的活動為「反政府」，欲下令解散。黨部主委李翼中出來緩頰，認為應該勸導為國家利益計，以和為貴。蔣渭川接受了李翼中的建議，籌組政治組織是為了做政治的改革和建設，於是在四月七日將「台灣民眾協會」改為「台灣省政治建設協會」，日治時期民眾渴望自治的理想強力召喚下，很快的在全省各縣市成立二十四個分會，會員增至上萬人。

當時蔣渭川身分是台北市商會理事長暨臺灣省商會理事，在民間素孚眾望。「台灣省政治建設協會」組成分子多為社會菁英，成員包括蔣渭川、王添灯、廖進平、呂伯雄、張晴川、白成枝、黃朝生、王萬得、李仁貴等多人，並由蔣渭川任常務兼總務部長、廖進平任常務兼宣傳部長、張晴川任常務兼經濟部長、王萬得任常務兼組織部長、黃朝生任常務兼財政部長。

「台灣省政治建設協會」的註冊地址登記在台北市延平北路二段的三民書局，是蔣渭川的住家、書局及事務所。

【解讀之二】

李翼中極力遊說將「台灣民眾協會」改為「台灣省政治建設協會」，可見中國國民黨「劫收」台灣，他們多麼恐懼日治時期台灣人的「臺灣文化協會」和「臺灣民眾黨」！而一九四七年二二八慘案中的三月十日，蔣渭川家的血案就發生在「台灣省政治建設協會」所在地的三民書局。

15 家運好轉

入秋以後，天氣很快的冷下來，秋霞用細緻的綿紗布縫製嬰兒衣，早在生產前已準備了不少，再多做幾件呢布的袍子就很夠用了。一向節儉、很會控制家用的婆婆也已經買來更多的煤炭，升起暖爐了。新生兒的喜悅瀰漫了整個家。

優將長得很甜美，大眼睛好奇的骨碌骨碌轉，看到熟悉的臉龐湊上來就微微的笑了，滿雲、節雲和松平都升格當了姑姑和叔叔，一有時間就跑進房間看娃娃。又快到年底了，經過去年迷信的衝突之後，今年雖還是沒有甚麼過年氣氛，但一切都在慢慢地好轉，開始有了小孩子的笑聲，大人臉上的線條緩和了，一切都充滿了光明。

那個喜歡抱優將的外省人李翼中，原來和「台灣省政治建設協會」有很深的關係。聽公公和松柏的言談，那個政治協會的前身，應該是渭水伯父的時代參加「臺灣民眾黨」和「臺灣文化協會」的朋友為基礎組成的，延伸到戰後，在二二八之前非常的活躍。幾次被政府勸說改組、改名，才定名為「台灣省政治建設協會」。李翼中就是常常來家中，對蔣家人推心置腹，表現關懷，角色大概等於是來台接收的政府組織與本省社會人士之間的橋樑。

那時蔣家住在現在住家的對面（雙號數），經營「三民書局」，代理中國四大書局的中文書，也進口歐美書籍、時髦的文具等等，文化業務相當鼎盛，不只讀書人常來，社會各階層人等也是來來往往的穿梭。

蔣家在二二八前後的境遇，是秋霞單純的生活經驗裡所無法瞭解的。

三民書局，也就是「台灣省政治建設協會」的所在地，它的二樓就是知名的台菜料理「山水亭」！難以想像二二八之前，樓上山水亭杯觥交錯、談藝論樂，名士高談闊論；樓下三民書局是社運大本營，張慕陶、李翼中、本省人、半山、浪人都有，也是談時論事、慷慨激昂。

一九四七年的二月二十七日、二十八日，三月一～四日、五日，到三月十日……可以想見這裡每天發生怎樣的衝突場面！

三月十日，蔣渭川差點被就地槍決就發生在這個騎樓。逃亡後，家人被掃地出門四散，盜賊從天井破門進入洗劫，真正家破人亡。現在這個協會已經不存在了，那些唸得出名字的朋友，很多在二二八都死了，多桑蔣渭川雖僥倖死裡逃生，但隨著這個協會的徹底瓦解，蔣渭川的前半生彷彿也就此斷裂了。這一年他五十二歲。

秋霞非常敬愛又有點敬畏的「多桑」，現在是一位很慈藹的「阿公」，省議會上班下班，或是在商會開完會回家，最重要的事就是抱起優將，哼唱日本兒歌逗她開心，十二歲的節雲也有好歌喉，總會聞聲加進來一起唱。這在優將出生以前是從沒有過的事，作為嚴父的多桑，即使面對年幼的子女也是不苟言笑，但是當了阿公，柔軟的心思好像被喚醒了。

除了日本歌謠，多桑還唱一首〈耶穌愛我我知道〉！原來在二二八蒙難期間，為了掩人耳目，轉移躲藏地，曾受人帶領躲在一間教會，搭救者是一位女士，說：「上帝牽你的手來這裡，你就安心住下，不要怕。」要他裝扮成聾啞的園丁，不需開口說話，安全的度過一段時日。

這位女士後來卡將把她收為義女，和家人很親，滿雲節雲兩姊妹稱她「阿姐」，卡將指示秋霞要和孫子的輩分一樣以「阿姑」相稱。

白日遭難主搭救，黑夜睡覺祂看守；倘若在世我愛祂，日後領我到天家……

耶穌愛我我知道……

邱家爸爸常說的：「蔣家伯父是偉大的台灣人，蔣家爸爸是人格者、二二八時冒著生命危險立了大功勞……」是啊、是啊，遭遇過家破人亡，又大難不死的這一家人，上帝會憐憫、陪伴、拯救他們吧？

秋霞也唱起耶穌愛我我知道，虔誠的祈禱……

16 從不一樣的人生到一起生活

抱著優將出門走走，秋霞最常在隔壁「義美商店」門口踱來踱去，看看櫥窗裡的糖果餅乾就足夠吸引小嬰兒好奇的眼光了。老老闆高先生是多桑的好朋友，幾十年的交情了，高家大女兒和蔣梨雲是第三高女同學，高家長子已經把商店經營得蒸蒸日上，第三代也有兩個男孩了，小的一個就和優將差不多大。

大家都愛吃遠近馳名的義美牛奶糖キャラメル，小松平則最愛吃巧克力。日本時代的「太平町」就是現在的「延平北路」，無論在哪個時代都是台灣的繁華富庶之地吧。

日本時代渭水伯父的大安醫院就是在義美這裡，佔了三個店面，樓上共有十間病房，一樓的兩個店面是文化書局和臺灣民報發送處，大安醫院其實也是文化協會、民眾黨支部和許許多多社會團體、協會掛名之處，是一九二〇～一九三〇年代社會運動的大本營。一九三一年渭水伯驟逝，多桑渭川無力再經營醫院和書局，便退租，遷至對面開設「文化公司」。渭水伯的妻小回到宜蘭老家、長子蔣松輝隨舅舅石煥長到上海行醫。原來的大安醫院地主將店租給高老老闆，開始「做餅是良心的事業」起家，三年後事業有成便買下房產是為義美的「起家厝」。

秋霞信步再走到靠近民生西路，在騎樓駐足，朝對面看去。距今兩年前的場景，殺手上門，公公往後進逃去、巧雲和松平中彈，血流如注的慘劇……就是在這裡。

「啊，為甚麼戰爭？戰爭是對的嗎？台灣『光復』、『回到祖國的懷抱』是好事嗎？」秋霞內心激動、質疑，她更加不平的，是公公早年隨渭水伯反抗殖民政體、熱衷群眾運動；戰後更服膺三民主義想要改善政治環境，卻經歷二二八險些喪命而遍體鱗傷！

時局那麼詭譎，人心難測，一九二三年一起創辦「臺灣民報」的人、一九二七年在「臺灣民眾黨」搖旗吶喊的人、一九四六年在「台灣省政治建設協會」穿梭奔走的人，有誰是真有政治理想、肯為理想犧牲也在所不惜的？有哪幾個是見風轉舵心生貪念已經變節，卻仍在近處動手動腳的？現在看得清楚，只是當時惘然。

現在公公是省議員，那些常在家裡進出、美其名說是「探訪」的外省人和半山仔，是敵是友？是保護還是監視？還是挑撥？秋霞心裡常有這些不安。

回顧詭異的一九四六到一九四七。婚前的松柏和秋霞是活在不同的兩個世界。

松柏一九四六年從日本九州熊本醫科大學最後一年轉學回台灣，成為戰後台大醫學院第一屆學生，因父親在三民書店升起國旗、開辦國語教學班，並熱心組織三民主義宣傳大會，自然很熱烈的投入重建台灣主體性的工作。一九四七年二月二十七日緝菸事件引起的抗議群眾，在二二八那天遭到行政長官公署機關槍無差別掃射，死傷者被送往台大醫院，實習醫生身分的松柏幾乎全程目睹，也參與救治。而在三月十日的家庭慘劇後，與父親失散逃亡，缺席了醫學院畢業典禮，在畢業團體照裡面，松柏是與失蹤或罹難的同學一樣，個人照被圈起來另外貼上。

蒙難一年後蔣渭川由丘念台和李翼中具保，被以「不起訴處分」結案。（意思是他不是二二八的首謀叛亂分子？）蔣渭川遞補為省參議員。但松柏就沒有機會進入台大醫院任職了，僅從事藥品和儀器的小生意。

秋霞的一九四六年則完全不是這樣的，是沐浴在戰後和平、光明、喜悅的青春年華，在那一段台灣有史以來最井井有條的社會氛圍中，除了和令人尊敬的日本老師、同學、手帕交依依不捨的話別，等著他們離台之際還有時間一起練唱歌、學英語。記憶中還曾經乘坐公共汽車從士林到台北北門呢！是否曾經去到三民書局買書？秋霞怦然心動了一下下！不無可能啊，三民書局戰後增資擴充規模，是很著名的書店。秋霞除了喜愛日本文學，也讀過中文的魯迅，還特別醉心一位叫做「冰心」的女作家的散文。

一九四七年，在士林的邱家對二二八的感受不過是一些反政府的亂事，雖也聽說誰家有人被抓，但都說那不是共產黨就是暴徒，反正都是壞人。

秋霞現在站在面對著血案發生地，很多事無法理解。

像公公這樣無論在公開演講或論述上，都不斷強調「台灣不能共產化、要施行民主」的理念，那為甚麼在「行政長官兼警備總司令」陳儀發布「二二八事變首謀叛亂在逃主犯名冊」中，蔣渭川是三十個人名裡面的首犯第一名呢？在日治時期人民發出反政府的言論而被拘禁，都還有申訴，甚至進行法庭辯論的權利，那，為甚麼「祖國」的處理竟是格殺勿論呢？

一九四六年五月的選舉，公公蔣渭川當選省議員候補，八月底台灣人組成龐大的「光復致敬團」赴中國訪問，他率商界代表團參觀訪問南京等大城市，目睹中國政治、經濟、人物和文化的亂象，他是有中國經驗的！但和當時的知識分子一樣，總是善意的解釋：「祖國長年戰亂、天災人禍頻傳，不易治理，只要徹底實施民主、民治、民權，國家就會強大……」

前些天（一九四九年初）才聽說在南京的中央政府發布任命陳誠為台灣省政府主席，公公勃然大怒，怒火更延燒到因陳儀釀下了二二八慘案非但沒有被懲處，蔣介石反而拔擢他為浙江省主席！高升貴為總裁家鄉的省主席！這不是獎賞嗎？功過、獎懲不分的總裁！

去年底發布此任命案的是行政院長孫科，陳誠則是總裁的親信！蔣介石已經在今年一月於南京宣布下野，時間這麼接近，政局混亂中，指派陳誠擔任台灣省政府主席，用意是甚麼？這和戰後派了陳儀來接收、演變成劫收，沒甚麼兩樣。

這些疑問和擔憂，別說秋霞理不清楚，恐怕當時的蔣渭川除了憂慮，也是無能為力。

17 公公的書房

起火、燒水、煮飯、掃除等這些家事，秋霞在娘家時就做得很俐落，現在廚房有婆婆作主、每天親自買菜，而且對家事的標準也沒有娘家媽媽那般嚴格挑剔，秋霞做家務事之外有更多時間可以做喜愛的女紅和看書，在優將還沒出生以前，一直都算游刃有餘。

整理公公的書房反倒是秋霞在這個家裡最主要的的任務。但是成堆如山的書報、雜誌、文書等等，真不知道要從何整理起？還好公公也不准人隨便動他的東西，秋霞只能做做簡易的清潔工作，另外就是聽候吩咐，打打雜。有一件新鮮事讓秋霞開了眼界！公公叫秋霞煮「麵粉糊」，麵粉和水有一定的比例，把它們煮好、放涼，成「糨糊」。公公喜愛剪報，自製剪報本、自製糨糊，連雜記本、帳簿，都自己裝訂成冊。大概只差剪刀和算盤不是自己做的了。

公公的剪報對秋霞來說簡直就是個寶藏！除了政治新聞、運動消息和政令那些很硬的公告之外，還有多采多姿的世界風光、美術、文藝，甚至還有烹調的食譜、建築風格特色，連西洋藝術史也有，五花八門，都分門別類地整理出來。

「秋霞，這幾本煮飯煮菜的、做衣服的拿去參考，給你卡將她都不看。」如獲至寶。公公的剪報幾乎可說是秋霞的圖書館！在擁擠的小書房就能神遊世界，真是太好了。

公公的記帳也是一絕，每天婆婆買菜的錢都要報帳，豬肉多少、青菜多少，用一支用過的番仔火枝的反面（小小的正方形）沾一下紅色印泥，當作蓋章表示點算過了，有時還要喃喃有詞的，評論一下民生物價的不理想等等。

秋霞心裡想著，公公並不是小氣刻薄的人，但為甚麼會這麼銖錙必較，又節省得有點過分呢？婆婆無可奈何的消極面對，也常常把家裡的氣氛弄得很僵。

松柏有他的看法：「多桑的哲學是『該省的不用、該用的不省』。在日本時代，滑水伯父的醫院原本很賺錢，多桑的生意也做得很成功，但是社會運動不像做生意可以『將本求利』，那是只有付出沒有回收的事，其實我們在日本時代還沒那麼慘，真正破產是後來碰到二二八……一切都變成零，只有人還活著。」

秋霞：「我家多桑就說蔣家人都有犧牲精神，想要為社會做事，碰到不對的時局，結果就是白白犧牲了，社會也不會感謝你們。」

松柏說：「『社會有沒有感謝？』這我不知道，冒著生命危險而做了自認是對的事，但這個社會有多少人瞭解？」「伯父死的時候多桑在做甚麼我比較不記得，那時皇民化愈來愈嚴重，社會運動好像消失了，大家都讀書的認真讀書、種田的認真種田、做生意的認真做生意，我們順利的去日本修學旅行、去考日本的醫學院……」「戰後我回來台灣，才知道他那麼熱烈的想要把他和伯父在日本時代的理想努力的實踐出來！但是『祖國』不是我們想像的那樣。」「多桑現在完全變了一個人，戰後對社會和國家的熱情消失了還不要緊，現在在省議會是他很不情願甚至很痛苦的事，那些人都是在二二八時很對立的人，甚至是害人的人，在省議員的位置上都在忙著收自己的利益，已經不是渭水伯父他們那時代向政府請願說『台灣要有一個議會！』的理想了。」

秋霞問：「松柏，二二八你知道多少？」松柏說：「我全都知道，我看過多桑的日記。」

秋霞嚇了一大跳：「有日記？」松柏說：「多桑一輩子都有寫日記的習慣，他寫日記是今天看到甚麼人、說了甚麼話、做了哪些事都清清楚楚寫下來。」

想起多桑的帳簿，多桑頂真的個性，秋霞相信，多桑的日記一定是非常真實和珍貴的紀錄！「真的？日記在哪裡？讓我看！」

松柏露出哀戚的神情，拉過秋霞的手，愛憐的說：「那是多桑的救命符，要藏好，巧雲代替多桑枉死，幸好多桑有寫日記，為當時的情況留下紀錄。等到有一天政治變得清明了，再公諸於世，為那些死去的人討公道！」「日記藏在書房的一個地方，為了你好，你不要去找、不要看，留著就好。」

松柏說三月十日多桑逃離凶手的追殺，受到好心人搭救，第一個躲藏處的家主人為他到三民書局打探消息，回來告知巧雲在洪外科，傷重垂危等事，大慟，再央請家主人設法取出他的日記本，當天就在藏身的夾層徹夜抄寫（用複寫紙謄寫）自二月二十八日憂慮因緝菸而開槍殺人事件引起的群情抗議，到受陳儀、張慕陶、李翼中、柯遠芬傳信邀他協助平亂；到會談過程、陳儀允諾政治改革、一起赴電台廣播等等；到三月十日開始逃亡，鉅細靡遺。

複寫一式兩份，寫完正本即託人從北投付郵寄至南京中央政府蔣介石收。從北投寄出是為了避免暴露藏身行蹤。為甚麼寄給蔣介石？因會談之內容陳儀口口聲聲承諾政治改革、建設台灣、報效中華民國，然而卻以槍彈屠殺！

封面題字《二二八事變始末記——蔣渭川》。有沒有寄達？結果呢？無解。

複寫的一份就在家裡書房的某一個角落。公公的書房，藏著二二八真相。

18 傷痕・記憶

秋霞沒有刻意去想多桑的日記，也沒有動念去找，但抱著優將的時候常常會怔怔的出神，想起巧雲。懷胎十月養大的女孩，在媽媽眼前，中彈、血流如注，那是怎樣淒慘的場面！

那時節雲二年級、滿雲三年級，是大到有記憶的年齡，但又是小到如何承受那樣的傷痛啊？「你們當時怕不怕？不，應該說，你們那時有多怕？」

滿雲說：「怕啊！怕死了，但那時候不知道是怕甚麼，到後來看四姊傷那麼重，很痛苦，四姊死了我傷心了好久……」滿雲收藏著一張照片，是巧雲高女的學生照，題字寫著「親愛的滿雲妹妹留念　四姊巧雲贈」。

那天大早，因為戒嚴不用去學校，爸爸和幾個朋友已和陳儀長官約好去公署見面要開會。五個拿長槍的兵衝進來把爸爸抓去騎樓要槍斃，爸爸的朋友簡伯伯叫我們往後面跑！巧雲聽到弟弟哭聲便跑回頭抱他，再跑。

簡伯伯喊：「讓你們多桑先過！你趴下、趴下……」節雲趴下，額頭撞到薪柴捆，很痛、不敢哭，感覺一陣風從頭頂吹過，原來爸爸越過她，跳過圍籬。滿雲在節雲旁邊一步距離，抬頭、正好看到爸爸回頭看她們一眼！然後再跑幾步，就不見了。那一眼、滿雲說她永遠忘不了。

四姊傷後十天不治去世，她傷到的是中樞神經，頸部以下全部癱瘓，但神智是清醒的，非常痛苦。臨終的時候說：「我想睡了，我如果睡著了那就是死了，請媽媽不要傷心，爸爸沒有錯，他做的都是對的事，我死了以後會變成鬼，去抓壞人……」

爸爸和哥哥都不在了，有一天，又有兵來家裡，說這房子要充公，命令全家都離開，甚麼東西都不能帶。滿雲看到一個兵拿起櫃子裡的鋼筆放進自己的口袋，二姊小聲叫她不要看、不要說，靜靜地走。

大姊夫來接我們去他家住，大姊那時大著肚子。我們甚麼都沒帶，只帶著四姊的骨灰，因為還沒有幫她安葬。

「有一天，我在信箱裡看到幾張壓得平平的糖果紙，我跟節雲說『爸爸來看我們了！爸爸知道我喜歡收集香菸的錫箔紙，你看！還有漂亮的糖果紙』……但是，我們都不知道爸爸是活著還是死了，他在哪裡？想著想著，我們又都抱在一起痛哭起來……」

「大姊生baby的那天，家裡來了一個白頭髮、白鬍鬚的老人，姊夫帶他進來。他一下子就跪倒在巧雲的骨灰罈前面，大聲的哭喊著：『阿巧仔、阿巧仔……爸爸、害妳死去了！』我從來沒有聽過那麼恐怖的聲音！好像心肝都裂了一樣！我們才知道，原來是爸爸！他變成這個樣子！變成一個這麼老的人。我們大家一起哭得死去活來……」

爸爸遭行刑式槍殺的恐怖經歷逃生後，鬢髮一夕全白，逃難中又備受暗殺與被告密的威脅，身心俱創。

他是蔣渭水的胞弟，日治後期已是歷練成熟、孚眾望的民間領袖，戰後在一九四六年的「澀谷事件」中為美國在台領事館化解了群眾抗議的危機，處理得當，因而在二二八事件之初就受行政長官及黨部、軍部三方邀請協助撫平民怨，事實上從三月一日到三月五日透過會談和長官廣播承諾政治改革，已明顯奏效，社會上可望恢復正常秩序。

三月十日殺手侵門踏戶來了，暗殺和屠殺掀起台灣島一片腥風血雨。
其中，關鍵的三月五日，究竟發生了甚麼事!?

19 關鍵的一九四七年三月五日

從去年到現在，又是一個冬天到了。好快喔，但是又好像很漫長，這一年發生好多事啊。拜拜的風波、迷信，種種矛盾，還有二二八陰影好像無處不在，唯一的好事只有優將的誕生吧。但是新生兒來臨也帶來經濟上的煩惱，松柏的事業（其實不算甚麼事業），養家已經有點問題了，多桑的公務常常派遣他去跑腿，是個沒工錢的跑腿工。

秋霞後來才知道唯一一次搭多桑的公務車順道回娘家那次，那部車也不是省議員的配車！竟是一位年輕的部長（還是廳長）的座車借給多桑用的。他的名字是「任顯群」，是戰後才來台灣的人，可見外省人也有善良的。多桑的好朋友無論外省人、客家人、台灣人，甚至「半山仔」，他都有自己的一套看法，看人，不是用省籍分。凡被他肯定的，他都不吝誇獎「那個人是『人格者』，那個人『很正派』……」有一些常常來家裡走動的，而他卻從不予置評的，大概就是有所保留、還在觀察的。

那個為松柏和秋霞證婚、為優將命名：「秀外慧中『為學則聰慧、為善則和容』」的李姓大善人，就是屬於後者。

松柏說：「多桑很理性，他不會輕易相信人，也不會衝動下決定，他有點頑固，但都是深思熟慮，下定決心就全力去做。像二二八那一天，社會已經亂成那樣，黨、政、軍總共來了四封訊息，請他出來協調看看怎樣把亂事壓下去。他陷入苦思，想了二十分鐘：『為甚麼找我來收拾亂局？我要怎麼收拾？我收拾得了嗎？』到後來雖然盡了力，整個局勢卻演變成不是他所能控制的，還差點丟了命。」

「戰後，陳儀到台灣的第一份公告就強調說『政府愛護台灣同胞，我們絕對不貪汙、不說謊、不揩油……』這種話多桑是不會相信的！不說謊還拿來發誓的人，那他會誠實才怪。所以多桑每次和陳儀會談之後都再三和他確認他答應的內容，而且要在電台廣播一次，公告週知。結果到三月四日整個局勢已很明顯有平穩下來。也計畫好過兩天台北方面安定了，多桑就要帶幾位政治建設協會的同志去南部走一走（就像臺灣文化協會的時代那樣全島演講），傳達陳儀長官的承諾。」

「後來為甚麼會惡化呢？」秋霞問：「多桑說三月五日很關鍵。」

「三月五日還沒有惡化，是很不安。」松柏說。「表面上看起來，如同大部分的人的期待，恢復正常秩序過日子，長官也答應六月以前就辦理選舉縣市長，局處首長也任用本省人等等。但是更多人表示不滿意，覺得應該趁機要求更多，像是掌管軍隊和司法、外交等。不同意見的各方急切的互相指責、謾罵，甚至天天都有人來家中恐嚇和威脅。」

多桑從事社會運動已久，對付日本人、中國人、半山仔都是有經驗的，三月五日這天和陳儀會談時就很不客氣的提到他的看法：「長官你在福建的作為我們不是不知道，你做過一方面談條件、一方面暗中請兵鎮壓這樣的事，現在外面這種風聲又起來了，都說我每次和你一起廣播是被你騙了。」陳儀指著腦袋說：「我絕無騙人，只有一心想治理好台灣，將成績呈現給蔣總裁邀功。『我就像你蔣渭川一樣，是為了民族大義計』。」

多桑難掩憂慮，正好那天李翼中要啟程赴南京，任務是當面向蔣中正稟報二二八事件。於是他以台灣省政治建設協會的公文用箋擬了一封「急件」，說明「二二八事件起因是民眾對貪官汙吏的抗議，而長官公署處理不當，以機槍濫射抗議的群眾，釀成死傷，才演變成亂事。『不是叛亂也不是暴動。請速派大員來台處理，萬勿派大軍來鎮壓』……」託李翼中面呈「國民政府蔣主席」。

但是李翼中的立場如何？委託這個大任給他，靠得住嗎？

松柏說：「台灣省政治建設協會的同志都是從渭水伯的時代有共同理想的人，像是在渭水伯的葬禮擔任總指揮的廖進平，他就是『澀谷事件』中協助多桑在美國駐台北領事館前抗議事件中處理得當的大功勞者。這次他們就擔心委託李翼中的信恐怕會被人『搓掉』。因此必須另外想辦法，多桑寫了一封內容如寫給李翼中的『請速派大員來台處理，不要派大軍』！由政治建設協會的呂伯雄同志潛入美國駐台北領事館，請求領事將此信以電報打至南京的美國駐華大使館，請大使轉呈蔣介石。」

果然，李翼中那天沒有成行，也當然沒有帶信去南京；而美國駐華大使司徒雷登確實收到台北領事打給他的電報！也確實轉到。

美國駐南京大使 Dr. Leighton Stuart 轉致中華民國國民政府蔣總統閣下：

此次在台灣省的民變純粹是為了反對貪官汙吏及要求政治改革此外別無他圖。我們請求您不要派軍隊來台以免更激怒民心。我們也迫切懇求您為了國家，請立刻派遣高層官員到台灣來調解此一事件。

台灣省政治建設協會上　三月五日

命運的捉弄實在太殘酷！這些冒死傳送的信件，這些不怕犧牲的勇敢作為，三月五日的電報不但沒能阻止屠殺，反而換來家破人亡。三月六日陳儀翻臉不認帳，因為他已篤定得知大軍出發在海上，三月八日登陸開始無差別濫殺，三月十日開始針對性暗殺……

「戰爭勝利後，多桑他們那一輩的人對『祖國』抱著多大的期望，還想把他們在日本時代『維新』的思想實現在祖國管轄的土地上！這本來是多麼高尚的國族情感，如果能實現，那才是真的大同世界了。

但現在，二二八蒙難那一年搭救多桑的恩人都避不見面，也不敢承認，時局這麼詭異誰都會怕惹禍上身，何況多桑也有朋友正是因搭救者去密告而喪命的。」

「二二八最殘酷的事是對人性和價值觀的扭曲，人和人之間蒙上了欺騙和利用，就沒有信任、也沒有互愛了。」松柏說。「日記的事絕對不能洩漏。」

多桑藏著的日記究竟能為他伸冤？還是又成為被裁罪的證據？恐怕前者是零，而後者是一百的對比吧！好悲哀。

20 吳國楨來訪

公公常常連同棉被，整大包的把優將抱起來，他自己坐在藤椅、弓起膝蓋，腳擱在茶几上，構築起一個角度，嬰兒被棉被團團圍住，坐得穩穩地，面對著慈愛的老爺爺的笑臉，祖孫兩人很舒適溫暖的對看，這種時候，公公就會哼唱起歌來，優將也完全陶醉在歌聲裡。

秋霞一直不敢提出要買一台風琴的事，她知道對家計一向都省吃儉用的公公，絕對不會同意花錢買「奢侈品」的。秋霞高女時代就對牧師娘彈著鋼琴教唱的側影無限神往，戰爭時還選擇了在小學當老師，每班教室都有一台風琴，老師的風琴聲伴著小學生放聲高歌是很快樂的事。

但看眼前這位抱著孫女，溫柔唱著兒歌的公公，這種氣氛和心情，好像也不輸甚麼音樂教育吧？

想到戰爭勝利那一年，「祖國」來的兵仔借住在小學，校方把大禮堂和操場劃分給他們使用，教室勉強維持可以上課，但是冬天一到，他們為了升火煮飯，甚至是取暖，竟然把課桌椅和風琴都拿去劈了當柴燒！粗魯的樣子讓人又厭惡、又痛心。啊，真希望那種日子不要再來了！

公公在戰後到二二八，做了很多了不起的事，卻也遭受不少磨難。二二八後一年收到了法院判決「不起訴處分」，意思是撤銷他是陳儀裁定的「首謀叛亂分子」的罪名。公公當然還是很不平！他被亂戴帽子說是叛亂，只因為僥倖才逃過追殺，而他的朋友、同志，不幸的都死於非命或是失蹤，這對一輩子從事社會運動追求公義的蔣家人，是無論如何不能忍氣吞聲的！

優將快要滿三個月了，跟著祖父的歌聲發出咿咿呀呀可愛的聲音！秋霞忍不住向神明祈求：公公也老了，能有孫女陪伴一起唱歌，希望他能如婆婆的願望——「不要睬政治！」雖然家庭經濟拮据，但能全家人守在一起，輕鬆愉快度過，有個幸福的晚年就好了。祈求神明保佑。

這一天中午過後，公公說：「等一下有客人會來。」秋霞問：「喔，要泡茶嗎？」

「不必了，不知道幾個人，不會坐太久。」秋霞再問：「需要叫松柏回來嗎？」公公沉思了一下，說：「不必了。」還吩咐：「卡將和你們小孩子都不要出來。」

好緊張！甚麼事啊？是誰要來？時間一分一秒過去，公公沒有準備要下樓的樣子，重要的客人應該是在樓下會客室啊。公公卻一逕的在書房忙著。

三部黑頭仔車緩緩地靠在路邊停下來。司機下車開門，走出來三位高鼻子的阿凸仔和一位很派頭的中國人！秋霞差點暈眩起來，這些人是從電影《卡薩布蘭加》銀幕走出來嗎？幸好多桑叫大家都不要出來見客人！不然秋霞想自己一定會昏倒。

多桑竟然讓這些人走那個狹窄的樓梯，還進去他那個擁擠的書房！約莫過了半個鐘頭，一行人就告辭走下樓梯，那個樓梯走到底，要轉出門口時是不太容易的，尤其三個高頭大馬的美國人，公公也沒陪走下來送客，就讓他們自己這樣「想辦法」下樓、上車，然後車子就開走了。

這一刻，秋霞覺得十分光榮！「不愧是蔣家爸爸！」對啊，即使是多了不起的美國人，多桑都一視同仁，不會看高看低。

節雲今天半天課在家，跟著秋霞進到書房，興奮地問：「他們是誰？來做甚麼？」公公看起來也有些激動：「是省主席吳國楨，和美國大使的代表（大概吧）？」「要請我出來做官。」「很好啊，那您怎麼說？」

「我對做官沒興趣！」說著就揮手把秋霞和節雲趕出去。

黃昏時候松柏回來了，秋霞想，晚上再來跟他報告今天的「奇遇」。不知道松柏有沒有看過電影《卡薩布蘭加》？戰後很受歡迎的美國情報電影，烙印著不少青春少女的回憶。

電話忽然響了！公公接起電話，先是拒絕、推辭，說：「我不考慮」，沉默了半晌，才說：「不要這樣，好好好，我來我來我來……」放下電話，匆匆進房換衣服，西裝、皮鞋、帽子、外套……走下樓。

擦過松柏身旁時，公公停了一下，看著松柏，說：「我若是無去（台語：我如果說不去），說『老先生』要親自來！」走到騎樓，一台黑頭仔車已經等在門口，他坐上車，就開走了。

節雲非常機靈，拿著紙筆記下了車子的牌照。啊，孩子，二二八的記憶讓你們提早成熟和懂事嗎？爸爸被載去哪裡？會不會不回來？

秋霞恐懼地問松柏：「老先生是誰？」「是蔣總統，請多桑去官邸。」

21 不理睬政治，政治卻找上門

「我如果說不去，『老先生』說他就要過來！」多桑匆匆穿戴妥當，坐上停在家門口等他的黑頭車，揚長而去。

卡將面如死灰，跌坐在地上！滿雲、節雲和松平都露出恐懼的神色，也不敢哭出來。二二八的時候，多桑有好幾位朋友都是因為「長官請你去開會」，或是奇奇怪怪的理由就被騙出門，後來卻變成一具冷冰冰的屍體，有的甚至連屍體也找不到！多桑更慘，他是被衝進門的五個持槍大漢喝令：「我們奉命來槍斃你！」被架出去騎樓，持短槍者就要向著他的額頭開槍……

一家老小都親身經歷過那血腥的場景，松平甚至還中彈！子彈直到今天還卡在他的胸骨間，還沒有醫生敢為他開刀取出來。那個恐怖的記憶全部都回來了，死神臨門，那不過才兩年多之前啊！

松平第一個哭出聲來，壓抑不住的啜泣變成嚎啕大哭！松柏抱起他：「老弟弟你怕怕嗎？不要緊的，老哥哥在這裡。」松柏比松平大二十歲，松柏醫學院畢業時松平才要上小學，平時兄弟倆人都以「老哥哥、老弟弟」相稱，感情很好。

然後，松柏好像為了給自己壯膽，也安慰家裡的人，說：「現在時代不一樣了，不像戰後那些壞人都是官兵當強盜。蔣總裁既然來台灣，現在台灣很安定，他一定會想聽聽多桑的意見，多桑不是都有準備要告訴蔣先生二二八時陳儀失職的罪狀嗎？我想應該是這樣。」

全家人都憂心忡忡，沒有人想到現在是吃晚餐的時間，誰也沒有心情吃飯。卡將很少見的對松平責備似的說：「不准哭，哭聲會招來厄運！」然後惦危危的跪倒在祖先牌位前，祈求歷代祖公祖媽：「保佑渭川平安回來……」

秋霞終於有機會跟松柏提到下午的事，吳國楨省主席帶了三個美國人來拜訪。「我問多桑他們來做甚麼？多桑說『他們要我做官』……『但是我不要，我對做官沒興趣』。多桑這樣跟我說。」

啊！松柏大叫一聲：「吳國楨來？帶美國人？」好像燃起一絲希望，接著說：

「那就是好事了！吳國楨是美國派的，美國是民主國家，美國屬意吳國楨當省主席，而總裁也同意了，這對台灣是好事啊。」但是另一方面松柏又憂心起來，「吳國楨能不能當省主席也才這幾天的事，有確定嗎？他們來找多桑，現在總裁又召多桑去官邸！這未免太快了。」秋霞安慰他：「剛才多桑匆忙走出去時不是還說：『我如果說不去，老先生說他就要自己過來』，對不對？這樣，就政府來講已經很有誠意了，多桑拒絕官位，但可以在民間做『建言』，比較符合多桑的個性。」

松柏說：「經過二二八，多桑已經無心政治了。」「早在當初和陳儀會談那時候，陳儀在三月七日已提出論功行賞的條件，說：『你從事文化事業、關心青年，等亂局平定後，將任命你擔任教育部長。』幸好以多桑的個性，當時就立刻拒絕了，不然那時候多少省參議員和半山很眼紅呢！多桑也有在和陳儀同台的廣播中說出來。現在多桑一樣不會要出來做官的。」

秋霞自從婚後每天為多桑伺候洗臉水和早頓、為來訪的客人泡茶，還有最近的每晚溫一壺酒、聆聽父子兩人的對談，秋霞對多桑的理解完全是一個「志士」（日文與「獅子」同音）的形象！不屈服、不妥協、不因循苟且，更不會受威脅利誘和收買，是一位受人敬畏的長輩。他做他認為對的事，不是為了有沒有利益的交換條件。

「多桑回來了、多桑回來了！」節雲悄悄的跑來告知，看到父親安全歸來，小孩子們也不敢雀躍歡呼，看大人的臉色，懂事的張羅碗筷、盛飯，多桑默默地洗過手，一如往常，三兩口扒完一碗飯、夾幾口菜和肉絲，喝一碗湯，五分鐘不到就算用過晚餐，逕自回到書房了。

天大地大的事怎麼這樣悶聲不響的呢？秋霞有點心急，但還是熟練的料理完家事，幫公公放好洗澡水。小孩子的事，小姑小叔也都乖巧的幫忙著。

處理完帳務和公事，準備就寢前的公公看來神色不錯，有開朗的光彩。

秋霞：「多桑，人家請你做官，又不是您去爭來的，以前您和渭水伯父為殖民地爭取平等權做得那麼辛苦，現在我們自己的祖國需要你出來做事，正是您和伯父的理想可以實現了，不是嗎？」

多桑：「事情沒有那麼簡單，別說妳不懂，很多事我也有 question mark，為甚麼在戰爭中能打贏日本的兵會輸給共產黨？天下不是「打」來的，喪失民心的政府、手下都在歪哥的政府能建設出甚麼國家？」

松柏：「多桑您知道蔣總裁來台灣了嗎？吳國楨真的是省主席嗎？」

多桑：「老ㄟ（蔣介石）今年初在南京「下野」這報紙有寫，但是我只有聽說他來過台灣「幾次」，神神祕祕的，沒有人會說，你看那個李ㄟ（李翼中）也沒說，他一定知道的。吳國楨來過我們家幾次，這幾天天天來，沒有帶美國仔你們不知道。」

松柏：「真的，大人物來咱家我們都不知道。」

多桑：「吳國楨是省主席，還沒有發布而已。看起來，美國給了不小的壓力，老ㄟ不得不把陳誠換下來。不過……再來行政院長、副總統，位置是有的。」

松柏：「多桑您有找機會向總裁報告陳儀的事嗎？」

多桑：「今天沒有機會講到，以後我在「民政廳」可以整理出全省各地的二二八完整的經過，這個冤仇帳就可以好好的算一算了！」

松柏：「民政廳？」

多桑：「對的，民政廳長。月中發布完省主席就會正式任命民政廳長、建設廳長和省府委員。這不是做官，是等著被省議員「修理」的，不過只要大家有心把台灣建設好，一時的意見不合不是甚麼嚴重的事。我第一個任務是要著手建立兵役制度，徵調軍士入伍的辦法。」

年少時深受明治維新思想啟蒙、青年時投入台灣維新社會運動的蔣渭川，在一九四九年十二月中的此時已年過半百，受當局的徵召任命為台灣省民政廳長，顯然已重燃起政治熱！但開朗的神采背後，其實暗藏著隱憂。

他沒有忘記二二八時的三月五日，和陳儀會談的情景。陳儀推心置腹、指天立誓的保證要建設台灣為三民主義模範省。他要蔣渭川也保證「絕不共產化」，然而卻又語帶曖昧的說：「你是沒試過共產的滋味，才會這樣簡單的說你『絕不共產化』，若試過滋味，連你都不能自制……」

這樣一個對共產抱持怪異嚮往之情的陳儀，在二二八殺人無數之後，蔣總裁不但沒有追究他的責任，還拔擢他擔任浙江省主席！戍守總裁的家鄉！這兩個人的關係是戰友同志？還是相互利用、爾虞我詐、各取所需的多面人？

雖然一心想對家、國有所貢獻，但是這個非己所願的仕途看來不是康莊大道，而是風雨滿樓的態勢。

非己所願的政治路　蔣理容補述

一九四八年、一九四九年、一九五〇年間，台灣受到「大陸」變局的牽動，不由自主地走上接受「中華民國」沒有正當性的統治，又無力逆轉的命運。

個人：

一九四八年三月蔣渭川被撤銷通緝（二二八首謀叛亂分子）罪名，結束逃亡，並遞補為省參議員。

八月為子、媳，松柏和秋霞完婚。

十二月二十五日重新將台灣省政治建設協會和建黨不成的台灣青年黨改組，「台灣青年文化協會」正式成立，擔任顧問職。

蔣渭川雖身分為「台灣省參議會」議員，但因經歷二二八慘事，對公共事務的投入轉為保守，省議會問政亦僅參與民生議題的提案聯署，回歸以家庭為重，為家計謀生的角色。對於國共內戰和權勢利益的分贓糾葛並不關心。

也常有日治時期的友人來相談「台灣獨立」，他都回以「那是沒（唔）有可能的事情！」因為——1.用武力尋求獨立是不可能，2.非武裝的獨立在日本時代也沒有成功，3.重點是台灣人有想要獨立嗎？他認為：「十個人有十一個意見！這就是台灣人，每個人都想做頭。」

時局：

戰後國府來台主持接收的行政長官陳儀，因二二八事件被「撤職」（其實是升官為浙江省主席），當年的四月二十二日台灣省行政長官改由魏道明擔任。

一九四八年十二月二十九日，南京的中央政府由行政院長孫科下令將台灣省行政長官公署正式改組為「台灣省政府」，任命蔣介石的親信陳誠就任省主席。

一九四九年一月二十一日蔣介石在南京宣布下野。

謠傳蔣介石私下乘船來台灣幾次，從高雄上岸，南北往來都乘坐專車，十分神祕，也有據實的說法，說他已選定台北草山做為「偏安」的所在。

十二月十日蔣介石倉惶從重慶搭機飛抵台北松山機場。

十二月十五日，親美派的吳國楨接任台灣省主席。

十二月十九日，吳國楨發布蔣渭川擔任省府委員兼民政廳長。

這項人事任命引發省議會中的半山人士激烈反對，於省議會第八次大會集體休會抗議，並於十二月二十二日由黃朝琴、連震東發動罷會，杯葛此令。

一九五〇年一月九日，中央日報與公論報上各刊登了一則「恭賀蔣渭川榮任」

的祝賀文，下款為二二八事件死難或失蹤的省議員和社會人士名單。惡意中傷蔣渭川，也阻擋吳國楨的人事任命。

一九五〇年一月二十二日，蔣渭川自動請辭短短四十天的民政廳長一職。打擊之重使他心灰意冷，辭了民政廳長也拒絕回歸省議會。

一月二十六日，谷正綱擔任內政部長。

二月一日，行政院突然發布延攬蔣渭川出任內政部常務次長！距「民政廳長」風波不過才一星期，職務越過省府，不需省議會同意，直屬中央。足見層峰「急於重用」蔣渭川，這是幸？還是不幸？

三月一日，蔣介石在台灣「復行視事」就任總統，由陳誠組閣。

三月十二日，余井塘擔任內政部長

六月十八日，陳儀因為背叛蔣介石遭情報員逮捕來台在新店槍決，三槍斃命。

一九五〇年，詭譎多變的時局，波瀾迭起的台灣，藏著多少陰謀和黑幕？二二八的真相還沒釐清、冤債未及索償，就覆蓋在反共抗俄、反攻大陸這些冠冕堂皇的旗幟之下了。

八月五日，突然蔣介石下令舉辦「蔣渭水氏逝世二十周年紀念會」（一九五

○其實才十九周年），在延平北路第一劇場舉行。紀念會由台北市長吳三連主持，蔣渭川主講蔣渭水生平事略，副總統暨五院院長全員參與，備極隆重。

弔詭的是從此之後，蔣渭水這名字和二二八這名詞一起在台灣成為禁忌，不僅被掩滅、被曲解，也被假借來羅織他人入罪。

蔣渭川任內政部常務次長一職歷時十一年，歷經六任部長，到一九六○年五月內閣改組由連震東任內政部長，因與之理念不合而於八月請辭，離開內政部。該年十月十二日獲聘擔任「台灣產物保險公司」董事長。

自內政部至台產公司，看盡官商圖利、派系勾結，使出瞞天過海的手法將公產變成私產的貪官汙吏，比那些戰後來台接收的國府官員更為囂張，更敢於以合法掩護非法、上下其手。蔣渭川剛正不阿的個性，不怕得罪人，屢屢在任內提出檢討制度的報告書、調查二二八事件的報告書，皆未得回復。一介不取的公務員因為擋人財路，考績常被批為「丙等」。一九六四年六月辭職獲准，從此完全退出政壇。晚年清淨淡泊，十年間蒔花剪草、喜做園藝、含飴弄孫。

蔣渭川八十歲那一年，蔣介石逝世才滿一個月，卻無病無痛的因突來的心肌梗塞而逝。家人咸信蔣介石的罪孽他最了然於胸，黃泉路上也要追過去，追究出一個公道。

22

哪裡來的敵人那麼多？萬念俱灰

民政廳長的任命都還沒發布，多桑已經每天早出晚歸，比一個正常上下班的公務員還要忙好幾倍！松柏和秋霞都感到這應該是中央政府對台灣表達的善意，任用蔣渭川掌理民政，以發揮他的能力、實現他的理想，來建設台灣省。

實際上，吳國楨主席也說明啟用蔣渭川的原因，是他在二二八期間的活動情形受到了美國政府的注意和重視，認為他是真正的台灣民間領袖，這個觀點也明白的揭露在一九四九年八月的《對華白皮書》裡：「一個頗具潛在性的青年自治組織出現，他們的基本原則是加速進行孫逸仙博士的建國方略，以建設台灣為模範省。這組織的創辦人蔣渭川（Chung-Wei Jih Pao,March 6,1947）說：『我們絕對支持中央政府，但先要消除在台灣的所有貪官汙吏，這是我們的目標……』」

多桑心理上是排拒進入政府部門的，他認為從事社會運動的人是監督政府的而不是為官。但就如秋霞所說：「多桑，是國家需要您，又不是您去爭來的呀！」

「老先生沒有『甲意』我喔，是『美援』的壓力，美國人對這ㄎㄛ（蔣介石）沒有信任，我督愛來幫吳主席。」

所以多桑還沒上任就開始忙起來了，吳國楨指派他著手兵役制度、人口調查（二二八大屠殺影響人口結構，調查人口出生率及死亡率是很重要的數據），都是多桑無論做不做官都在研究的事啊！何況在民政廳長位置上，責任更是重大。

山雨欲來風滿樓！人事命令甫一發布，當天，省議會緊急休會，拒絕行使同意權！僵持了三天，十二月二十二日，以半山為主的省議員包括議長黃朝琴發動集體罷會，以阻擋這個人事案。

這個罷會反對，是針對蔣渭川嗎？在二二八時出生入死、奔波協調，這些連美國政府也肯定的功勞，平平要努力建設台灣的省議員們竟然不高興、不同意，要反對到底？

這個年底又是風風雨雨非常不平靜的冬天。轉眼新曆新年到了，有一天早上，家裡訂閱的《中央日報》刊出了一則廣告——

恭賀蔣渭川榮任民政廳長、彭德建設廳長、李翼中和林日高榮任省府委員下款署名的有二十一個人名：林茂生、李仁貴、王添灯、林連宗、施江南、吳鴻麒、李瑞漢、王育霖……等等。

秋霞把早報呈給多桑時，秋霞心中又浮起「獅子」（日語「志士」的同音）的像貌，但那不是盛怒、低吼、狩獵的獅子，他眼神透著很深的悲哀，拿著報紙的手抖著，頹然落坐在藤椅上……

多桑完全被擊倒了！這是甚麼人的惡作劇？

那些在二二八死去或失蹤的同志，在世時雖大家有些主張不同、有時意見相左，有時大聲小聲的辯論，但是「今天我要當民政廳長，有人用你們的名字嘲弄似的來『恭賀』我？我雖然活著，這樣活著的生命有甚麼值得？」多桑的心裡好似在淌血。

秋霞也為公公的犧牲奮鬥覺得不值！一直都抱著為大眾謀福利的思想，想要改造社會，成為人人提升，人人努力，人人平等的社會；他不像一些愛出風頭的政治人物總是喊出漂亮的口號搏得掌聲，他一生都腳踏實地的做事，現在竟被人這樣惡意的糟蹋！

後來知道去登報的是一位昔日臺灣民眾黨黨員同志姓黃，他輕鬆的說：「只是要教訓一下，叫他不要去做外省人派的官位」，而且說他自己哪有錢去登廣告？是他們好幾個人湊錢去買廣告的。這真是太可惡的理由！

事實是，當初跟隨陳儀來台辦理「接收」都發了大財的一些既得利益者，他們與台灣從日本時代就領導反殖民運動的本土志士的精神本就是對立的，他們在二二八事變中藉機剷除異己，是陳儀的幫凶，對於蔣渭川被任命為民政廳長，當然心生畏懼，要反對到底了。

原本就厭惡貪汙的多桑，無端走一趟非己所願的仕途，落得身心俱疲、萬念俱灰，一月二十二日自動辭了四十天的民政廳長，也無心回任省議員。

秋霞為自己天真的附和「多桑做官好啊，可以為國家做事，實現您的理想！」感到對多桑愧疚。終究，還是卡將說得對：「毋通睬政治喔！」

編按：蔣渭川有生之年都不知道黃江連去刊登的廣告（三大報）出資者是採礦致富、在二二八期間立場和行動很受爭議的劉明先生。一九九二年立法委員謝聰敏在立委公聽室證實劉明親口承認他本人出資刊登恭賀廣告「以糟蹋蔣渭川」。謝聰敏委員一九九五年出版《黑道治天下》第一六二頁有這一段記載。

第二章——回顧二二八事件始末（以蔣渭川日記為主軸）

前情提要

一九四九年一月二十一日蔣介石在南京宣布下野

這一年內，他行蹤神祕，往返台灣多次尋找偏安處所

同年十二月十日，倉皇從重慶飛抵松山機場

十二月十五日，任命親美派的吳國楨為台灣省主席

十二月十九日發布「蔣渭川為省府委員兼民政廳長」引發省議會杯葛風波

蔣介石在台「復行視事」就任「中華民國總統」，由陳誠組閣。那是一九五〇年三月一日。且於同年的八月五日蔣渭水逝世十九年時，就匆匆舉辦「蔣渭水逝世二十周年紀念大會」，足以證明蔣介石急於攏絡台灣民心之意圖。

這一切皆源於已逝世十九年的蔣渭水對台灣的影響力，而二二八時遭慘烈屠殺的「台灣省政治建設協會」成員多延續自蔣渭水時代的「臺灣民眾黨」成員。

因此，在本書的第二章，完整收錄蔣渭川一九四七年二月二十八日至三月二十七日逐字寫下之手記，以利於讀者宏觀全面的時代背景。

二月二十八日

事變突發　官方來訪

我是台北市商會理事長。自正月以來為了台北市商會在館前街前的「商工經濟會」被合作金庫占用的房產問題，我除了召開多次市商會理監事會議，蒐集資料之外，與民政處長周一鶚不知交涉了多少次，終因證據充分確實，與合作金庫總經理劉明朝協商，談妥收回該房產權，預定三月一日將市商會辦公事務所移回該處，並內定提撥部分面積予台灣省商聯會及台北縣商會使用。

【解讀】二月二十八日之前的日記顯示蔣渭川鉅細靡遺的個性，實事求是、責任感，守法、誠實，是自從日本時代從事社會運動就一貫的思維和信仰，與他同時代的人差不多都是這樣，對推翻滿清的中華民國、對抗日八年的蔣介石委員長、對經歷世界大戰又打了勝仗的祖國……都有著憧憬。所以對於戰後來台接收的陳儀和一幫貪官汙吏的作為，其實他們是思考協助政治上的改革、貢獻己力把政治弄好，比和政府對立、對政府不滿的情緒要高一些。

因為這些人在日本時代已學到法治和協商等民主思想，只想政治改革並沒有想要革命、叛變、獨立等等的事。

整個二月份非常的忙，因政府公布臨時經濟措施，對進出口貿易設了很多限制，不必要的麻煩手續特多，而對海外匯款幾乎都不批准，有時交通處貿易局的規定又與台灣銀行矛盾、有的又重疊。因此黑市盛行讓生意人大受打擊又感到恐慌。另外小商家又被規定物品須標價，而物價一日數變，根本無從標示，更遑論登記了。

社會上種種的嚴重不安，我不只是市商會理事長，兼省商聯會常務理事及同業公會理事長，關係格外的多，界在政府與商民之間，每天奔波協調交涉，出席各項會議、座談，二月底這幾天每天和交通處任顯群處長會談，還有市政府的有關商家、合作社等等小細節，每天不只沒能坐下來喘口氣，連吃飯都成問題。

昨天二月二十七日上午討論商品標價問題，決議今日上午九點由我和李金在理事同赴市府和市長交涉展期。昨日下午受招待在蓬萊閣參加台北市布匹什貨商同業公會會員大會，並擔任致詞者。大會結束後，七點接著宴請市黨部代表、市府黃局長，參加者有工商會職員和記者先生們。至九點席散。又受邀至月娥家續二次會，十一點回到家。

【解讀】深深感覺到與官場的接觸和日本時代的官員非常不同，陳儀主政下的官不是半山就是牽親引戚，舞弄權勢，會靠過去的民間人士也是帶著奉承可分一杯羹的心態。不像日本時代官員有個格，社會運動者也令人尊敬。

二月二十七日夜裡回到家，店員跟我報告太平町發生的緝煙殺人案，我以為小事一件，最近這一類事情實在太多了。我整理了第二天已定行程的會談資料，整理日記，十二點多就眠。

今天二月二十八日上午照預定應該九點去見游彌堅市長，於是八點先去黃天樑君的家中調解其家務事，去到市警局，適巧見到高刑事股長及郭刑事，順便談起昨夜不幸的殺人事件，盼順利逮捕凶手並處分。九點十分到了市府，向游市長說明商民的種種困難，如一天三行情的商品和無關標價的重機械等物，希望予以免除。市長只允展期至三月十五日。

至中午我步行回家沿途見店鋪都關門歇業，聽說昨天緝煙殺人事件已激起民眾公憤，打鼓集群，由大同區方面向城中行進，沿途大聲疾呼要各店鋪關門罷市，否則要擊破其門窗，所經過之處無不家家關門。

下午我店裡來了兩位遠道來的圖書批發業者來訪，談話中延平區長王初生皆同區民代表李藤樹匆忙來說，城內方面民眾已經暴動，打人、燒物情勢嚴重，要求我不可靜默，一定要出來設法做有效的收拾。我答看看情況再說，兩君齊聲說事態很嚴重且迫切，非你出來不足以濟事！已經不容考慮，希望立即行動。我遂不再拒絕但也沒有答應。

三點多我要去市商會，步行經過車站前的本町（館前路），沿路都看到民眾燒物打人，秩序非常紊亂。忽見一男子拿起火中物件就要跑走，而被群眾追回痛打一頓，然後手中物件又被奪走，投入火中，見此情形我只有嘆息。忽記起開會時間，趕快折回市商會主持理監事會，報告與市長協商經過，並討論結果。會後大家談起本日民眾暴動情形。

【解讀】經由同業們身歷其境的敘述，蔣渭川此刻才對事件有清楚的認知，緝煙人員藉著查緝不法販賣而實際是貪贓、漁肉人民，類似的事屢見不鮮，這次應該是民眾長期累積很多不滿情緒而爆發開來的亂事。渭川似乎預感到星星之火有可能會燎原。（這裡不禁讓人想起關於一九四六年「涉谷事件」，那是在日台人與日人在東京涉谷地區的衝突事件，台人受到美國法庭不公的判決引發台灣人在美國駐台領事館的抗議遊行。最終和平落幕。其時，中國在台灣的行政長官與美國方面已經見識了蔣渭川的折衝協調與平亂的能力。）

綜合友人的敘述，情況起於昨晚的緝煙殺人事件引發民眾公憤，今天早上有人鳴鑼打鼓，集合了數千人去專賣局，要求局長嚴懲殺人凶手，並撫卹被打死的可憐人。專賣局堅閉鐵門拒絕接見陳情群眾，群眾怒不可遏，因此有人主張放火燒局，有人主張強行打入，終因多數人仍顧全大局，不肯贊成。於是推舉一部分人為代表前往警備總部請願要求嚴懲凶手。另一大部分群眾又浩浩蕩蕩前往長官公署要求長官出面處理，但長官不出來只叫民政處長周一鶚答話，群眾堅決不肯接受，一部分激憤者欲強行闖入公署，突聽到衛兵開槍聲，民眾死傷倒地數人，其餘人憤怒更達高潮！再轉往專賣局台北分局，將局內物品菸酒什物搬出街路上燒毀洩憤，更有人牽怒外省人，見到外省人便不由分說亂打一通，到現在都尚未平息。說到這裡大家都搖頭嘆息卻無計可施，覺得這是民族一大不幸。

【解讀】接著大家討論到，光復十八個月以來，陳儀長官和他的僚屬只忙著接收日人的房產、土地和財物、女人，民心完全沒有接收。這次事件很可能會是一條導火線，人民的不滿如果有一點處理不當，恐怕會併發更多意外，更擴大到難收拾了。

大家都贊成要努力阻止，但是如何阻止卻無人說得出來。準備散會時，忽見兩位外省人躲到商會值班室，想必是挨打了而逃進來，我立刻請盧書記和倪書記保護他們兩人，並囑咐等秩序平靜些送他們回家。

回到店裡天已黑了，許多商人、鄰人擠在店中等我回來。說憲兵團張慕陶團長兩次來訪，留下一函。我拆開一看：

滑川先生

此次不幸事件之發生咎在專賣局職員處置不當現當局已決定對肇事人交付軍法審判並對死者優厚撫卹關於此意希望吾兄出來轉達市民並請吾兄鼎力維持事達

即候大安

弟張慕陶　二·二八

我發呆了足足二十分鐘！為甚麼找我？我是否收拾得了？我要怎樣來收拾？

這一天下來人也多謠言也多，大家交換消息，無不長吁短嘆，我神經緊張之餘也想不出甚麼具體的辦法來。第一個主張大稻埕方面的外省人一定要保護起來，勿使亂局擴大；並請領導工會的同志必須阻止工會會員參加暴動。又有人來說已經有市參會議長周延壽以及省參會議長黃朝琴等出來組織事件調查委員會，都是些片段不完全的消息。

這時收音機傳出許多參議員報告事件經過和參議員活動的情形，也打算發起組織處理委員會。然後是謝娥女士廣播，說她親眼所見長官公署民眾負傷之事，乃是因為群眾有人煽動，這是民眾不對，又包圍行政公署欲搶奪衛兵槍枝，衛兵逼不得已對空鳴槍，以致群眾奔逃踐踏而受傷，並不是衛兵開槍傷人……數分鐘後謝娥女士又說剛才所播之事是聽到葛敬恩祕書長所說並非她親見……從這兩段廣播我已預料謝女士可能受到盲動的群眾壓力，而第一次的廣播詞一定又是公署運用已失敗的老把戲騙人！還不肯拿出「誠」字相見，看起來這個事件恐怕會發展到更不可收拾。

【解讀】各地同志趕來的愈來愈多，將張憲兵團長的信函給他們看，大家同感事態是非常複雜而嚴重的，絕非容易可以治平。蔣渭川依過去的經驗，既有省市參議員出來組織處理委員會，則吾人尚難為力。

我回書答覆張團長：「當盡能力所及而為，盡力阻止暴動，尤其工會會員方面，可以負責任的阻止他們不致參加動亂。同時或可以發動工會力量出來幫助收拾大局……」

當夜店裡的人客至十二點半才散去。我就眠時已是兩點。

三月一日

柯參謀長與李主委來函，張慕陶團長昨日一函今日第二次來函

昨夜（二·二八）開始戒嚴，清早起來感覺氣氛更加緊張，但是民眾方面根本不管戒嚴不戒嚴，動亂仍然持續擴大，我才起床就來了很多人來說，戒嚴令一下來射殺了不少人，群眾的暴亂更加的險惡。聽說謝娥女士的康樂醫院被一群人衝入將物品丟出街道燒毀，我急忙跑到太平町（延平北路）現場，看到熊熊大火，憲兵在場也無法制止，忽然有人厲聲大叫：「謝娥是柯遠芬的爪牙，昨天廣播太沒良心，應該要把她打死！」同夥都應聲附合。這些人來歷不明，我不能輕率過去制止他們，只能痛心疾首離開。

忽然店員跑來急告：「萬華龍山寺有數百至上千名的工會人士正在分頭集中要參加行動，大家請你馬上回去商量應付辦法。」我聞之大驚，趕快跑回店裡。適楊江海和謝烏番在座，便立即派他們兩人去處理，阻止會員輕舉妄動，如果勸

說不聽再趕快回報我我再來處理。實在令人放心不下，直到兩人回來報告才知眾人還是明事理，聽從勸說自動解散而去。這一波的亂事都沒有工會會員參加，這是我這兩日最感欣慰的事。工會同志對我的信任也好像對我收拾亂局有一點點鼓勵。

我再走去謝娥女士處看看，物品都燃燒殆盡，狀極慘酷，但謝女士已不知去向，亦無從慰問。

回到店裡又接張慕陶團長第二次來函，敦促出面收拾破局，並說無論如何長官希望見面一商。黃昏時五點近六點又接到柯參謀長來函，邀我即時以行動協助收拾危局，並請我集中民眾意見出任調解及處理一切問題。我仍是復函謂已有參議員組成之「二・二八處理委員會」可以處理一切，個人願盡能力所及，盡量從旁協助，防止事件擴大。我並且提醒，希望軍方慎重任何措施，抑平動亂手段不可粗暴。

六點半市參議員李仁貴君來，說陳清汾君有機密事要商談，想約到某地見面，我遂約明日上午前往。

七點多大同區陳清吉來報告北門鐵路警察殺死民眾甚多，今夜恐有報復行動將鐵路局焚燒，風聞有民眾將衝破某倉庫將石油運出，作為破壞工具。我聞言大驚，「陳先生！你也素孚眾望，你知道有這種事應該迅速阻止這種行為，石油是國家的財產、鐵路局也是國家公務機關，大家把它燒去洩憤，對事情也無所補益，也沒有甚麼好處，況且放火燃燒波及附近兩大醫院及稠密的住家，道德上也說不過去。大家還是冷靜下來看看處理委員會有甚麼調解方式才對。」陳清吉君彷彿被我說動，便說他將去守候油庫，並力勸大家不要蠻動。隨後跟我要了一張名片，以資證明「是蔣渭川說的」。陳君走後，我私下通知消防局請注意夜半北門方面的安全，因我擔心仍有人莽動。

晚上八點省黨部李翼中主委送信來，謂：「為國家民族計、為台灣前途計，君以黨國指導者立場值此動亂騷擾之際，必須冒險挺身出來收拾大局，使社會早日恢復常態，方不貽笑外人。」

屋中有三四位同志在，我乃出示張團長兩封、柯參謀長及李主委各一封函件，一一示閱，也將昨天區長、代表等人要求我出面制止動亂經過詳細說明，並徵詢諸人意見。眾人皆曰，既然黨政軍都來信邀請出面為顧全國家大計，當然冒險也要出來大幹一番，直到恢復秩序為止。我覺得有理，和長官協力止亂、盡力而為也是應該，遂答應。但仍需待會見陳長官查明真意及處理方針，才可著手。

【解讀】所有消息到底對不對？就是一個「亂」字，日記中除了繼續事實狀況，還透漏他的憂慮——生意人無法做生意、民眾報復打打殺殺，除了洩憤有甚麼用？

來自黨政軍的四封信函其中一九四七年二月二十八日張慕陶第一封信函原件夾在蔣渭川的日記中；柯遠芬三月一日的一封當天又請人來取回去，其餘兩封為同一天李翼中和張慕陶的第二函則下落不明。一九九二年「行政院二二八研究報告」中否認蔣渭川受邀出來平亂，反咬他是「銜陳儀之命為內奸，滲透入處理委員會進行分化」，蔣渭川之女蔣梨雲早在一九九一年已提供日記以及張慕陶信函供參考，卻未被理會。蔣梨雲於一九九三年赴美國華盛頓國家檔案局找到更多電文證實日記所言，一九九六年自費出版《蔣渭川和他的時代》二冊。

逝世於一九七五年的蔣渭川生前並不知道他後來被國民黨的史學家汙衊如此。且家屬提出的證據至今（二〇二二年）未獲國家史料機構理睬。

這一夜謠言四起，大有山雨欲來風滿樓之態勢！不曾失眠的我，這一夜輾轉難眠，我的思考只有一件事：怎樣說服衝動的民眾？是我徹夜思索唯一的問題。

為甚麼找我？我是否收拾得了？我要怎樣來收拾？

三月二日

第一次會面　陳儀邀約電台廣播

昨晚李仁貴來約今晨與陳清汾出外面談，才七點多已有三位人士到訪，半相識，恐見過面不好意思詢問其名，且不知其來意。他們開門見山敘述來訪目的是憂心局勢動盪不安，愈來愈惡化，勸我及早出動制止，或可力挽狂瀾。又詳述民眾所希望的要點。談話間消防局派員來報告北門附近昨夜平靜無事沒有發生任何事故，我深感欣慰陳清吉君的勸導工作已收效果。

八點多李仁貴君來店內，一起赴第一劇場依昨夜約定和陳清汾見面。才知道張團長給我兩封信後，還另託陳君勸我出來奔走。我即告知柯、李也來函之事，我已深思考慮後，願意照辦。陳君甚喜立刻電話致張團長。一會兒後團長派車來接，我與陳清汾、李仁貴、張晴川同乘此車到達憲兵團。

張慕陶團長出來與我握手，就說：「二十八日夕前長官就叫我請蔣先生出來幫忙，三月一日又再催促我快些，所以才連續拜訪，都值蔣先生不在，故又送致兩封函件給蔣先生務必要請你出來，替國家出力收拾危局。我本人也是想除非蔣先生，別人是做不到的，懇切希望蔣先生你即刻出來。」

【解讀】中國國民黨的情報早就顯示蔣渭川是愛國主義者、熱烈的社會運動者，他是蔣渭水的弟弟，在社會上素孚眾望，以國家社會的責任動之以情，他赴湯蹈火犧牲身家也在所不惜。尤其蔣渭川經過深思熟慮，以及同事友人積極勸進，沒有不答應的道理。

我答謂：「為了國家民族、為了台灣前途計，無論任何艱鉅的工作我都願意做，為此次事件照我這兩、三天來的觀察是非常的複雜，而且已經惡化。本來我是不便出面，因為已有參議員組成的處理委員會會處理一切，若我出來參加收拾的工作，恐會發生種種枝節。現在既然陳長官懇切的希望我出來協助，我也不得不應命而為。但現在民眾妄動已勢如騎虎，若長官對事件處理能採取寬大態度，使民眾安心不生恐怖，那我出來制止暴動才有成功的希望。長官若肯答應以下四點，我可以馬上向群眾宣布長官的誠意，暴動行為就可以被制止，社會有望恢復常態。」

一、不向民眾追究責任，以示政府之寬大

二、治安機關逮捕有關此事件之民眾全數釋放交由家屬領回

三、本事件中之死傷者不分省籍，一律對死者優厚撫卹、對傷者醫治

四、緝煙開槍殺人的凶手，即時懲處（處刑）以示眾

張團長當時就表示個人極為贊同，但仍須請示陳長官，張團長即行赴長官公署，二十分鐘後回來，對我說長官已答應了，現在在公署等著蔣先生來懇談，請大家同去會見長官。

赴行政長官公署　相談第一回合

一行人於十點四十分到達，長官看見我趨前熱烈握手，好似病人看到醫生，及於訴說其病苦之狀。寒暄後即開始對談。

陳儀：這次發生這樣的不幸事件，我很痛心，這次請蔣先生及各位出來幫忙實在太勞駕。對事件的處理方式各位有何高見儘管提出，只要有助於動亂的抑平，

我都願意接受。

【解讀】蔣渭川除了在典禮儀式上曾見過陳儀之威風容貌，不曾這樣近距離「座談」過。一九四六年蔣渭川曾受長官公署控告「散布反政府之言論」。

渭川：長官蒞台已一年又半，帶來的一批接收人員，光是顧著接收物質財產及日本女人，卻完全沒有接收人心，所以光復以來百病併發，而長官深居內院，被自稱官民之橋梁的少數投機分子和官僚所包圍，社會民情無從而知，上情亦不能下達。我有許多次希望面謁長官陳述民間疾苦，但皆為牢固的包圍陣所拒絕。我雖不會醫病，但頗知病的來源及如何防止病的發生，終因不能見面無從建議，其他更談不到了。這次事件到現在不過兩、三天，全省殆已普遍騷動，這是兩年來積下的各種病的總併發！痛心得很。俗語說「黑狗盜食白狗受罪」無辜受難者的數字已經夠駭人，而平常作惡多端、欺上瞞下的投機分子非但不來搶救，而且乘機大肆鼓動，使群眾心理更加刺激，事件因之更加惡化。至於二‧二七的緝煙問題，政府不能在關口嚴密防止走私，偏要和在街頭零販維持生計的小民做對頭，當然此事件絕非偶然發生的！是既往數十回或數百回緝菸員的自私自利行為所積下，使老百姓難再容忍的後果，加之擊傷老嫗槍殺壯年，惹起公憤可謂官逼民變才會發生歷史最可恥的流血事件。

陳儀：蔣先生年餘以來屢要見我，我完全不知道。我深悔不早點找機會與你談，至於所謂百病俱發，或許蔣先生言之過甚，總之事到如今，過去的事也不必追究了，今後必須咱們常常會面談話就可改進一切。剛才蔣先生所說的我切實同感。最痛心的就是民眾暴行四處蔓延，外國人到處拍攝照片，似乎在鼓動暴民應勇敢為，而日本人鼓掌竊笑滿街歡呼，這種暴動行為暴露到國外，真是我難雪的恥辱！

【解讀】陳儀說完長嘆一口氣。蔣渭川似有感於陳儀對事件的本質仍是不瞭解，陳儀很像是只想將亂事快快平息，以免壞了他向中央呈報的假好形象。民生凋敝的亂局反而不是他在意的。

渭川：二十七日晚上發生的殺人案不是初次嚴重的問題，過去年餘以來官員欺負百姓是常有的事，無論是買賣或其他接觸，不過民眾忍氣不敢言。此次的殺人案是比較嚴重的使百姓忍無可忍，所以一人發難就引發公憤了。民眾最初是到專賣局要求局長懲處開槍凶手，但是專賣局嚴閉鐵門不予理會，群眾才轉到公署要對長官陳情。因人多勢眾又言語不通，衛兵就開槍殺傷更多民眾，當然這是說不過去的，民眾因而誤會這是長官下令殺人，所以發狂似的激憤起來。奈何見不到長官而遷怒外省人。這也太不幸了，因平常貪污舞弊的官員那些是打不到的，而被打的反而是倒楣的好人，這些人實在值得同情。

1.事件是專賣局緝菸殺人引起的，翌日如果局長出面答應嚴懲凶手民眾就會息事，可惜專賣官員顢頇慣了，閉門不採不納。

2.公署衛兵若不開槍，而是長官著人出來承諾嚴處人犯，問題也不致這麼嚴重。

3.這兩、三天來政府又拘捕了不少民眾，長官你要知道那些放火燒物搶奪打人的，官兵都逮捕不到人，所逮到的都是些看熱鬧的、自信沒做壞事的人，這是冤枉，也是造成恐懼不安的原因，更增加亂事。

以上我個人對事件的看法，長官你觀感如何？

陳儀：我所接的報告與你說的有出入！就在公署前的問題，士兵絕無開槍，因為群眾太多來勢凶猛，且要搶奪衛兵槍枝，所以衛兵朝天放槍示威並無射出實彈，民眾聽槍聲驚走，而致踩踏死傷，絕不是衛兵開槍，請你不要聽信謠言。其他高見我願意接受。

渭川：衛兵是否開槍我們無暇爭論。不過長官，是你的部下的報告，也不是你親眼見到。過去一年半長官受人包圍誤信阿諛的報告，所以致有今天的失敗，我希望長官不要再輕信部下的包圍隱瞞，才不會一誤再誤。

陳儀：是的，我今後當極力注意就是。希望你們常常來見我、指教我，我很願意接受。我現在唯一希望民眾信賴政府，速歸寧靜，恢復秩序，聽候政府處理。所以特請你出來協助。

【解讀】從第一天見面第一次的對談就可見蔣渭川所言處處都踩到陳儀的痛腳。他的想法是既然你「誠意的」邀請我來，我就知無不言、盡力而為。蔣渭川是誠信直白的人，答應出馬之際已布署了對症下藥、把事情做好的打算。而陳儀則是只想把眼前的亂事虛與委蛇擺平就好。

【附註】二二八長官公署前的機槍掃射是實情，當天蔣松柏在台大醫學院（一九四六從日本熊本醫學院最後一年轉學回台灣，是戰後台大醫學院第一屆一九四七畢業生）。親眼看見眾多槍傷的傷者。但那幾天父子兩人沒見到面，彼此並不知情。

渭川：我再次重申願出來幫忙是責無旁貸，無論多麼辛苦和犧牲，都願協助長官阻止事態更惡化。自己是市商會理事長，最希望商人能好好做生意，經濟面繁榮大家日子能過得好一點。但，已有參議員、參政員、國大代表及長官所指派官員組成的處理委員會且已開始運作了，假使我再出來，恐怕會發生誤會，或有些人要吃醋起來，這方面我就無從努力。

【解讀】蔣渭川會這樣說，因為從三十歲不到就跟著兄長從事社會運動，當時是日本時代，殖民者對殖民地的人民實施不公平政策，剝削民眾權力和物產，領導反對運動的人原本都是站在為大眾爭取利益的立場上，但後來多的是私心為自己利益出來參與公共事務的，為了爭頭人位置各個派系互相傾軋鬧得不可開交。這次形式更複雜，代表官方的有陳儀牽親引戚的、有「半山」分食權位和勢力而靠過來的；而民間都是烏合之眾，沒有組織也沒有理性的反抗，恐釀成無謂的犧牲。日本時代的工會組織「臺灣工友總聯盟」、「臺灣民眾協會」（蔣渭川領導）在戰後被國民政府（黨部主委李翼中常來家中走動，說「渭川老兄，你對政府有很多不滿意，你的甚麼工會、民眾協會都沒有用，不如直接改名為『台灣省政治建設協會』。」），雖名為「政治」組織，卻是體制外的民間組織，並無公權力可超越由省市參議員為處理二二八事件組成的「二二八處理委員會」。這是蔣渭川認為會引發誤會和「有人會吃醋」的原因。

陳儀：啊呀呀！那個處理委員會已經過三天了，每次開會都有民眾包圍，吵鬧不休提不出甚麼具體辦法，除每天報告事件發展情況外，沒有任何制止亂事的行動。非但無益處，更讓全省各地都知道了台北的亂事，紛紛又引起類似的暴行事件，所以那個處理委員會沒有用處，一定還是要你出來幫忙的。

渭川：好的，那麼我來制止暴動或許可以出一點力。但是還是要先有幾個先決條件，就是現在民眾應該感覺到事情鬧大了是個錯誤，只因騎虎難下、欲罷不能，我是希望長官趁此時機表達將寬大處理此事件給群眾安心——剛才我託張團長轉給長官四點意見已蒙長官惠諾，請問長官可以做到徹底嗎？

陳儀：不使事件擴大，儘早恢復秩序，使中央不要發生太壞的印象，這是我的希望，那麼在容許的範圍內做寬大處理，這是可以的。只是張團長告知我的四點意見其中一二三點都可以照辦，第四點是不可以的，因為我不可以任意槍斃人犯，必須經過法定的審理程序經過宣判後才能執行，我也須依照法定程序辦理。

四項意見我已接受三項，這第四項希望修改。

【解讀】蔣渭川心裡是打問號的，行政長官公署前的開槍命令是誰下達的？

此時張晴川提議：讓我講點意見吧。最好是照原案馬上將凶手槍斃示眾（他無端殺害無辜者）以平公憤，這樣事件就會平息。但是長官你說的也有道理，可否將第四點改為請長官督促法院迅速審判，迅速執行重刑，如何？

渭川：第四點依照張先生提議的修改，可以嗎？

陳儀：好的、好的，就這樣辦！

渭川：那麼我再重新說明一次以示慎重長官答應事項：

一、此事件不向民眾追究責任、不處罰任何人，以示政府之寬大

二、治安機關逮捕的有關此事件之民眾全數釋放交由家屬領回

三、本事件中之死傷者不分省籍一律由政府負擔對死者優厚撫卹、對傷者醫治

四、緝煙開槍殺人的凶手，由長官度促法院迅付審判執行重刑

照此四點即時實行，可以不可以？或長官另外有何意見？
陳儀：可以、可以，我們照樣做，也希望你快一點設法制止民眾行動。
李仁貴：現在被捕去的民眾因捕人機關眾多，調查頗費時間，最好請長官下令，將被捕人全部交憲兵第四團轉交其家屬領回好不好？
陳儀：可以、可以，在今日以內就可以全部交憲兵團釋放，並設法通知各人家屬來領。
渭川：張團長，這事是很麻煩的，希望你儘快辦，這可以做得到嗎？
團長：可以、可以，我都願意做的，但是我也有條件，因為我們憲兵團沒有關過那麼多人犯，每日食糧有一定的限制，若今日交付本團的被捕人今日不領回去我們是無法供給他們吃飯的，所以要拜託大家今日一定領回。
李仁貴：要放出去的人一半天沒吃飯是不要緊的，我們自當幫忙設法就是。
渭川：還有一件事。先刻長官所說處理委員會每次開會都被民眾包圍，吵吵鬧鬧不成會議，我要告訴長官這是因民眾表現對此事件的關心，情不自禁要表達意見，我建議將該會擴充組織，由民眾自己選出代表參加。若民眾有發言機會，自然沒有吵鬧之理，由選出的代表數十位表達意見即可。

陳儀：很有同感，可以即時實行，我當立刻通知處理委員會這樣辦理。

張晴川：今日所談決議事項，請長官寫一張紙事給我們如何？

渭川：我們要對民眾發表長官寬大之意，並說明大義，制止盲動，但恐怕民眾不信任，請長官給予書面指示。

陳儀：這卻不必了，我所答應的事絕對實行。

【解讀】蔣、李、張都是做過社會運動的仕紳，對於談判協商、約定契約都有一定程度的素養，而且他們之間的關係是好友，是平等尊重的。反觀陳儀長官和張憲兵團長，是互相同謀卻又互相防範鬥爭的角色，沒有信仰或忠誠度可言。當時的台灣仕紳普遍對國府官兵的言行和品格都是早已看穿而有戒心的，但基於君子風度，仍是與他們好好的談判。

陳儀：不須書面，你我同時將決定的事廣播發表，如蔣先生發表廣播，我同時繼續廣播一樣的意思，這樣民眾必定會信賴。

渭川：這樣也可以，我希望大家誠意做事，今日決定之事項你我一起廣播後，人心一定可稍安，取信於民以後我們的努力才會有效果。請問長官何時廣播？

陳儀：現在已近一點半，我預定三點廣播，蔣先生可在我廣播之前先行廣播。

渭川：那麼我在兩點左右，將長官指示和允諾的處理原則向全省民眾廣播報告，長官亦必如約照樣廣播，藉以安定人心挽回大局。我待長官廣播後即時開始活動制止暴行，無論如何困難也是下決心的幹，但希望長官謹守今日諾言，也拜託憲兵團團長協助指導。

陳儀：好的、好的，我一定實行今天決定的事，而且即刻就做。

團長：蔣先生的活動事我們拜託你出來做的，需要我協助的甚麼我都願意做，怎麼做還請蔣先生指教指教。

渭川：我和長官進行廣播後，我就要巡視本市，深入群眾中，演說傳達長官的寬大，勸止暴行再發生，唯恐有歹徒混入群眾作亂，難保沒有意外，所以我希望能派幾名憲兵同行，一則可以預防危險，再則可以讓群眾知道我們的工作是已經獲得政府的允諾，三則所活動的經過情形憲兵可以直接向團長你報告，你可直接瞭解詳情。

團長：好極、好極！請問需幾名憲兵？甚麼時間好呢？

渭川：大概武裝憲兵三名，時間我再以電話或派人告知你。

團長：好、好，我準備三名憲兵，等你通知來時，當即派至你指定的地點供用。

渭川：請問長官，對我們還有甚麼指示或是要注意的事項？

陳儀：沒有，你們還有甚麼意見沒有？

經問了陳、李、張三人都無意見後，於是會談結束，握手告別。走出長官公署時已是下午兩點，即由張團長的車送我們到公園內廣播電台。

【解讀】蔣渭川在跟隨兄長從事社會運動時是蔣渭水最大的財務支持者，也是最好的輔佐，對籌劃組織與宣傳活動都很靈活有力，街頭演講更如家常便飯，極具感染力。蔣渭川與陳儀第一回合的會談是以日語對話，陳儀留日，一九三五年始政四十周年世界博覽會陳儀曾經來訪，見識過日治時期進步的台灣和台灣人的文化水準。

對電台負責人表明來意，公署也已有電話關照。電台先對聽眾預告後，二時十分開始廣播：

（蔣渭川第一次廣播全文　一九四七・三・二　下午二：一〇）

【解讀】電台廣播全省都聽得到，據耆老的口述當時人人都聚集在有 radio 的人家專心的聽蔣渭川講的部份，等陳儀說的時候因鄉音太重又不是標準國語群眾都不耐煩聽。

全省聽眾同胞們，我就是剛才被介紹的蔣渭川，這回專賣局緝煙殺人的禍端，惹起空前未有的流血事件，實在萬分不幸的事。專賣局無能或是故意不去制止由海外進來的走私香煙，讓全省各地公然批發不加取締，偏偏要對小販緝查。一年半以來吃虧的小販細民，到處皆是，並且所緝查沒收的煙，殆使緝煙人私自分配自飽私囊，使民眾敢怒而不敢言，這回不但沒收小販的血本，甚至開槍殺人，沒收他們的生命，致激起公憤才發生這樣嚴重事件。當然應由專賣局負其責任，我看事件發生經過三天來的情形，認為非常複雜而且險惡，幾成不可收拾的慘狀。

我自認能力不足，本來不敢出面調處，因為兩、三天來長官再三叫憲兵團長請我出來，柯參謀長也來函邀請，而社會民眾父老，多位區長，亦再三勸我出來，省黨部亦有來函要我協助收拾。我自己也不忍心坐看事件惡化擴大，所以現在我也不自量能力，也顧不到自己的利害得失，冒險應黨政軍的邀請，今天早上去會陳長官，談到一點多鐘，長官確實很懇切要求我出來努力，我也曾不客氣攻擊長官過去被特殊人物，及一部分惡劣官僚所包圍，一切政治經濟措施的不好處，並指陳此次事件責任之所歸，長官亦甚肯接納。經過長時間的談判討論，對於事件的處理，決定四點原則，即時實行。處理的方針是最寬大的處理原則。第一點：保證不向民眾追究本事件的責任者，不處罰任何人，一切付之過去不提。第二點：本事件中，被治安機關捕去的人民，即日釋放交其家族領回，以後絕不因本次事件而再捕人。第三點：本事件中的死傷者不分省別，一律由政府優厚撫卹及醫治。第四點：緝煙開槍殺人的凶手，由長官督促法院迅速審判執行重刑。第四點我曉得大家是希望將緝煙凶手即時槍斃示眾，以平息眾怒。長官雖然也很表示同情，但長官認為不能隨便槍斃未審判的犯人，必須經法院審判才可執行，所以將第四點修改。不過長官仍是答應催促法院迅速審判執行重刑，對此點我們也原諒長官的意思，所以同意修改。各位同胞，希望大家依照長官決定的辦法，懸崖勒馬切勿再作過分的要求，而增加困難。現在我所報告的處理原則，在三點鐘的時候，陳長官也要同樣的對大家廣播，證明屬實。所答應的事，長官向大家保證即時實行，所以大家要恢復冷靜，至於因觀望而被捕去的人，今夜全部送到憲兵第四團（編註：就是以前林清月醫院內）由憲兵交各人的家族領回去，絕不會為難。手續簡單，請各家族到時分別去領人就是。各位同胞，若像這樣的處理事件辦法，可以說是很寬大的。被破壞燒失的物件也不討償，被打傷的人也沒有追究，一切付之流水，對死傷者還一律要撫卹治療，被捕的人也很乾脆釋放，開槍的殺人犯也要抓來嚴辦治罪。這種作風是長官要大事化小事，小事化無事的德意。咱們大家都要知道滿足。事件從此可以告一段落了。所以我希望民眾應該互相勸告互相監督，不可再有暴動行為。商店即時開市，工人馬上復工，一切恢復二十七日以前的秩序，靜待事件之圓滿解決。這回專賣局緝煙殺人發生空前流血事件，已使我們遭受最大的損失。這事只可當做作夢一般，把它忘記，現在長官已將事件的處理放在最寬大的基礎，應該就這樣告一段落了。今後大家要痛悔前非，放大眼光，互相親愛，團結一致來建設台灣。乘這廣播機會我也要對外省同胞講幾句話。大多數來台灣的官員是接收人員，也有一部分是投靠政府來的商人，而在過去一年半中的接收情形及政治上政府所做的措施，不待我說大家也很明白。因為與本省人言語不通的關係，容易發生種種誤會。但是在這一年半時間的經過，實在有許多事情使守法的本省人看不慣，因而難免發生摩擦。這個問題若是大家冷靜檢討就會知道。這次發生不幸的事件，雖然是專賣局緝煙殺人惹起公憤，可是一年半以來平常所積下的不平不滿的事情的確不少，才會發生得這樣的普遍，這樣的激動，實在是大不幸的事。我們本省同胞過去受異族統治五十一年間，數十次流血革命，犧牲成千成萬的先烈志工，從事民族鬥爭。而民族解放，終得勝利，就是本省等待五十一年的完全達到。所以光復初時，大家都謝天地祭祖先，歡迎祖國來的軍政人員的熱烈情緒，大家應該記憶猶新，也可以知道本省人的心理。這回的事件實是專賣局的處置不當所致，有若干外省兄弟被人毆打或侮辱，實是不幸的事，這也是由公憤引起衝動的結果。現在只有忘記，只有重新攜手。剛才我所廣播，及三時長官也要廣播的處理原則，是因為要收拾大局歸於寧靜，或者不能盡使大家滿意，希望大家體念現在的情景，為大局設想，千萬要冷靜不容再起興奮，事件也可順利解決，秩序也可迅速恢復。台灣不是征服地，台灣人絕對不是被征服的夷狄，所以往者不可諫，來者猶可追。今後希望大家彼此體念，互相親愛團結努力，共同一致，為台灣謀建設，為國家圖復興，這是我對大家衷誠懇望的。

各位同胞，現在我還要對大家報告一點消息，並且希望大家實行的事，現在已由參議員、國大代表、參政員，及政府人員等組織二二八事件處理委員會，三天以前經已成立了，開會亦已開過數次，總是沒有想出具體的辦法。因為每次開會，中山堂裡都有很多民眾爭著發言，秩序不能控制，意見亦不能集中，這不是解決問題的現象。我會見長官時，長官曾提此問題，大家商量討論的結果，民眾既不能信任參議會，索性選出民眾代表出來參加，各團體亦可派代表出來參加處委會。這樣民眾較可信任各代表的決議，及處理一切，可不必大家再往中山堂擠在一起。所以希望民眾想出方法急速選出十名代表出來參加。我的廣播至此完了，待至三時長官也要同樣的廣播發表處理原則，請大家詳細靜聽。

將近三點廣播完，在電台事務所與台長林忠談話時，接到一通電話說是姓黃的人士要找我。謂民眾聽了廣播要求立即開會選出十位代表參加處委會。

廣播過後深入群眾　聽到建言很多　也受威脅恐嚇

黃：蔣先生剛才你廣播說的大家都聽了，很感激，只要你不被陳儀長官騙去，民眾大家都可以聽從你講的話。

滑川：希望你多多告訴群眾我相信長官不會騙我，所談的事情是即刻要實行的，馬上可以知道有沒有騙人，請你轉告知群眾安心就是了。你說你姓黃？請問是甚麼大名。

黃：說我的名字你也不會認識，就不必說了，民眾希望選十名代表參加，可以不可以？

滑川：你現在在甚麼地方？要用甚麼方式選代表去參加處委會？

黃：在北門口和石橋仔頭，這邊有幾百人聽了你的廣播，現在他們在等待消息，如果你再廣播一次通知民眾踴躍參加選舉，被選出來就可以代表民眾參加處委會會議，時間已很緊迫，我想五點時借用稻江信用組合（編註：北市第一信用合作社）三樓開會，可以不可以？

滑川：可以的，那我再來廣播通知群眾，你也要去聯絡組合負責人借用場地，我當派幾個人去協助處理開會。

黃：好極、好極，請你馬上廣播通知大家到組合開會。

電話掛上我再到廣播室補充廣播如下：

各位同胞，我先刻所講的民眾代表選出問題，現在有民眾打電話來這裡，希望即刻召開民眾大會選十名代表，已經決定今天下午五點在稻江信用組合三樓開會，所以希望所有關心而有好意見的人，多多益善盡量參加開會，選舉代表為盼。

我播完這段補充，回到店已超過三點，頗覺肚飢，簡單叫麵充飢。聽到長官的廣播，照約定的發表處理原則，各點都與我的廣播同樣，只是他帶著濃厚的官腔。

長官廣播完了我即請呂伯雄君去準備在稻江信用組合開民眾大會之事，一面我和白成枝君、蔣炳奎君及憲兵三名，驅車周巡台北市，深入暴行的群眾裡。在汽車台上繼續宣導，總計在九處報告與長官會談的經過，強調所決定的四點原則。我宣布長官的德意，也力勸民眾停止暴動、解散回家，恢復二月二十七日以前的秩序。民眾看來頗有感動。

惟有在城內騷動的群眾中，忽有一壯丁當面丟來一塊磚角，大聲說：「你要害死民眾！」一聲勢俱厲，打來的磚角從我耳邊飛過，打傷一位聽演講的民眾。憲兵見狀將要行動，被我制止，而該壯男丟了磚塊也已經溜走。民眾鼓譟起來，有的要求專賣局和貿易局乾脆取消，也有要求局長免職下台等等，很多不平的意見，我即一一解釋，謂這些要求可以去處委會提出就好。還有在西門町時，一位中年人從群眾中走近汽車，質問的態度說：「我們是從福建回來的，深知陳儀在福建的許多把戲，剛才你說明對二十七日發生事件的處理原則，如果真實我們也相當感謝，但是陳儀在治閩時惡政百出，且用欺瞞詐騙的手段殘酷屠殺民眾數萬人。本事件的處理解決辦法，蔣先生你敢保證陳儀不會行使他的慣用手法嗎？你要知道他在這種困難的時機無論甚麼條件都會答應，待他準備好了，兵力集中好了的時候，就不會管甚麼信譽和承諾，即實行報復和屠殺，你一定要嚴加戒備，不然到時他會把一切罪過都推到被殺的死人身上，你一定要有戒心才不會誤事。」

我仍是站在車的平台演說：「此一時彼一時也。現在長官已經老了，他想要保持中央對他的信任，才治台半年就發生這樣不幸的亂子，他急於收拾大局而息事，我想他這次不敢再做有野心的欺瞞行為。而且這個會談是他再三請我出來的，彼此至誠至意為前提所決定的。你們也都有聽到長官對民眾的廣播宣明，絕沒有騙大眾的道理，我希望大家信賴政府、安心解散，回到個人的行業工作。」我這樣說明後無人再問。

回到店裡已經六點半。再趕到稻江信用組合，知民眾大會已經開過了，我到達時正有一位中年人在發表煽動性的演說，略知此人是海山區土城人，聽說名字叫呂永凱，其演說完全是要煽動民眾再行暴動的。他說機會難逢，此時如不鬥爭到底，解放台灣人，即台灣人永遠不得出身，他又說自己握有數千名青年學生，皆有軍事訓練，只要他號召起來立即可集中戰鬥，希望民眾奮起行動云云。我看情形不妙，即強制使其下台，我即席對民眾曉以大義，並將下午所講的話再講一遍，民眾相信我的話，準備投票選出十位代表參加處委會提建言。呂某下台後已經出去忽又跑回，帶著一名青年神色倉皇，報告說他在後車站有學生和軍隊起衝突，槍擊後死傷二十多人！群眾又鼓譟起來，場面一片混亂，我派兩名組合工友陪同兩名青年前往調查再來回報。在場群眾衝動不止幾乎再起風波，我極力勸止群眾冷靜等候消息再論。二十分鐘後派去的人回來報告，後車站一代及其附近一片肅靜並無任何事故，問其他人家有說沒聽到甚麼槍聲，也沒看到任何衝突。大家聽後，想追查謠言來源時，呂某已不見了，那倉皇來報的青年也不知何時溜走了，始知是故意謠言惑眾，民眾乃重歸冷靜。

當時呂伯雄已主持選出十位民眾的代表，我同白成枝再赴憲兵第四團隊向團長謝其派遣憲兵保護之勞，並商談今後應為之工作。團長要我對即將釋放的被捕之人訓話，我即對整列在廣場的人說話，要點如下：

大家受苦了，我相信你們都只是好奇好事、愛看熱鬧的，看人燒物打人就與奮的大呼小叫，而被警察逮捕，你不是要做甚麼造反的事。我與長官會談已決定都不予以追究，現在恢復你們的自由，請你家屬領回管教就好，這兩、三天過著不舒服的日子斷不可抱著怨恨，外面的暴動已經平靜，恢復二月二十七日以前的秩序，你們大家回去後要各安於業，切不可再輕舉妄動。大家看到現在政治及經濟的措施有很多不對的地方，我們可以要求改革，我相信政府必會接受民意請大家不要焦急，對外省人不要仇視，大家要一起努力建設台灣。總之你們出去後，要加倍慎重，不要上當，受到別人鼓動再去作亂了，這是我送給你們的話。

白成枝接著也講話數分鐘，憲兵執行釋放。外面已很多家屬等候，團長表明團裡不供飯，希望還有家屬不知的請白君與我幫忙聯絡，速速設法讓他們回家，我答允，也請團長儘量簡便手續不要拖延。

我們走出憲兵團已是八點，因受託通知家屬，也顧不得吃晚飯就與白君分頭通知。

【解讀】與陳儀會談之第一點至此已圓滿達成——無條件釋放二·二七與二·二八鬧事被捕的無辜民眾。從廣播完畢後蔣渭川馬不停蹄奔走於台北市各地，做安撫民心、宣達他與陳儀達成的協議，且已廣播周知。但民間仍是謠言惑眾、煽動情緒的事件不少。蔣渭川認為還是理性的群眾較多，大家都想要安定，他認為再盡力奔走、加以導正，亂事應該會漸漸平息。怎知道又出了兩件亂事……

走到大橋頭，看到民眾數十名在搬運很大的木材和石材橫陳馬路，狀甚緊張，問其為何？民眾異口同聲說先刻有人打鑼通知，說長官已由南部調派軍隊，經過桃園、已近新莊，不久就會到台北屠殺人民，打鑼的教大家準備對付，所以為了阻擋軍車通過，將馬路設障堵起來！我聽了不覺好笑，乃告知若有軍隊要來，無論銅城、鐵壁、要塞、堡壘，都會攻落，這樣木條石頭如同兒戲根本抵擋不住的，何況長官決不會調兵來，諸位今天已聽我和長官的廣播，事件已解決的差不多了，請大家安心勿聽信謠言，更不要阻礙交通，速將路面恢復原狀。民眾一再說打鑼的是區公所的人，說你蔣先生會被長官欺騙云云，我看其態度不穩，愈說愈不可理喻，只想暗中再查查背後誰主使。

另一事是到了永樂町（迪化街），又見更多的竹籠、木材、石板、石磨、石臼橫列街路，行人步行也走不過，且有民眾持木槍與刀，宛如戰場緊張狀態，走近，見李超然君，說的與方才大橋頭一模一樣！稱有一打鑼人銜區民代表李藤樹的命令，沿街警示民眾備戰。我再敘說一遍陳儀已答應寬大處理且已執行，不可能派軍隊北上。李超然引我到李藤樹住宅，未遇。請其家人轉達，令他速恢復街上秩序。

回到街道，對著打仗似的群眾我反覆說明，也竭力調查打鑼者背後的主使人。民眾告知有一壯漢約三十多歲，不知來處，說話極快說完就不見蹤影。我聽了即向眾人說明，必是有人要破壞我們的工作，請大家既然聽過我和長官的廣播，必要信任我們將會妥善處理，社會儘快恢復平靜，勿聽信謠言。我即往回店途中，走過朝陽街時，忽有兩青年當街大聲報告，說宮前町（中山北路）方面有警察與學生衝突，死傷甚眾，鼓動大家聚眾攜帶武器援助，否則青年學生危矣！我知道這已是今日三番多次的謠言，乃問其姓名我將調查，二人不答而跑走。

回到店中已經十點，甚感飢餓才記起未食晚飯，隨便吃點殘飯果腹。此時，許德輝君偕一人來訪。

許德輝說劉明

許：蔣先生，我有一點事想做，但是我很願意在蔣先生你領導下做，特來請教請教。昨天以來，劉明先生數次來叫我出來活動擔當維持治安的任務。而我知道過去劉明先生利用人的手腕很高明我也被其利用好幾次，終無好處。有功即是劉先生，有過則移責給我們，所以他數次來叫我出來我是不會再答應的。惟這次事件雖已解決，暴動也停止了，但治安尚不安定，我也不得不考慮為國家出點力來負責維持治安之責，至完全恢復常態為止。我願意出來擔當此任，但我想若是蔣先生你推薦我出來，而在你領導下來工作，不論如何困難我都願意做。

蔣：這是甚麼意思？劉明先生在光復後設立金獅團、組織糾察隊，對於治安方面很有經驗，我反是個門外漢，毫無經驗，若是劉明先生要你出來擔這個大任，有甚麼不答應他的理由？

許：老實跟你說，我過去有過很痛苦的經驗，數次吃過很難過的虧，其他還有種種的原因我不願意再受劉先生的驅使。如果因為劉先生的派任推薦，我答應出來，自然而然又成為他的部下，他是慣於會畫餅充飢、善於利用人的。所以我是希望蔣先生你推薦我出來，由你來命令我做事，無論如何困苦我都會好好地做。我看了這麼多台灣人士，蔣先生你的人格和聲望是最令我佩服的，若是你來領導我，一定可以完成任務。

蔣：須由眾人推薦才好，我做得到的就會幫忙。再說我對治安完全外行，請你不要再說甚麼指導領導的，那是我不敢當的。

許：蔣先生你太客氣了，你的歷史與眾望我是深知，今日陳長官看處理委員會無法阻止暴動，才會三番五次請你出來，這就可明白你的為人，所以我也要特別請你來做我的頭家。

蔣：不敢當不敢當，都是為國家社會做事，大家應該互相幫忙合作。

許：那麼老實說，明天處理委員會決議要組織治安委員會，推舉治安組組長，所以我希望你明天出席參加，由你出來推薦我當組長，擔當維持治安的任務。這樣我接受你的指揮。

蔣：處理委員會我本來就沒有參加，將來也不想參加。因為該委員會很多投機分子，有功即爭、有過則推諉，很危險的，我很小心緊防。既然你有推薦問題，我想我就以市商會理事長的資格去該會看看情形，最好有人推薦你，我再予以贊成這樣比較好。

許：那麼就這樣，我再找一兩位要人請他們推薦，拜託蔣先生你若出席時只要有人推薦我你就贊成，萬一若完全沒人請你就發言推薦我，一定不要讓劉明有發言的機會好不好？

蔣：可以的，明天我去，看情形再做打算。

【解讀】許德輝其人其事已有很多解密檔案出土，他與劉明屬於同一情報組織，但小人謀而不合，當時劉明以反對派之姿且具有財力，得到民間眾望，蔣渭川是不以為然的。許德輝利用此心結來更分化蔣渭川與劉明。當時的蔣渭川完全不知其與情報組織之瓜葛，僅是以耿直的態度拒絕許。

與許德輝談話四十分鐘，近結束時方才派去調查宮前町滋事問題的青年回來報告那一帶平靜無事（又是謠言）。時已將近十一點鐘。許君走時林梧村君來訪表明願協助收拾工作，渭川甚喜慰增加一位好翻譯。與林君談話中又有憲兵二名來店說團長有急事請蔣先生立刻赴憲兵團一趟。

夜赴憲兵團

我料想是大橋町、永樂町的緊張情形有關，乃請林梧村陪同前往。見了張團長，果然是下午有人打鑼造謠的事，與團長同感有怪物暗中破壞社會的平靜，應加注意提防。團長拜託我再走一趟大橋頭勸阻民眾勿信謠言、勿阻礙交通等等。我即率二名憲兵赴大橋町，遠遠望見已有數位憲兵把守，阻礙物件已移至路邊，可容車過，其他沒有半個人影，我放心繼續勘查，忽然憲兵大叫止步不可再行，說是恐怕民眾有槍會射擊。我謂沒有看到半個人，無從做勸說的工作，那麼我就要回到我店裡。打電話報告團長經過情形，且說：「我會繼續勸阻衝動的群眾，但是憲兵絕不可以開槍，我相信民眾沒有槍，最好把憲兵都調走。」團長：「憲兵若是調走，群眾一定又出來阻擋道路，我可以命令憲兵不要開槍，你也要盡力勸群眾不要生事。」

區民代表李藤樹偕一人來訪，謂下午他不在家誠失禮了，他承認是真的有人公然打鑼示警，說是區公所雇用他來報告故信以為真，也就叫區民這樣做，而「後來大家聽了蔣先生的話，各街道已恢復原狀。」我敦促李代表協力阻止區民再信謠言受到鼓動，現在大橋町方面憲兵與民眾對峙，狀態不穩，萬一發生意外，不只前功盡棄尚且又有出人命就更難收拾了。李代表答應再前往勸說，唯恐警戒的憲兵不許通行，我囑林梧村電話告知張團長李代表之意，團長甚喜說將派憲兵來引李代表去，等了十數分鐘卻不見憲兵來，恐耽誤時間，還是上路好。我指出李代表可由永樂町轉入大橋町那裡尚可通行，就不必經過憲兵警戒處。李代表走後一陣子了憲兵才來，我想不必了，就差遣憲兵回去。

與林梧村閒談，已半夜一點半，李代表派人回報該處街路已恢復原狀，我才安心，林梧村回去時已經兩點半了。今日整理日記，事多且雜，明天會如何？

三月三日

昨天第一次廣播後引發效應　續第二次廣播

上午八點不到即起床，已有五、六人來店中請見，見半面相熟但已忘其姓名。

來者：我們今日來見蔣先生，是對你感謝昨天的努力，事件獲得寬大的處理，減少很多不必要的損失，對台灣造福無窮。

蔣：豈敢豈敢，這是我應該做的，尤其長官數次邀我出來，是愛民的德意，尚未達成完滿之處還望大家協力。

民眾要求再度去見長官

來者：協力也是我們應該的，昨日民眾聽了你的廣播和你冒險在汽車上對群眾的勸解，大家平常是信任你蔣先生的，你講的話大家能聽從。但是大家祈禱你不要被長官騙去，因為陳儀過去在福建有騙人屠殺的汙點，大家已經是從心理厭惡他的，但因為你先前廣播，然後陳儀公開重複，且也實行釋放人犯，所以我們看起來這次陳儀是有誠意的，可以信用。我們今天來是代表許多民眾來要求蔣先生你再對陳長官討論，將專賣局及貿易局取消，開放民營，則人心更可以悅服。

蔣：我此次出來是受長官之託來解決事件和收拾殘局，如果你們提的意見是對社會公益有利，我當竭力去做。但是改革公營事業機關這乃是政治問題，我對處理事件之外不想再提其他交涉，以免又橫生枝節，被誤解為威脅。希望你們諒解。

來者：事件是專賣局職員惹起來的，已成民眾的怨首，且在我們國內也沒有專賣制度，這是日本帝國主義壓榨殖民地的榨取機關，貿易局也是與民爭利、吸取人民膏血的機關，都應該取消。

蔣：現在已有處理委員會，各位可以將此意見提交他們去研究，我不便再做這樣的交涉。

來者：處理委員會已成立四天了，多是利用這個機會來宣傳自己的名聲，昨夜有某一位委員的廣播，將蔣先生與長官所會談決議的幾點，強調都是他的努力，這種專門邀功取巧的人實在是靠不住的，最好你再去見長官，替我們把民意上達。

蔣：只要長官切實執行我昨天談到的四點原則，我已不需再去見他，因為長官體恤民情，誠意結束事端，我也已經制止了暴動，只要社會恢復秩序即可，我現在要去處理委員會看開會情形，如有機會我再託委員提出，再說如何？

【解讀】蔣渭川不是「二二八處理委員會」的一員，也從來沒有試圖加入。戰後陳儀主政台灣的時期，蔣渭川的身分是台北市商會理事長及台灣省商會理事，另外是民間「台灣省政治建設協會」領導人。台灣省政治建設協會的成員可溯自日治時期「臺灣工友總聯盟」，戰後名為「臺灣民眾協會」（取一九二〇年代「臺灣文化協會」與「臺灣民眾黨」合體），中國國民黨來台以後黨部主委李翼中力勸命名為「台灣省政治建設協會」以致力於政治之改革進步，蔣渭川同意。這個組織歷來的登記會址都在蔣渭川家。

來人一行便同聲拜託而去。我吃早飯至九點半，到中山堂，處理委員會剛要開會。市參議會副議長潘渠源主席正在報告。

潘：各位委員及民眾，省參議長黃朝琴已撥現金貳仟萬元，買糧食供給市民，今天周延壽議長去新莊、淡水等地採買米糧，不能來此主持，叫我代理進行會議。昨天陳長官通知追加各團體代表，及由市民選出十名代表來參加本會，所以今天出席的委員較多，我希望各位提出好意見，來討論對事件的處理辦法，請多多發表意見。

當時會場仍有數百人包圍，欲提出議題發言之民眾比委員還多，議論很多未能集中，極呈混亂。至秩序稍好時，潘副議長要我講一些話，多人鼓掌歡迎。我即起立說話。

第一次來處委會的發言

一、現在各位已提出的議論我認為大多是全省性的政治改革問題，全省民眾的總意見應該不是在台北的本會可以代表的，而政府是否可以全面接納採用？這也是一個疑問。目前最要緊的是我昨天與長官共同廣播的事件處理原則，長官已經分別照約定實行了。就是前夜鬧事人等已經釋放都回家了，且不予追究。再來是對傷亡者如何撫卹、怎樣醫治，還有對殺人者的審判和處刑今天應該研究出具體的辦法，促長官確實實行以展現誠意與信用。

二、現在治安尚未健全，秩序也未恢復，長官要守誠信、民眾也有責任要恢復治安和社會平靜，大家都安心。此次本會要負責訂出辦法勸導民眾實行。

三、民眾停止騷動後，商店尚待開市、工人尚待開工，各方產業停滯，滿街遊民行來行往，這是因為謠言滿天，有人故意宣傳長官將調動軍隊北上屠殺人民，造成民心大不安。我昨天看長官態度誠懇，可深信其不會無故屠殺人民。這可由本會呈請長官萬勿調動兵力以防事件擴大。

潘：此事可不必議論，本會代表黃朝琴議長已與長官及柯參謀長交涉了，已獲答應不會調兵。現在要緊的是治安問題，治安組的組織問題！現在仍是軍隊維持治安，有發生摩擦的危險。

一時之間場內議論再起，數人同時一起發言，紛紛不一。李萬居氏發言請一方面派代表與長官談判解決，一方面準備組織治安組擔負治安責任，多數人皆表贊成。乃由主席潘氏指名李萬居及群眾中較常發言的二十人為代表。

潘：蔣先生昨日曾與長官共同決定處理原則，今天仍請與大家一起去解決治安組的問題，可以嗎？

同時間在場的委員與民眾異口同聲的附和：「是的是的，應該要請蔣先生同去談判。

我看此情形絕不可能推辭了，就答應。

再赴長官公署　由處委會李萬居領頭　未得見陳儀　第一次見到柯遠芬

於是一行人有青年學生、商人、工人、參議員等二十餘人，共乘大型汽車，十一時許抵達行政長官公署。李萬居通報長官但直到十二點也不見長官出來。僅周一鶚（民政）處長之外的兩位處長出來與代表談論。下午兩點才見柯參謀長出來對大家講話。

柯氏保持軍人威儀態度，少言。談話主要以李萬居為主體談了一小時。對話甚不投機、沒有交集。

大家的要求是軍隊退回軍營、治安由憲兵及民眾的治安團體共同維持。柯問：「軍隊撤回則誰有把握負責治安？」青年謂：「處委會可以負責，而我們也可以協助，惟希望軍方貸給必要的武器。」柯氏說武器是軍人的生命且是為國家所用，怎能任意授予民間使用？若干學生再度堅持，互相僵持不下，柯氏也幾乎動怒，說若有敵人入侵時，需要軍民同心抵抗那時就不只授予武器，尚且要訓練民眾，軍民協力作戰，此時絕無借出武器與民眾之理。

我見狀才起立發言，折衷建議，軍部貸與武器確有困難，但維持治安需要武器也是事實，看目前情況也不能認為軍民絕不會起衝突，那麼是否由警察局長向軍部提出申請，於必要時才將武器貸與民眾，這樣折衷的辦法大家意見如何？在場的人都鼓掌贊成。柯氏默而不語，略點頭而已。繼而決議，今天下午六點以前所有軍隊全部回營，不許軍人任意外出。六點開始以後的治安概由處理委員會偕同警察與憲兵隊維持。於是有關治安的討論告一段落。

交通處長任顯群起立謂：「交通部希望把鐵路和客運儘速恢復常態，每天須從中南部搬運米糧，因目前台北食糧已成問題。特請蔣先生廣播時叫民眾萬勿阻礙或破壞。」我應允若有廣播將代為廣播（當時並不知還是否有機會廣播），否則也會設法找人代播。會談終了眾人告辭，柯氏對我握手單獨留我詳談歷十五分鐘。

柯參謀總長

柯：蔣先生，前天我寫一封信給你，接到沒有？我老早知道非你出來收拾不可。

蔣：接到了，省黨部也有信來，而且長官也再三叫張團長要我出來幫忙，事情已到了這個地步我只好勉力而為，昨天已與長官談妥處理原則，同時也已開始活動。

柯：我已聽過蔣先生的廣播，並知道你一切努力的經過，現在台北已經完全抑平了，只搶劫與盜賊仍時有所聞，蔣先生你勞苦功高有了效果，應該非常安慰了，惟各縣市聽說有暴動事件發生，你不可不注意星火燎原更不可收拾。

蔣：台北已無問題漸可恢復秩序，我所能做的無論任何困難都是應該去做的。至於地方也起波動我也有所聞，必要時我也願意跑一趟，務使全省秩序完全恢復，希你指教。

寒暄幾句握手告別。出公署大門我步行至中山堂，見處委會仍熱鬧開會中。青年學生數人輪流報告方才與柯參謀長會談經過及所做決定，繼而由李萬居再詳細報告。

這時有人來報告說現在由市長與許德輝在警察總局開治安組會議，「已來找過你幾次了」云云。我匆匆想應該離開此會議場趕往警察總局才對。尚未走出門口，又有幾位半面熟的民眾擋住，說：「蔣先生我們今日幾次去三民書店找你你皆不在，所以在這門口等你，我們有幾點意見要對你建議，並要求你努力！」我說：「我現在要到警察總局，看看治安組的會議，現在沒有時間，大家今夜來我書局商量可以嗎？」「這是有時間性的問題一定現在就要談。」說罷一群人半強迫的把我推上二樓，又來了比方才多十幾個人，包圍一同坐下。其中一位中年人說：「我們要對蔣先生你建議的和要你勞力的問題，因為你可以代表民眾而也是最敢對官廳講話的人，這一定要打擾你和拜託你。事件的發端就是專賣局，和與民爭利的貿易局，要拜託你對長官建議和交涉取消這兩個局，你肯不肯？」我即答道：「若對國家社會有利而為民眾做事我斷無不肯做的道理，不過我現在是介於政府與民眾之間協力幫忙事件之解決，現在事件已漸平息將要告一段落，其他的政府組織的問題應由處理委員會辦理，你們應該向處委會建議才是，我不應該過問這些，增加事情的複雜。」他們說：「這個問題已有人提至處理委員會但至今都沒有下文，處委會那些人都是只為自己打算的怕事之人，不如你面見長官直接交涉。」此時民眾已增至三十多人，我力陳為免他人誤會，盼大家諒解我的立場。

此時一青年大聲的說：「像這樣一件小小的事情你就這樣怕死，不敢去做嗎？」又一人接說：「蔣先生你素來都為民眾說話，也不是沒膽量怕死之人，莫非陳儀長官對你有甚麼特別約束，限你不得涉入其他問題嗎？」民眾又是七嘴八舌起來，有的懇求、有的冷言諷刺、有的謾罵攻擊，搞得我萬分頭痛。最後有一年長者說：「拜託蔣先生你就把民眾要求的向長官表達，若得長官承諾，形式上再由處委會提出，這樣就不用擔心委員們忌妒你了吧。」又一人說：「何必這樣麻煩，就由蔣先生主持的政治建設協會提出來就可以了。」

我立刻起身大聲說：「由政治建設協會提出這樣的建議不是我單獨一人可以武斷做決定的（編按：台灣省政治建設協會雖是民間政治組織但是有健全的組織結構，是延續自日治時期就建立的民主開會程序，非一人可下令或做決議）。各位的意見有頭緒時還是要由處委會向長官提出才對。」眾人又大叫：「不成不成！若處委會沒有機會會見長官那要如何？必須要你去直接交涉才行。」我說：「我現在要去警察總局開會，時間已經超過許久，我一定要去了，你們擇日再說吧。」民眾仍是包圍不肯放行。我厲聲斥責：「你們不放我走也不是會達到你們的目的的辦法，大家這麼躁進做甚麼事都不會成功的！」年長者說：「蔣先生是一個硬骨漢，他說的話一定會去做，也不會屈服在強力下，大家請他講話的時間已久，不可再誤他的時間才對。」民眾才讓開一條路。我立即趕到警察局三樓會議廳。

【解讀】抵達時已開會許久，只有二十多人。市長游彌堅擔任主席坐中央，左右分別坐副主席陳松堅、許德輝。始知這是市長召開的臨時治安委員會，參加的人是市參議員：黃朝生、陳春金、黃火定、陳海沙、陳屋、林水田；青年代表張武曲、陳學遠、蔣炳佳；學生代表數人。蔣渭川到時治安委員會已決定組織「忠義服務隊」許德輝擔任隊長兼治安組長，隊規也已決定，一切都已定案。開會之初游市長急找蔣渭川是欲要他報告今日與柯參謀長會議的經過，但在蔣渭川到達前青年和學生代表已向他報告完畢。

見渭川已到，游市長和黃朝生要求我去廣播通知民眾，將今日與柯參謀長協商與決議的維持治安辦法告知民眾，並要民眾大家協力共同負起維持治安的責任。我就答應，請黃朝生君通知電台約定六點廣播。游市長對青年學生訓勉，「治安責任很重，你們要小心努力維持。」學生代表方面答應以學生自治會名義出來擔任；青年代表謂現在沒有團體，三、四天之內及組織團體分擔服務。游市長敦囑組織團體很重要，愈快愈好。我要趕赴電台廣播，離開警局時游市長猶在訓話，未等散會我即離開。

到達廣播電台已五點四十五分，想起午飯未食，頓覺飢餓，託台長太太的福，贈我晚食，我吃完剛好六點，即進入廣播室。

（蔣渭川第二次廣播全文　一九四七・三・三　下午六：〇〇）

各位同胞，昨天下午我與長官同時廣播的事件處理原則，大家都聽過了，長官已經分別付諸實行了。被捕的人民全部送交憲兵團，由各家族領回釋放了，釋放手續極簡單，如有不知的家屬，請到憲兵第四團去辦，因為憲兵團不能供給要釋放的人的食糧，所以大家要趕快去領，這是憲兵張團長託我通知大家的……各位同胞，長官昨天也已宣布對這次事件，不再追究任何人的責任，同時也宣布不再捕人，今天一整日也並無繼續捕人的事故發生，大家可以安心了。關於死傷者撫恤的問題，待處理委員會調查決定了，提請長官裁辦。緝煙殺人的兇手，則由公署促進法院嚴判執行。所以緝煙事件可以說已經完全解決了。尚未處理的問題，

盡可交處理委員會繼續辦理，大家可以安居樂業，拿出守法精神，保持秩序，絕不可再生事故。各位同胞，國家已在制憲進行中，不久就要實施憲法。若憲法實施後，繼而實施地方自治，就是完全還政於民，簡單說就是政治交還老百姓自己辦理。假如本省到了實施地方自治時候，不但省縣市會議員是由我們選出，即縣市長、省長有都是由民眾直接選舉出來，那時無論政治經濟文化社會工作，都可以遵照大多數民眾的意思來辦，當然可以解決一切不合民意的問題。中央深知本省的交通、文化等條件，比較普遍發達，所以一旦憲法實施可能是本省最先實施地方自治，大家的希望可能最先達成。可是無論如何總是秩序安寧，是實施地方自治的第一個條件。此回發生的不幸事件，若不及早收拾，繼續擴大或延長恐會失了中央的信用。那麼憲法下的地方自治，我們享受的時間大成問題，大家的損失很大，所以希望民眾須慎重冷靜迅速恢復秩序，切不可因此而阻礙民生自治的實施，這是最要緊的事。各位同胞，昨今尚有種種的謠言惑眾，這是有人專門在破壞秩序。昨日與長官廣播後，我即巡迴各處演說，群眾非常理解，集群行動的人都已分別解散。而夜裡突有人公然打鑼宣傳，稱長官已由南部調兵北上，經過桃園將到新莊。不久就到台北來屠殺人民，大家須要準備對抗，又稱是區會雇他打鑼通知的。這種謠言一傳民眾疑心又起，果然大橋町、永樂町一帶的街路，馬上就有將石條、木材、藤箱、石磨、石臼等粗重東西橫置馬路。其目的是要阻止北上軍隊卡車的交通，並欲乘其倒車時，齊起解除其武裝，像這樣的做法是宛如搬囝仔戲一樣，大家想想軍隊碰到銅城、鐵壁、堡壘、要塞，都要攻破通行。若果真實陳儀長官調兵北上，這樣的阻止有甚麼效力呢？何況我確信長官絕無調兵北上之意，這明明是破壞者的伎倆要製造糾紛，大家不可輕信，今天一天大家看到一個兵北上沒有？可證明昨夜打鑼的人，所講的話完全是謠言。我希望民眾大家信任長官並信賴處理委員會的處理。各位同胞，本日各代表與柯參謀長，在長官公署會商維持治安問題，決定六時以前將軍隊全部召回兵營，六時以後的治安由民眾方面負責維持。所以本日下午游市長、陳局長在警察總局主持召開過臨時治安委員會。決議組織忠義服務隊，公推許輝德氏為隊長，兼治安組組長，並由游市長邀請青年及學生參加協力。憲兵與警察是必要時由處理委員會治安組聲請的，才有出動。我是真誠希望不再有事故，可以不要勞動警察憲兵的出動。不過這要看各個民眾的努力。各位同胞們，這樣的事若是民眾大家不肯協力偏要胡為亂做，即有游市長主持的臨時治安委員會及忠義服務隊，以及青年學生團體協力維持，也是沒效果。所以我希望民眾大家個個把自己當作治安維持負責人的一個。第一、自己要鎮靜。第二、要努力解說給大眾明白，共顧大局，萬一有發生強盜小偷，或其他影響治安的事件時，大家就一齊出來捕捉制裁。總講一句，今後治安好不好，能否達成使命，是關係大家信譽和面子，假使再出亂子，即我們將前功盡廢，將來前途就毫無希望了。各位同胞，交通處長又託我代播，且也是我所同意的事，現在交通必要恢復，火車將要開運了。一面運載貨客，一面要購運中南部的食糧來解除北部糧食的困難。大家要切實保護鐵道交通，切勿阻礙。因食糧關係太大，糧食一起恐慌，秩序就會再亂，那時的亂不是誰可以收拾的（誰都無法收拾）。

全省的同胞們，現在台北的緝煙殺人的事件，經昨日我與長官所廣播的處理辦法，已逐條實現了，暴動也已停止，秩序漸漸恢復，事件至此應該告一段落，算是圓滿解決了。所以希望全省的民眾應該急速歸於平靜，恢復常態……各位同胞，民主憲法實施已迫在眼前，地方自治的問題也就要實現了，大家要充分準備迎憲，並做名實相符民主國家的主人翁，切勿再因少數人的搗亂，而使政府不放心，而致遷延地方自治之施行，請大家慎重關心。

各省各地同志們，尤其是各地方會的負責人們。過去五十一年間吾人努力的民族鬥爭，犧牲許多的先烈爭取來的民族解放成果。台灣光復了，五十一年間苦鬥的目的，達成了，吾人須顧全大局和台灣的前途，不論如何事件是要收拾，才不被異族外人恥笑。所以希望各地同志，出來協力向民眾說明大義，制止妄動，速歸鎮靜，恢復秩序，並領導民眾準備迎憲的工作（完了）。

廣播完回到店內已七點多。有青年張武曲、楊文彬、蔣炳佳等及同業鄰居十數人在等著。青年們是來商借團體籌備的開會場所，我即撥借政建協會的會議室，青年代表離去後，與其他人談話聽取對廣播內容的批評。多半都說今天市內已無問題，再來就看長官實行諾言的程度。另外對處理委員會的意見，多數人主張的第一要緊是廢去專賣局與貿易局兩機關，大體與今天在中山堂二樓所聽的一樣，此聲量極大，不能小看。

怪型林姓青年半恐嚇

近十點半忽有一從不見過的青年，頭部有傷痕，一見而知非善類，隨行有二青年，他自稱姓林，自動坐下就攻擊我說我不該對長官讓步。對談如下：

林：蔣先生你這三天來的行動我們不太滿意，民眾絕不會放你干休的！明明是這半年來貪官汙吏和無能政府所扔起來的官迫民變，你應該要出來率領民眾打倒這個政府才是台灣人的意思，你為甚麼做長官的走狗出面來制止暴動，失去了一個千載難逢的好機會！

蔣：要消滅貪官汙吏、改革無能的政府，並不可能利用這個機會。我們需替國家民族想，若事情不及早收拾，延長而擴大下去，越軌的行動必更增加混亂，萬一政府真正出動軍隊制止動亂，那時好壞不分，民眾的生命將受打擊而大犧牲，你想那是甚麼後果呢？

林：蔣先生你不知道政府現在沒有軍隊嗎？在台灣的軍隊總共也才數百名，且都是些怕死不中用的東西，若民眾方面有人組織起來絕對可以勝利。我們希望你改變方針，做民眾的領袖，來推翻這個政府包可得到勝利的。

蔣：你這樣思想太危險了，我們沒有這樣的準備，也不可以這樣做。我想事件的處理解決是一件事，政治改革和消除貪官汙吏那是另一件事，我決心將事件收拾圓滿解決，待社會恢復常態太平無事時，才對中央建議改革，你說台灣沒有兵，可是中央有沒有兵呢？希望你這一點也要想清楚。

林：現在我已有少壯士千餘名，也有多少的武器，這時要搶軍庫內的武器是很容易的，若兵器入我們手中來動員群眾，中央再派兵來我們也不怕！如若亂得相當時間，國際尤其美國也會出來干涉，台灣不一定會失敗的。

蔣：你這樣的思想，是台灣還要做不同種族的人的奴隸嗎？我已決定要照我已廣播的話實行，一點也沒有變更的意思，我同時勸你所領導的千餘名青年，切勿輕舉妄動。

林：你不聽我的話怕會後悔不及，我甚擔憂你的老命危矣，請三思。

蔣：謝謝你的好意，我們都要三思吧。

【解讀】民眾加入處理委員會意願高張，都想提出政治改革意見，有的理性、有的立場鮮明、有的態度激烈，更有的欲以暴力解決官府的貪贓枉法。蔣渭川習於社會運動，明白改革須有方針與步驟更需要團結眾志成城。目前一盤散沙的態勢斷無成功的可能，他只堅持和陳儀互相的承諾，把二二八事件後的紛擾彌平。

眾人走後已近十二點，我整理日記和處理停頓了數日的店務和帳務，就寢時已不知幾點。

三月四日

受陳炘之託帶領群衆共赴長官公署

早上八點鐘有學生四人來訪，有發言的兩人一姓邱、一姓簡。餘二人不發一語狀似奇異。姓邱的首先說昨天於警察總局與游市長會議有在場，對蔣先生的播講也很贊同，惟近日情報顯示陳儀長官一邊以維持治安為由指派你們出來安撫民心，一方面已向中央請兵前來，將會屠殺報復。我再三保證據我觀察長官想要治理好台灣以向中央表示忠誠，一定會慎重處理人民生命安全之事。且我是因黨政軍多方邀請出來我才出來協助，我也是相信長官的誠意。現在以台灣的兵力對付手無寸鐵的人民，若要屠殺也早就殺了，何須向中央請兵?請各位要安心。

簡：你是一個剛直的人，容易被玩弄政治的人所騙，我問你，萬一真有派兵來，你有甚麼準備沒有?一定要預防萬一。

蔣：我事實上沒有甚麼準備，我看長官是一個個性很強的老人家，他極力表示對人民的寬大，我也只能盡力促成他的諾言一步一步做到，其他像你說的派兵來屠殺，如果萬分之一真的發生我也只能拚了老命去向中央抗議了。

邱：若是這樣真是台灣的萬幸了，但是你要記住長官在福建主政的時候的行為是怎樣的靠不住的。

蔣：多謝你們的注意，若是我有機會再見長官時，一定追問明白，看長官如何回答再告訴大家。

四人離去時已九點半。適時陳炘先生打電話來。

陳：喂喂，蔣先生嗎，今日陳長官叫李擇一顧問要請幾位可以做代表的人去講話，李顧問一時之間召集不到人，來託我轉託你，請你出來召集好不好？

蔣：喂喂，長官叫李顧問召集就請李先生或你自己召集，何必轉託到我？是不是李擇一，對長官講大話誇張，他有很大的號召力量，後日又可以居功，這樣被人利用我不願意的。

陳：啊呀，你也不要這樣講，李顧問有很多人情在我，信託公司也是他幫忙出來的，現在就算我拜託你替我做這件事，好不好，無論如何你要答應。

蔣：我這裡是無法召集，中山堂會議中或許可以召集。

陳：好極了，那麼我去中山堂等你，你幾時會到中山堂？

蔣：我預定十點到中山堂，你如果先到可以先召集看看有人要參加沒有。

我簡單吃過早食，雖有很多人聚來要談話，皆因時間關係拒絕會見，即赴中山堂。陳炘與李擇一已在等著，我問李擇一需要多少人，李氏說需有各行各業代表約三十人但是多多益善。中山堂已聚集數百人等著處委會開會，我跑入人群中略加招呼，即有青年、學生、商人、工人、公務人員，很快舉出三十人，李擇一喜極，即以電話通知長官，由公署派兩輛大型車來接，到公署時已十一點。大家集在樺山小學校（註：現之警政署）的講堂，由李擇一引陳炘及我、翻譯林梧村三人一同進入長官辦公室請長官出來向大家講話，林梧村翻譯。

長官卻不是講話，如校長對小學生訓話一般！先提出光復以來的施政方針、措施、計畫如何遠大，對老百姓如何疼愛，老百姓應該知道感謝政府；再來開始講到專賣局和貿易局的業務，很大的補助到政府財政，又減輕老百姓的稅務負擔……訓示了一個鐘頭，性急的青年有人不耐，最後有人提出：長官蒞任以來一向受少數人包圍，那班投機取巧，說謊話包圍長官的人為自己升官發財的前途，只知對長官逢迎奉承，讓長官高興卻不說老百姓真正的情形，長官剛才說的完全相反，老百姓如果感謝政府的施政就不會發生這次嚴重的事件。長官點點頭，宣布散會已將近一點。乃將青年送回僅留十數人代表留下午座談。在公署的會議室由長官招待午餐。

與陳儀第二次會談

兩點半開始座談，在座有我、陳炘、李擇一、林梧村及青年、學生、工商業、工員共計十六人，官方除了長官之外還有農林、交通、警務、民政各處長均列席。長官起立說：「余要跟各位講的話方才都說過了，現在要聽各位說話，各位有甚麼意見，請不要客氣，儘管提出來給我做參考。」

於是大家紛紛發言，學生講教育問題、青年講失業問題、商人講經濟問題、工人講米荒問題乃至涉及專賣局與貿易局廢止問題等等，諸多問題，都待大大改革。

陳炘接著發言：希望長官勿被少數特殊分子包圍，際此重要時機，更需打開包圍圈套，與民眾握手。亟盼長官開誠布公，誠意的實現民主政治的精神。

陳儀：聽了大家的高見我很明白大家的意思。第一、教育問題我也早想要改進，第二、失業問題政府已在設法補救，第三、開誠布公與民眾握手，這也是我本來的願望，實現民主政治這也是政府的理想，這都不成問題。至於專賣局貿易局的存廢問題，仍需待研究的，其他種種的改革問題，民眾若有具體的要求而認為合理的，無論甚麼我都可以接受以符民意。希望民眾提出後經由民意機關提出以符合程序。

林柏餘發言：長官上午訓話時曾言及本省人打外省人的事甚令你痛心，我可以證明事實給長官聽，本省人絕無仇視外省人，其仇視的是貪官汙吏，及用官勢壓迫人民的人，我居住的地方四圍很多外省人大家都不分省別非常親密，像這次有動亂事件，好的外省人都有本省人保護著，只要外省人沒有欺負本省人，平等相處，自然親密和好，這才是事實，希望長官不要誤會。

一青年起立說：長官所言確實民主作風，若一向是這樣的作風早就不會發生像先前民怨所產生的亂事了。剛才長官說有具體的改革方案可提交民意機關集中提出，你很樂意採納。但是現在所謂民意代表們很多都是忙著獵取個人名位和權利的，未當選時甚麼事都敢答應，一旦當選了都只有想發財，在各銀行及公營事業兼任董事或監事，還有理事、委員或顧問，結局是領著乾薪而不做事，有的民意代表兼職八個九個以上，這些民意代表無疑是政府飼養的，他們不會管到人民的死活，人民也已經不信任他們。所以我希望長官直接聽民眾的意見，如何？

陳儀：這也不是可以或不可以，民眾不信任民意代表，那要怎樣集中民眾的種種意見？若是意見分歧，甲說好乙又說不好，政府要聽哪個的？假使今天在場的我答應大家的要求怎樣改革，而你們十多人可以代表全體的意見嗎？今日對大家允許一個辦法，明天沒有參加本日座談的人又來找我反對，叫政府怎樣辦理呢？

【解讀】當時現場的混亂給予陳儀一個託辭的機會，參加座談的人個個亟於發表意見，尤其血氣方剛的青年，有的還講話數次頗呈興奮的樣子。此時只有李擇一始終不發一言，手裡一本簿子記錄下每個人的說話，冷靜地看說話者的顏色態度，好像是一個局外的人。我看陳炘也是沒有發言機會，快要爆發的樣子，照這樣發展下去恐會變成爭論。

不得不站起來講話了。我先說長官跟我們講了這麼多話是熱心愛國令人敬佩的，各方面的政策也是有遠大的理想，而不能實現，致使接收一年多來官民離得這樣遠，甚至還發生事故，長官又完全不知內情，誠屬遺憾。但我相信過失是一幫投機分子蒙騙長官的罪惡，今天長官請李擇一顧問邀集我們來，聽過長官的說明更瞭解長官的苦心，既然長官也允許我們提意見，我出於憂時憂國，想要坦白講一些過去失策的緣由。長官很肯定，就說：「盡量講來。」

蔣：長官你記得初次蒞台到任時全省民眾的熱烈歡迎，慶祝光復的情緒嗎？長官你也應該記得在日治時代日本皇族來台視察，不管日本官、兵、警是怎樣強迫御用紳士出來擺陣仗迎接，怎樣誘迫民眾出來迎接，還是只有少數愛奉承的特種人士出來，而民眾出來迎接的始終還是非常有限。那長官你到了台灣，民眾皆自發的歡迎鼓舞，全省沸騰、歡天喜地，這可以證明民眾至誠的對長官深厚的期待。這樣的情緒怎麼會一下子離心到今天這樣的田地？長官所不知道的我可以直接講有下列幾點：

一、隨長官回來本省的一些自稱「橋樑」的特殊分子，他們在日治時期不耐和殖民政府抗爭，從民族陣營裡逃去祖國，既不是日本人也不敢承認自己是台灣人，混沌謀生沒有甚麼作為，不過國語比我們先學會了，光復後大搖大擺地隨長官回來，自命為凱旋的勝利將軍，又是「中國通」，對本省民眾說：「我們是受國民政府蔣主席任命引導陳儀長官來台接收，不只協助，實際是執行和監督，長官也要聽我們的話的。」光復之初本省人都不會國語，對國內的情形當然也不清楚，一聞此言都信以為真。所有經濟的事、法律的事都拜託他們，於是購糖問題、房產問題、戰犯漢奸嫌疑問題一經這些人物的手，就馬到成功了，這些人賺得紅包滿滿，也得到民眾擁護。

二、另方面這些人又來到長官面前說他們多得民眾擁護，可以替長官解決任何困難，長官也不懂台語，自然要借重他們的意見，官位給他、經濟機會也給他，權勢財力大了，地位高了，更加擴充勢力，把長官重重包圍起來，不容許異己的人接近。長官你的上意無法下達、下情也不得上通。民怨紛紛卻都怨到長官公署，敢怒不敢言卻積壓而爆發。

三、長官你記得這些人在初回來時都是穿著破褲子的窮漢，現在都變成大財主了，接收公家公館、田地，私人皇宮也有造起來了，他們不怕人民反感，又設立了十數個省級團體，掌握關防自認代表民意。這些特殊人物在祖國混得久，有的有去過外國，很懂得操作障眼法術，長官聽得的都是這些人的話，看到的也都是這些人的呈文和意見。過去日本時代的社會運動分子，從事民族抗爭的忠貞人士，都被他們排擠埋死了，那些真心要為祖國效力建設台灣省的人士，長官都看不見。

四、在日本時代，祖國有大員來台，我們本地的代表性人物都會和他們公開或祕密的會見，大員們有的也會到我們家裡訪問。光復後這些特殊人物也是第一個來找我，可是這一年半來我和同志們想要見長官陳述建設的意見，卻三番多次被阻擋，不可得見長官。所以我集合過去參加民族鬥爭富有歷史使命的同志籌組政治建設協會，依法成立，並在全省設立有二十幾處分會，老實講這個才是真的民意。特殊分子見風轉舵，把他們各種名目的團體、每個團體只有寥寥數人的團體提出和我們一萬多名會員的團體合併，這要求被我拒絕，其獵取權力的目的根本和我們的民眾路線背道而馳，合併不成因而形成對立，他們於是陷害中傷、無所不用其極。去年十二月我因公開指陳官府充斥著貪官汙吏，而被長官公署控告「反政府」的罪名。這些經過長官一定到今天也不會曉得，政府今天走到失敗的死路實在是中了他們的奸計。

陳儀：我過去的政策和各種措施我想是很對的，你們大家剛剛也已承認，因為部下執行的人沒有照我的命令去做，造成民眾對我的誤會以致發生不幸的事，這是我意料不及的。今後自當徹底注意督導嚴密執行。至於貪污舞弊，只要有證據人人可以檢舉，我一定嚴辦絕不寬待，請大家時常共同來注意。蔣先生你要見我我很歡迎，我沒有受人包圍，過去不相識也沒有見過蔣先生有提議和書面的意見，到底甚麼原因？反正已經過去就不再追究了，今後你可以常常來見我，我吩咐公署讓你隨便來見我，我也願意和民眾握手，大家合作建設台灣，這是我熱切希望的。

蔣：現時民眾最基本兩個要求就是近日對熱烈討論的撤銷專賣局和貿易局，開放給民營。專賣局的人員一向胡作非為，這次進而釀成流血事件，如能撤銷此局，必能稍減民怨；而貿易局用官權壓迫商人民眾，是我國國內也沒有的一個與民爭利的機關，取消必有利於民生，希望長官細加考慮。

陳儀：我上午已經說過，專賣局與貿易局是政府最大部分財源，對本省財政有巨大貢獻，過去的種種毛病不是制度不好而是人員配置不健全，若是改革人事配製得好，就不會發生官民摩擦的事，這點希望大家詳細研究，在合理合法的範圍內提出具體的公意，那我很樂意採納，從根本來解決問題。若是根本問題解決了，這些枝葉末節的問題也就容易解決了。

蔣：那麼我大膽貢獻一點淺見……

提出憲政施行　實施省地方自治　縣市長民選

蔣：長官已發揮民主精神，開放政治門戶要讓民眾貢獻意見，這是全民要感謝的。我要提的意見是既然最近的將來要實施憲政體制，請在台灣提早實施省地方自治。因為台灣從日本時代就對於實行地方自治的條件已很優良，中央大員也曾認定台灣可以提前實施，以作為各省的示範。鄙意以為現行長官公署制度先改為省政府，台灣省政府以下各縣市長透過民選產生，這就是從根本解決問題，以此開始長官以為如何？

陳儀：地方行政機構的變更需要中央核准，不是地方長官可以決定的，到適當的時候台灣自然可以實行地方自治，你說提前實施長官公署改制的問題我現在不能即答。

蔣：中央很重視本省這是事實，以台灣的條件，領先其他各省實行地方自治絕非不可能，只要長官你肯極力向中央建議，另一方面省民一致懇求，中央一定會想出辦法來，請長官盡力幫忙就可實現。

陳儀：可以可以，在不違反中央政令及法規之範圍，我一定努力的。但是在目前現行制度機構之下，我還是先聽取民眾意見加以集中考量，行憲的事以後再說。

蔣：希望長官深思。如果照你所講先改革目前問題，制度面的問題以後再說，這豈不是二重的麻煩？何不就現在長官英明果斷做出符合眾望的決策呢？那麼回到方才長官說要先解決眼前的問題，眼前民眾急待解決的問題長官你要用甚麼方式做呢？

陳儀：最好民眾的意見或改革的具體方案集中後，經由民意機關提出。

【解讀】陳儀又回到推託的態度！二戰後的中國國民黨還陷在國共內戰的亂象之中（其

實是敗象已露），陳儀有甚麼盤算尚未能知，而台灣本土人士是一心想為祖國做後盾，把台灣建設好首重政治清明。蔣渭川所謂「實行地方自治條件已足」的意思是台人心向祖國。台灣長期受到殖民統治之不平等對待，尤以日治末期，統治當局藉著戰時施行的高壓政策，剝削經濟，使台人生活水深火熱，戰後期待建設一個好台灣貢獻給祖國。這應該是二二八事件處理期間台籍菁英普遍的思想基礎。

聽了陳儀所言，大家又嚷嚷起來，剛才不是都說過了，現在所謂的民意代表都不是民眾可以信任的，提到民意機關都沒有用，希望直接提給長官。

陳儀：除此之外，沒有合法的方式，你們還有甚麼辦法？

蔣：現時的二二八事件處理委員會既是由參議員、參政員、國大代表及社會團體代表以及民眾代表組成，不如就以這處理委員會當作臨時民意機關，可處理較廣泛的議題，民眾對目前政治改革有意見就先提至處委會集中受理審議，再提給中央參考。

陳儀：這也很有理。不過現在全省情況還很混亂，希望大家先努力籲請民眾守法，將局面安定下來，對政府的改革建議依率提交處委會受理，就照這辦法做下去吧。

這時陳炘起立發言：我還有一個意見，現在各單位主管如局長、處長，沒有一個是本省人，希望長官選拔本省人才，消除不平的現象。尤其警察與人民最接近、最常接觸，也有種種的干涉，假如不知民眾好惡，易使民眾離心，產生摩擦，建請警務處長先起用本省人，督率警察，與民眾增加諒解，調和警民之聯繫。這問題看來是小事但關係重大，長官能否同意？

陳儀：啟用本省人才當然是可以的，局處長任用本省人我老早已有成案在胸的，警務處長改用本省人我完全同意，最近已可以付諸實行。

接著學生與青年紛紛提出關於教育和解決失業問題。陳儀都一一答應：「這些問題我都已經在設法中，最近可以有辦法出來，其他還有甚麼改革的意見都一律提交處理委員會吧。」

蔣：時間已不早了，應該來做個結論。今日長官命李擇一顧問邀集我們來會談，已表現出至誠及民主作風，採納民意進行根本的改革，局處長也答應起用本省人，實令人感佩。現在要用甚麼方法讓民眾瞭解今天會談的結論呢？

陳儀：我打算今晚再對群眾廣播，說明今天會談的結論，蔣先生我希望你也廣播告知群眾，切實叫群眾停止騷動暴亂，迅速恢復秩序好嗎？

蔣：可以，我打算在今天電台最後的廣播時間廣播，請長官先行廣播。

陳儀：可以可以，我就在你廣播前廣播好了。

座談會終了，握手而別走出公署，已五點多了。走到省黨部看看，黨部一如常態只是近下班時間辦公人數少一些。李主任委員翼中告知今日市面上沒有一個暴徒騷擾，始終平靜。吾則將今日與長官會談經過及結論告知。李主委又謂徐白光處長座車被忠義服務隊人員強制借去，我答應設法問清楚送回。回家裡已有二十餘人等候今日會談情形，乃向眾人報告長官答應主要結論事項，眾人多喜慰。僅有一姓周的北門人氏仍說外傳陳儀一面妥協一面對中央請兵將屠殺台灣人，我仍耐心予以開導，頗能接受的樣子。

陳儀命徐白光處長邀請今夜再赴長官公署　蔣渭川拒絕　謂九點半還要廣播

眾人散去正要吃晚餐，電力公司一姓柯的來電話，請託今晚廣播時順便拜託全省省民，這幾天全省電話線遭剪多處，新莊、桃園尤其多，中南部也是，盜剪電線的人得不到任何好處，但是公司要復原供電是非常困難，若因電路不通，電燈、電話各種生產機具也將停工，損失浩大，請對群眾廣播請大家保護用電安全協力捕捉盜剪電線的人。蔣渭川：「有這樣的事？好，我有廣播時一定照播。」

電話聽完，昨天見過的青年代表張武曲等三人來訪：「蔣先生你太忙了，我們也認真籌備成立青年團體，現在已可成立了，夕間拜會游市長將籌備經過及團體名稱規則等，呈游市長審閱，市長甚慰，鼓勵和讚譽有加，明天下午一點在中山堂開成立大會請蔣先生一定蒞席來鼓勵青年，游市長答應可能也會來。」

蔣：大家真努力，明天我有時間一定去看看，辦事處設在甚麼地方？

張：在太平町五丁目派出所對面的三樓，成立大會後就會在那裡辦事。

這時省黨部徐白光處長打電話來：蔣先生，現在長官請你來公署，因有關政治的改革問題要請你再來談談，請你馬上來好嗎？

蔣：現在已晚了，我不想外出，晚上九點半還有電台廣播。

徐：長官的意思最好是今晚會見，不然就明天早上。

蔣：我這邊還有事情要處理所以沒有時間，請你跟長官說明，我明天再去見他。

徐：那麼我明天早上十點以前派車子來接你好嗎？

蔣：好的，謝謝你。

憲兵團團長張慕陶再度來訪　傳達好訊息

徐白光的電話掛斷，家中還有十多人在座。忠義隊長許德輝忽然來報告這幾天來的治安情形，並說學生與青年團體都未出動協助，請最好催促他們早些出來。我即答：「前刻青年代表才來通知青年團體已成立，市長很嘉獎他們，將於明天下午一點開成立大會。成立後就可在你指揮下協助維持治安。」正談話中，那個首部有傷痕的怪青年姓林的又來了，仍帶兩個狀貌甚惡的青年同來。

林：蔣先生你不應該制止民眾的行動！自台北發生事件，才兩、三天全省就一致響應了，現在下港（指中南部各縣市）、宜蘭、基隆、花蓮及至台東，全部都發動了，民氣的大表現，要舉大事這是絕好的機會。台北是導火線，事件的發源在台北，現在全省都響應了，台北反而沉寂下來！當然說不過去，都是你，蔣先生你應該硬幹到底，不該與政府妥協、出賣民眾，你會背負萬代臭名，希望你馬上改變態度，出來打倒政府，我可以領導千餘名青年作先鋒。

蔣：你又來說這樣的話！你的錯誤的主張根本和我的觀點完全相反，我們不需要再談了，反正你迷途已深又不聽我的勸告，我也絕不是你可煽動的！

林某氣憤正要開口，忽然張團長自外入來，林某見狀迅即溜走，其他在座的人也迴避出去。張團長笑容滿面狀甚愉快。

團長：蔣先生，我特送喜訊而來，本是要請你到公署講話因你不能去，所以我特意來，今夜我與長官及柯參謀長會議的結果，長官已決定接受你的建議，將長官公署改組為省政府了，詳細的辦法及其他技術問題，待你明天和長官會談時再詳細討論決定。

蔣：謝謝你的勞駕，長官肯本著民主作風我很感謝，但中間困難重重也是你在側面幫忙的，確是台灣之福。雖然事件很不幸的發生了而且演變得很壞，但長官有生悔（悔意）趁現在以德意收復人心，最迅速有效，今後省內外同胞會因此事件的激勵，情感更密切團結。我極欽佩長官同時也感謝你，我等一下就要去電台播講今日與長官會談事項，並教民眾集中提出改革意見，現在你對我說的話可否我就對民眾宣布，以表現長官的開明民主，如何？

團長：很好很好，剛才我說的就是長官叫我來通知你的，可以發表！

向張慕陶團長透漏「長官對中央請兵」的憂慮

蔣：團長我有一點事請教你，你現在是我的朋友，將來我們也還是朋友，不是我有甚麼懷疑，實在有太多人來對我說，剛才你進來時跑出去的三個青年也是同樣來警告我，他們說我會被長官欺騙，長官表面上對民眾妥協、甚麼都答應，實際向中央調動大軍，等軍隊來了就使用武力來代替他的承諾，聽說長官已請兵二師，不日可到，並說長官在福建就是這樣騙過人民，究竟怎麼樣？請你指教，假使長官騙我一個人還不要緊，絕不可以、絕不可以騙民眾的……

團長：（用手指著頭顱）我可以用我的頭來保證，絕無此事，你可以放心，並請你轉達大家，長官只要社會早日恢復常態，不使中央過分注意、當作沒甚麼事發生就好了，其他不會有甚麼惡意，你不要多慮了。

蔣：若他們說的不會發生那就萬幸了，不然我的責任重大而你的責任也不輕。

團長：絕不會有這種事，我可以用生命來擔保，而你也請安心。

團長回去，我即赴電台已經九點五十分。

（蔣渭川第三次廣播全文　一九四七．三．四　下午九：五〇）

各位同胞，我是蔣渭川，我今日再被長官請去公署會談已經得著相當的結果了。長官本人是想做好，長官的政策也是很對的，處事相當嚴厲，自身卻是非常清白，不過長官的部下多者是不照長官的命令政策去做，也有做得不清不楚，且被少數特殊人包圍，欺上騙下、交結惡質的官僚、各行其所好的、形成政治包辦、經濟獨佔、貪官汙吏舞弊橫行、劫收物質不接收民心，致使年半以來包辦者只顧自己的做官發財，不顧國家的將來。所以僅僅短期間富者透天、貧者沈落海底，有的花天酒地、榮華富貴，有的三餐都不能維持，使民不聊生。不平不滿的空氣充滿全省，而長官完全不知道。也是因被少數人的包圍，使民眾與長官分離，使上下不通。所以應興革改變的事，長官也完全不知道，民心離散，達到極端。此

回專賣局無能防止海外的走私進口以採取根本治標的方法，卻用警察向小販的緝煙而殺人，專賣局長閉門不理，群眾要陳情長官時，衛兵開槍死傷數人，而惹起公憤，發生空前未有的不幸事。這也是平常所積下來民眾的不平氣氛所暴發的現象。各位同胞，在這數日來，我與長官會見談話時已將過去的情形，及錯誤的所在，都已說明了。長官也深悟被少數人包圍及被部下人員所誤頗為痛心。今後自發的願將政治門戶開放，及打開包圍陣與民眾握手、聽取民眾要求、採納真的民意、改革現在政治、實行民主作風。目前急切是要知道民眾的希望在那裡，若是真的民意能集中意見，無論怎樣，若合理、合法都馬上可以接受實行的。所以全省民眾對於現在政治的改革，及經濟諸種的措施，如有具體的希望或要求，可以作成具體案，用書面提出處理委員會，由該會審議整理集中方案，一齊提出申請，並促進實施就可達成改進目的。

各位同胞，今夜我將要來電台以前，憲兵團張慕陶團長來我家裡，對我通知今夜暗頭（傍晚）長官與柯參謀長及憲兵團長等三頭會議的結果，同意接受我本日下午對長官的建議，將長官公署的機構改變為省政府。詳細的辦法請我明天十時去公署與長官會談商量決定。這就是長官充分表現民主的作風。若是照這樣做下去，民主政治也可兑現。特殊事情下的機構，如應改變根本，可以改革一切過去的錯誤與惡風，即萬事都可以解決了。咱大家所期待的政治及其他諸問題也就可以達成希望。我明天會見長官，其經過及結果當再廣播向大家報告，各位靜待好的消息。現在我所希望於全省同胞各位者，事件已經解決告一段落了，長官也開誠布公要將政治根本改變了，大家應該歸於平靜、恢復秩序。據報有些地方尚有暴行未息事的所在，這是能影響一切的本省前途，所以無論甚麼地方都要大家守法恢復秩序，等待長官實行其諾言，並施行一切的根本改革，達成咱所期待的目標。拜託大家切勿再有輕舉妄動，致使破壞大局，這是我的希望。大家對於政治上或其他方面有甚麼好的意見，可以將具體的意見以書面提出處理委員會審議，集中意見提出給政府就是了。

各位同胞，昨天已經對大家廣播通知了，自昨日下午六時起，本市治安是咱大家要負責的。據查現在盜賊劫風仍是強盛，被害的人有多起，這是咱大家最恥辱的事。大家要知道乘亂強劫或作賊是比平常更加重罪的，切不可用頭毛來試火。希望大家守法，勿作壞事，如有竊盜或強劫匪類，再敢橫行亂做，大家應當協力捕捉嚴辦。

各位同胞，這是電力公司託我代播的事，也是我們應該要做的事，因為數天以來，電力公司專用電話線數處被人盜剪，雖然一面查捕盜剪犯人，一面修復工作，但仍是被害很大，致使阻礙通話而誤送電的聯絡，影響生產不少。因電力公司是全省電動力供給總根頭。若是其專用電話線被剪斷就不能通電話，全省業務的聯絡就被切斷，送電也不能順利，影響全省的工業生產很大。所以這個問題不僅是電力公司的業務問題，也是全省人民的重大問題。我希望大家特別注意保護電線，遇有盜剪的賊人，大家協力捕捉送辦。又數日來本市電燈外線也常故障，電力公司技工出來修理時，會被民眾阻礙等等行為，這是真不好的事。希望大家保護電工，聽說有人罵電工，也有人擲石頭要打電工，或將電工所用的車阻止通行，也以強奪電氣材料這皆都是不法行為。若電工不出來修理電線，豈不是會街上皆變黑暗，大家都不便利（不方便），並且盜賊也乘黑暗來盜取物件，而治安上也能發生大問題，大家要充分注意切勿發生意外事。我明晚在這時間預定再廣播報告與長官會談結果的消息（完了）。

廣播完已近十一點。回到店裡已有十多人在等，要求明天一起去會見長官，

因我感覺身心非常疲憊，簡單答應。來客尚未散去而那個林姓怪青年又來。

林：蔣先生你不聽我的話，你已經身陷險境了。

蔣：很失禮，到現在還不知道你的大名，你的熱情實在可嘉。

林：你不需要知道我的名，我是代表數千名青年，我勸你改變作為，號召群眾打倒陳儀，這是全省青年的要務，你不這樣做你會有危險的。

蔣：我是以國家民族作前提，為台灣前途計，這是我的信念，無論甚麼困難甚麼危險也不怕。你有遼遠的前途，我反而要勸你改過觀念，出來幫忙我們顧大局來作事。

林：你是真頑固的人。

蔣：我唯有收拾大局，再力求政治上的改革，以孚眾望之外別無任何準備，也不必要準備大幹一場甚麼。你要知道台灣之外還有中央政府，我們唯有在台灣作政治上的改革，以求台灣的進步，其他不要異想天開自取其禍。至於陳儀這老人家過去被投機分子和小人包圍，不知民情，現在已經表明願開誠接納民意，這樣自然會達成大家對政治的期望，也不必去打倒這個老人家了。請你回去吧。

那林姓青年氣忿忿的也不再說甚麼就離開了。在座有圓山町來的人認得這個怪青年，據說是姓林名正亨，係林獻堂先生的族親，在警備司令部工作，也曾在訓導營工作過。於是明瞭林正亨的正體（真面目）。

談話間張慕陶團長第三度跑來店裡，席間還有少數客人在。

團長：蔣先生蔣先生，我跑過幾條街，看過了情形甚好，民眾很信用你，在你播講的時間，滿街的任何收音機都有很多很多民眾集在聽你的播講，這可表明民眾都重視你的講話。蔣先生明天上午十點前你一定要去會見長官，不可誤了時間，長官已明白了一切事情而感佩你的努力，且一切都要與你商量。明天上午九點半我派車來接你好嗎？

蔣：謝謝，明天公署有人來接我去，大概有汽車可坐，還有許多人希望一起拜會長官，恐怕一台汽車坐不下，如要借用貴團汽車時，當與你電話聯絡，若無打電話給你就不必借了。張團長我還要請教你，你上次用你的頭保證長官不會欺騙我而派大軍來，我也安心相信你的保證。總是這幾天我們天天有會面，像今天你我也會過面三次，所以我的言動行為（言行所作所為）你都很清楚，我要請教你，我數日來的言行及廣播等，你的觀感怎樣？

團長：長官對你已經很清楚，不但理解你的言行，而且感謝你的辛苦，而我也是同樣的。

張團長回去時在座客人也都散去。我即整理日記記錄，就寢時一點多。

【解讀】蔣渭川個性耿直，最厭惡欺騙，他不輕易相信人，對人對事總是明察秋毫，不會受蒙蔽。別人稱讚他的，他都覺得是應得的，因為他傲然自許，不會因被奉承而得意忘形。早年的好友吳鴻麟法官夫人楊焄治女士在一九九〇年代曾對我說：「妳的阿公是好人，他在二二八事變期間的作為我們都很清楚。」

三月五日

關鍵的一天　陳儀親口保證南京絕不會派兵

【解讀】經與陳儀會面過兩次（3/2、3/4），廣播過三次（3/2、3/3、3/4）蔣渭川依據多年從事群眾運動的經驗，有充分把握已說服群眾願放下對官府的不滿，理性談論政治改革。雖有部分謠言惑眾，也有主張趁機推倒管理階層的官員和掌軍權者，他堅信恢復社會秩序為首要，以避免動亂和犧牲。事實亦如此，社會已趨平靜。豈料，三月五日是關鍵的一天，陳儀在談話中明白透露「你不知道共產黨的滋味」……隱約心中有嚮往，蔣渭川稍起戒心。

早上七點四十分起床，已經五、六人來敲門請見，都是關心今天政治改革的會談，想要同去提意見。八點開始接見來客，已經又來十多人，我即請他們提出書面集中送處理委員會審議。陳炘來電話說將一起赴長官公署參與會談，我即表歡迎便說借用他的汽車一起去，陳氏亦答應。大同區王區長、李代表也來，均表示熱心陳述希望。憲兵團長派憲兵來詢問可需要借車？謂已有陳炘的車可用，憲兵遂回去。徐白光處長也驅車到，但聯絡不好司機開車走了，恰好陳全永氏有車到，於是十二人分乘二車同赴長官公署，準時上午十點到。

在公署上二樓途中遇見劉啟光氏從樓上下來，看見我們就伸出手來相握，說：「你們是真賢人，做得很好的，祝你們大成功。」我也應酬他幾句，便分別上下樓去。一行人進入會議室坐定，徐處長一人上三樓去報告長官，不久後徐處長又下來對大家說長官希望蔣先生一人上樓先行會話，其餘人在二樓稍等。我向眾人說明即隨徐處長上樓，臨行前有一人對我喊：「蔣先生你先行與長官談是可以的，但是千萬不要被他欺騙，或被其壓迫，凡是有甚麼決定需與大家商量商量切不可隨便答應。」我聽其話只有點點頭。上了三樓長官辦公室，長官看到我來緊握住我手，像似迎接貴賓似的滿面笑容請我坐下，於是開始會談。

徐白光處長在側的會談　推心置腹

儀：蔣先生真勞你的駕了，這幾天真辛苦了，我很感謝你。昨天夜裡張團長去府上看你，再來對我報告你的講話及你所擔憂的事情，張團長也已經對你說過了，這就是我對你的觀感和印象。過去我是不認識你，有是被中間的人所隔膜，到此回發生事件後，有人向我建議我才再三請你出來幫忙收拾大局。而你一經出來，就徹頭徹尾做下去，所講的話都肯做去，使人感佩。不過從你播講的內容，我可理解你的用意，你很會把持民眾心理，先把民眾心裡想罵的話先講出來，使民眾先歸附同心，然後將大局轉彎再說下去，使民眾有同感，願意顧大局而上軌道，所以暴動慢慢平息。這是你懂站在民眾立場講話，再由同一立場收拾亂局。最後就成功。普通的人若聽你前段演講，會誤會你在煽動民眾，但若聽完下段言明經過的內容，就明白你前段的用意及全套的講詞，是為制止暴行的真意。這點我很理解和欽佩你的魄力和熱情，絕對沒有甚麼曲解和誤會，請你安心。

蔣：長官過獎實不敢當，我是受長官再三邀出，受長官的指示該要做的，正當要做的事沒有甚麼辛苦。我老實對你講，在光復後不久，我與日本官吏大員數次會面（編按：蔣渭川是日治時期民選台北市議員），日人鼓動我參加許丙先生的獨立運動時，日人說：「台灣歸還中國是台灣人的大不幸。」他們盡拿祖國國內的壞處來比較，還說：「日本人再過四十年要來看看糟糕的台灣！」我很排擊（排斥）這樣的說法，即與日人賭氣說：「你們來看時，我必定把比你們日本好上好幾倍的台灣給你們看。」因為有這樣與日本人賭氣，我的決心是要將台灣建設得很好，給日人看。剛才長官說理解我的播講和言動，我很高興。我還要再言明的是我的演講分前中後三段論法，將三段合起來才是一整套而達結論。這才是我的動機、目的與結論，即表現出我的真精神與心理，結局是民眾熱烈同意我，當局也滿意我傳達了長官的意思，這樣達到我播講的目的。假如將我的演講切成數段，故意將其中部分摘除，就會發生種種問題。像年前，長官向法院控告我反政府的事，就是這樣來的，只看片段的事實就判定我反對政府。

儀：我不知有控告你之事？

蔣：我是市商會理事長，發現前商工經濟會移交給市商會的一筆鉅款被民政處大小官僚吞沒殆盡。我氣憤聲言調查，將帳簿收起另請他人查帳，若徹底清查起來，那食錢的官僚不但要將吞下去的巨款吐出來之外甚且要判罪的。心虛的人大起不安，就找我過去演講的紀錄，全段切做數節摘一部分作材料，斷章取義，利用公署權力，控告我妨礙秩序、煽動民眾反對政府，我受地檢處審問數回，檢察官都感莫名其妙，且在審問中，民政處公然送信到庭，檢察官看信後搖頭閉目默想，結局對我苦勸謂：「你的愛國精神人人皆知，你是有歷史的人，所以我勸你既然愛國就自然要擁護政府，對政府方面事事不可過於固執，才有利於自己。」平心來講我是不折不扣的愛國者，絕不是要與政府作對，雖然被以莫須有的罪名控告頗不甘心，也因對手乃我們自己的政府，所以對檢察官的勸告我也就只好接受了。乃承蒙以「不起訴處分」。這個問題我不是要向長官你追問，或是抱有任何意思，不過長官剛才說很理解我的言動為正當有效的做法，所以我也將提一題為今後的參考。

儀：過去這些事情我完全不知道，常有接報告謂你罵我，你對中央報告我的壞話，然我是沒有想要怎樣來對付你的，還有你對日人的賭氣我也不知道，也是你對政府的期望、對治理台灣的期望。然說到我控告你的事情，我實在完全不知道。過去的事情已經過去了，我希望大家不要再一直提起來講。

蔣：我不是要舊題新提（舊事重提），因為長官先提起，我希望提作他日參考我的言動，沒有其他意思。

儀：昨夜我託張團長拜訪府上說的事怎樣？

蔣：行政公署改制為省政府一事，我已經對民眾發表播講報告了，民眾反應很大，大家都感謝長官有果斷處理事件，以慈愛寬大為國為民的精神，而且順應民眾的希望，根本改革政府機構，進一步實行民主政治。這樣的英明決斷，是老練的政治家，我很佩服！

儀：是的，我本來昨天就要請你再來談談，託徐處長聯絡你，因為你說不能來所以才約今日會見，張團長昨夜對你講的話是我命令他去通知你的。我們昨夜，我和柯參謀長、張團長三人開重要會議決定的，而我也開誠應大家的希望從根本改革政治和改變機構，詳細事項要與你商量決定。但我有二點希望：第一、台灣絕不可離開中央，永遠為中國的一省分。第二、台灣要實行三民主義絕不可使其共產化。這兩點你一定要答應保證，其他政治上怎樣改革都可以，如不要我在台灣我也甘願收拾包裹回老家去，如不歡迎外省人也可以叫他們全部回去，一任本省人料理本省一切的事就好！

深感詫異　蔣渭川直言長官為何言詞矛盾

蔣：長官你的講話心情真是令人費解，我們是不是不願意長官在台灣，是不是不歡迎外省人在台灣，這在前數回幾次與長官會談時，大家都已清楚明白。在日治時代，我們與當時在台所謂華僑八萬餘人，共同命運與異族鬪爭，那時的所謂華僑，就是現在的外省人。我們何等親愛、共同作事，豈有排斥外省人之理。不過此回事件是由專賣局橫行所惹起的，也是由公署衛兵誤會開槍所惡化，發生不幸事件。民眾在怒吼中，雖有些外省人被打，但也不少外省人被本省人保護，這也可以證明本省人不是排斥外省人。不論外省人、本省人，都有好壞，好人人家就歡迎，壞人自然要排斥，誰敢說不要長官在台灣，誰聽講不歡迎外省人，把台灣一任本省人自己料理，是做得來做不得來，大家都很明白。今日長官所講的話，很奇怪，想必別有用心或還有抱甚麼怨恨，我覺得很不安心，我也坦白對你說，這次是你三番五次邀我出來，命令我做的，今天也是你叫我來商量的，絕對不是我自己乘機出來迫你這樣做的。若長官不歡喜我做，我馬上可以退出請別人出來。

我言至此有些帶憤氣，將要起身回去時，長官用手阻止，請我再坐下長官續說。

儀：蔣先生你這樣急性很不好，希望你不要誤會，我剛才說的話，也不過是表明我有意將台灣在中央領導及主權之下，交給本省人管理。這是我的誠意，其他別無甚麼用心，亦絕不抱有甚麼怨恨，我會過你了後，很明朗愉快你不要誤會。

蔣：若如此我都可以安心聽聽你的指示，貢獻我的意見，希望彼此坦白坦白。長官說第一點台灣絕不離開中央，永久為中國的一省份，這是當然的事。台灣在過去五十一年間與異族開過幾十次流血鬥爭，犧牲萬千的生命及我們兄弟和全省同志先烈等，苦鬥幾十年，犧牲一切，其目的不外是要光復回歸祖國。所以台灣既已光復，全省人民歡喜若狂，完全復歸中國，絕不離開中央，請長官安心不須顧慮這點。第二點台灣絕對不使共產化，實行三民主義，這也是絕無問題的。全省人以中產階級居大多數，現在我相信沒有共產思想的存在。今後無論政治經濟若興革改進，真實實行三民主義，安定民生，使農工大眾能提高生活水準，即無論任何共產主義來宣傳強行也不會發生效力。所以只要措施公平，安定民生，我可相信也可以保證，台灣絕不能共產化，這點仍請你放心。

儀：你沒有試過共產的滋味，所以這樣簡單講，若試過滋味連你都不能自制。

蔣：從來我是沒有研究共產主義的，自然不知道甚麼滋味。若如長官的說法，似已試過共產黨的滋味，是這樣好，那樣好，說我若試過連自己也不能自制，長官這樣講話的意思，是不是已深知共產黨的好滋味嗎？好像替共產黨宣傳，令人不解。

儀：不不、不是這樣的，剛才所講的話取消，我也實在沒有甚深的研究和試味，不過光復以來因為交通複雜的關係，國內同胞很多來台，而內中也難免有共產分子潛入，散在各地實是危險得很，我所憂慮者是在此點。

蔣：國內的人雖然很多，也不是全部共產黨的人，我想設使有共黨的地下工作人員的存在，其數亦必不多。本省人民六百多萬人決不會被少數人能誘惑的。並且在地下工作的人，是不能發生甚麼力量，我們地上工作的人，若辦得好，做得好，真真實實把三民主義徹底實現出來，民生得以安定，絕對不會被共產黨煽動誘惑。我是國民黨員，對防共工作必將盡所有力量努力做下去，可以保證本省人民不會有共產思想。

儀：你雖然這樣講恐怕做不來，而也不是隨便能做得來的事，我很不安心。

蔣：做得來做不來，要看做過才能判定的。我們要努力犧牲做下去，也是要看政府肯做到實現三民主義，把民權民生都得到解決，自然可以達到防共目的。這個問題照這樣討論到今夜也不能解決，我願在長官面前當天立誓（起立舉手），我們願做到台灣絕對不使共產化，如有違反行為願受嚴厲責罰，除立誓以外不能使長官安心。

儀：好極，好極，你既有立誓的決心和覺悟，大家用君子約束我就可以安心的。

蔣：總是長官你有二點希望，而我也有一點的不安憂慮。昨夜已對張團長說過，而張團長願將其頭顱保證，請我安心，剛才長官也曾提起說明保證絕無其事，我也似可安心。但是這數日來，有許多民眾，也有由國內回台的本省人，也有外省人朋友等，對我講過我百分之百會被你欺騙。眾說長官在福建主政時，常用瞞騙方法捕殺，甚至屠殺很多的百姓藉以保持政治生命的延長。此次發生事件，長官三番五次請我出來，利用我制止暴動，一面請我會談安頓民眾，遷延時間；一面對中央以虛偽報告，請求派大兵前來，如果大兵開到時，就忘了一切的諾言，實行武力屠殺人民，慣行在福建主政時的殘酷手段來報復。這個問題我是不相信，也是祈禱天地，使我不必相信這種的話，我是絕對信用長官，及柯參謀長，乃至張團長等的人格。總是有許多人說我會被你欺騙，尤其長官的周圍的人，很不願意長官開明的態度，聽說常有很強硬的進言，甚為可怕，而剛才長官說要收拾包裏回去，並說如不要外省人在台灣，也可全部使其回去等話，語氣帶有諷刺，雖然長官再有辯明，而我綜合起來，及軍政方面的空氣，好像又有可能會被你們騙去的，究竟如何我們不得而知。我要對長官說一句坦白的話。事到如今，我雖然是被長官三番五次的邀請出來奔走數天的啃（吃）苦，把暴動制平了。民眾雖然有一點不對的行動，也是起因的動機責任在政府。現在已收拾到這樣地步，若是長官果然尚有報復騙殺的觀念，我希望你只騙我一人就好，不可騙殺全省的民眾。我很怕果然國軍一旦開到，而長官下令屠殺，會演變到不可收拾的慘案。台灣的前途不可設想矣，我願犧牲一切個人生命財產，現在我一個人在長官身邊，要捕要殺都是長官的自由，請長官千萬不可施毒計騙屠民眾。

儀：蔣先生你也未免太顧慮，絕對沒有這樣事。現在兵力亦不少，而警察憲兵也可足用，若我有這樣惡意，馬上也可開始屠殺，何必待中央的國軍開來，我是絕對沒有這樣的意思，請你安心就是。

蔣：我個人是沒有安心的問題，我在日治時代為民族爭鬥當中，是幾次臨死不死。尤其抗戰末期，日本軍閥已打算若萬一國軍或盟軍來台灣登陸時，馬上就要將所謂極端的民族主義者捕殺血祭，以防領導民眾嚮應國軍或盟軍，那個名單我也是排在其內。所幸國軍或盟軍尚未來台登陸以前，日本就已投降。台灣也就無流血收復了，所以我們也可說臨死而又不死，所以我現在為著國家民族，雖死亦無所畏懼。我是願犧牲我一個人，不願將全省民眾遭屠殺之災難咋。但是長官所表示是絕無這樣事，惟許多人都是這樣講，所以我很不能安心。

儀：你這樣疑人也太無辦法，我也願意對天立誓（此時長官起立舉手），我絕對不騙你也不騙民眾，誓必以良心誠意與你們做事，倘有違背必受惡報。（長官誓畢再坐下嘆一聲氣再說）蔣同志，我將我的心理老實對你講，我已經老了，六十多歲了，在福建也沒有成功，被人民打擊太厲害。現在想要把台灣弄好貢獻中央，才對得起領袖對我的恩惠，我是想要將這回事件不可再繼續弄壞，是要爭取時間，將大事化小事、再化無事。不要使中央知道暴動的情形。只要快一點息事恢復本來的秩序，對中央裝作沒有甚麼大事就好了。現在台北雖然平靜，沒有甚麼暴動，然各地方尚未完全息事，尤其嘉義虎尾方面還是激烈續有暴行，這是使我焦急要死咋，我只希望早息事，其他絕對沒有甚麼惡意。

蔣：好極，好極，我也已將明白長官的心理，我倆都已立誓了，大家都勿忘今日的誓言。

儀：是的，是的，你要實行你的誓言，而我當然必實行誓言暨一切的諾言。那麼我們來談政治的改革問題。昨夜已命張憲兵團長對你通知過，我願意接受民眾要求，將長官公署改變為省政府。對這具體的詳細辦法，在民眾方面有甚麼高見，我倆都以國家民族為前提，無論甚麼都可以坦白講的，若講不好隨便（時）也可商量，請你盡量講意見。

蔣：民眾的意見很多，都是枝葉末節的問題。昨夜你我共同所廣播叫民眾集中意見，提出處委會審議，我想這也不是好的辦法，因為人多意見就多，而民意代表既不能取信於民，要集中全省民眾的意見，實不容易，且民眾要提出幾百條來也不一定。這是年半來所積來的政治病、社會病太多了，無從提起。且處委會主持分子，未必能容納民眾的要求，表現民主作風，尊重各委員的意見。實行全民眾所希望的政治措施，若有切身利害關係的問題，都掩蔽不肯做出來，所以我想處委會除乘機爭取權利地位，萬一失敗時，即將責任轉嫁諸委員，或全責任掛在民眾外，別無甚麼可期待的。長官既不棄嫌我的不才，再三邀我出來，今日又將政治改革問題叫我來商量，現在莫如我倆商量決定一個原則，然後把所決定的諸種問題，交處理委員會執行，或研究細則辦理，才不會發生種種的毛病，否則若由民眾提出意見，雖然是有利於大眾，但若不利於少數特權人（他們），就不肯盡力來做，所以我的意見，我們商量決定一個根本原則，送交處委會實行辦理好不好？

儀：好的，好的，今天請你來，就是要與你商量決定民眾所希望的根本原則。

蔣：既然這樣，我也當將盡用我的腦筋，提供意見，並聽聽長官的指示，總是我也不是專家，對於政治要怎樣改革，才能使民眾滿足歡迎，老實說我也沒有十分自信。所以我倆彼此盡量交換意見，假使說話有不合意聽的地方，大家不要生氣或誤會。修正至大家同意時，始可決定。這點希望長官瞭解，彼此提出誠意，苦心來研究決定，事事不可誤會。

儀：這是當然的，我們是商量的不是強迫的，大家商量商量修改也好，取消也好，不妨說盡意見。

蔣：我想我倆研究一根本辦法來決定，就是長官已決心，將長官公署給為省政府。這機構及其他方法都有一套規定，全國各省是一樣的，本省是不能特異，我們也不需討論省政府成立後的諸問題。但是省政府成立不是馬上可以實現，如昨日長官也有講過，機構制度的變更改進，須要中央批准許可才能實施，所以雖然長官開誠有意改為省政府至得到中央的批准，尚要相當的時日，這是遠水不能救近火的。目前全省民眾的要求，是要急切改革政治，馬上實施真的三民主義，安定民生的。我想一面由長官對中央申請，改變制度，請中央急速批准。一面在中央未批准以前，須維持現在的機構的存在，雖是很短期，現在民眾的心理仍是要求根本改革，始得安心，這點長官高見如何？

儀：是的，這點我很同感，改變為省政府須要中央批准，需要相當時間，照你所說我們一面準備成立省政府，在未成立以前，將現機構根本改革，以符合眾望也可以，但是現在民眾也未提出集中意見的要求，而且你也沒有具體的意見，莫如將現在省參議會這機構強化做政治改革的有力機構，由該會擴大聽取民眾意見來解決好不好？或你有甚麼好的案？

蔣：我很對不起你很抱歉，老實講，現在省參議會是被少數的特權人把持，他們交結了其他的特權人，造成了惡勢力，現在財勢權力都有了，甚麼都可以操縱。這也是長官所給與的現象，該會裡面，雖有若干正義人士，也是被壓力所緘口，完全不能主張正義。所以省參議會是不能代表全省民眾，只可代表少數人爭取利權的機構。若是用該會來改革現在政治機構，豈不是向（與）虎謀皮。

儀：現在這樣時間迫切，若是另外要組織新機構來改革政治，豈不是很困難，不知道用甚麼方法來組織真實代表民眾的機構，出來解決一切。

【解讀】政治改革之首要，就是將行政長官公署（幾乎是日治時期的臺灣總督府！）改制為省政府，而在成立架構完善的省政府之前的變通方法，就是設立一個政治改革委員會，此委員會的委員由「普選」產生。這是很先進的思想，日治時期社運人士早就在積極爭取的基本參政權。因此蔣渭川提出。

蔣：這也是一個辦法但須慎重研究，我想將來省政府成立後，要組成省府委員會，我們將這變通辦法，在省政府未成立前，設立台灣政治改革委員會，改革現機構的一切政治，經濟諸問題，委員之產生由民眾普選。

儀：這雖是好，但很麻煩，時間上也有問題，要改革政治，應當組織一個臨時機構，如公然用台灣政治改革委員會，想一簡捷方法來產生，委員的名額，可照省參議員同樣選出三十名，問題是在怎樣來選出。

蔣：我想要進一步的產生法，才能合民意，須要選出真真實實能做民眾代表，才能發生效力，我想選出的對象，由區鎮鄉長代表選出最合適。即三十名委員由全省的區鎮鄉民代表中，選出來就可真的站在民眾立場替民眾講話，也可以真真實實代表民眾，這是很簡捷而快速的辦法。

儀：這確是很理想，但是選出是很困難，無論怎樣簡捷也非短期可以完成的。

蔣：我想是很簡單，變通捷法來做，一星期或十日內就可成立委員會，我試舉一例來講。委員名額照剛才所講三十名，是依省參議會之例，即台北預定員（名額）是二名，即今天下令叫本市各區，明天開臨時區民代表會，選出委員的候選人一名。本市是十區，一日間可以選出十名的候選人，一面令台北市參議會，翌日開臨時參議會，將各區當選的十名候選人，提出投票選舉二名委員。全省各區鎮鄉，照這樣選舉三十名出來，不出三天最慢五天以內，就可以決定委員，一星期內或十日內可能召集來台北開會，短期間就可將應興應革的政治一切改進起來。

儀：（拍桌大叫）很通，很通，這是最妙而且簡捷有效的辦法，可以照辦。

蔣：總是我倆要注意的地方，有幾點必須有果決斷行。第一、剛才我所講的案，委員是由區鎮鄉長代表選出來，被選舉權是區鎮鄉長代表。第二、縣市參議員是有選舉權沒有被選舉權。第三、現在省參議員國代參政員等，有地位的人，皆無被選舉權，也無選舉權。第四、現在處理委員會完全被特權人主持把握（把持），此案是難得他們的贊成，我倆若決定是要有斷行的果敢才能實現。

儀：這是不必考慮，我已經明白一切了，若是真的民意而認為合理，也不怕他們不贊成。

【解讀】從年輕時就投身臺灣文化協會、議會設置請願、臺灣民眾黨等，熟習組織運作的蔣渭川，熱切地提出政治改革藍圖，知無不言，與陳儀討論，殊不知這等於要陳儀權力鬆綁，蔣渭川更不知道自己的生命已然懸在鋼索上。

蔣：若是長官有這樣英明果斷，來解決一切，誠是台灣之幸也。我還有一點事與你商量，現在民眾最注目的是人事問題，以前長官也已說過了，過去的失敗不是制度及措施不好，完全是執行人的自私所誤，就是失敗在人事的問題。所以雖然政治怎樣改革，若人事問題沒有理想的表現，即是換湯不換藥也是無濟於事。所以在我倆所談決之中，再加一條為處局所長或主管，須起用本省人，若此條加入發表必定使民眾滿意。

儀：這加入也可以，免加入也可以。改革委員會若成立，不但人事問題，其他一切的問題，都是要由該委員會通過才能決定，這條由你的意見可以的。

蔣：我想要明白一點，若長官同意，我是希望加入此條，使民眾更加滿意而感德，那麼我將現在所談決定的問題重新再說一回，如有不對請長官指示。

不厭其煩將剛才所討論合議者再複述一遍

即：一、將台灣省行政長官公署改變為台灣省政府，依國內各省制度施行，在未得中央批准以前，維持現機構。二、為改革現機構，設立台灣政治改革委員會，委員之產生方法，由全省各區鎮鄉長代表中各單位選出一名為候選人，然後由該縣市參議會，從全部候選人中選出三十名為委員，各縣市名額之配置，依照省參議員名額為名額，在三月十五日以前開第一次委員會。三、現在局處所長或主管，盡量起用本省人，將這三條為改革的原則，其餘詳細辦法或細則當再研究決定。

儀：可以，可以，但細則也不過是執行的技術問題，你可以隨便附加就是了。

蔣：好的，我回去研究技術的細則，附加寫入。將這原則和辦法，由電台播講，當眾發表，請你也同時廣播對民眾指示。然後我們將本原則及細則寫明清楚，全案送交處理委員會執行辦理請長官指示該會好不好？

儀：好的，好的，我今夜一定去廣播發表今日的決定，並即日通知處理委員會，命其照辦。你今夜打算甚麼時間要廣播，我的廣播或前或後都可以的。

蔣：我昨夜已有預告將在廣播的最終時約在九時五十分前後開始廣播，希望長官提前廣播，待長官廣播後，我去廣播好不好？

儀：好的，我們就照這樣決定。我請問你，你現在做甚麼事業？有甚麼地位？現在是不是區民代表？家族有多少人？還有兄弟沒有？

蔣：我是經營書店，在太平町的三民書局就是我經營的，已有將近二十年的歷史。現在沒有甚麼地位，我也不希望甚麼地位，只要為國家社會工作，我不是區民代表。我家族除我們夫婦以外有孩子九個，二位哥哥都已死了，沒有小弟。

儀：這樣的，那麼你經營書局已近二十年，對教育文化方面一定富有經驗。

蔣：對於圖書出版，或選擇書籍批發售賣，是我的職業，其他談不到甚麼經驗。長官你問我這樣事，我頗覺長官的心情，現在我也想要對你表白我的心情來應答你。現在長官已深「追悔過去，開誠未來」，再三邀我出來會談，將一切問題處理，而由根本改革政治，這樣民主精神我甚佩服。即今後政治配合民眾，官民合作實現三民主義，安定民生。若全省民生收復起來，大家通力合作，建設台灣誇示日人，貢獻中央，即我的願望就可達成而滿足。所以今後政治怎樣改革？怎樣起用本省人？我對政治上，或經濟上，及其他任何地位，絕不野心慾望。我仍是文化事業經營人，除職業上以外，如能協助政府幫忙國家來一點努力也所願意獻身做下去，其他絕無任何地位權的野心，請你不要誤會。

儀：（點頭帶笑）好極了，你很好意思（你的意思很好），像你這樣人我甚悔不早相見哖。

蔣：這也是你被少數特權人包圍所致，但這是過去事不要再提。其他長官有沒有甚麼指示的話，現在二樓會議室，有十多位代表等待請你同去說明。

儀：今天我是請你一人來會談，沒有請別人，為甚麼還有十多人在二樓咧。

蔣：徐處長通知我時，我也說過，憲兵團長來通知時也已說過，今天有許多代表希望要一同去會見長官，這不過是要晉謁長官的偉容沒有甚麼關係。

在座的徐白光處長開始開口說：「今天去接蔣先生時，許多的代表都在三民書局等候，要一同來見長官，他們很關心事態，所以一同來在二樓的。」

儀：我倆已費長時間好不容易一致決定了諸問題，要談的事已談了，若再與你一同下去會談時多意見必多，若再重新談起，必長費時間，恐怕我倆苦心談決的事，付之流水，即前功盡廢，我想蔣先生你下去對大家報告就好。

蔣：大概我倆決定改革原則以外，相信大家是沒有甚麼意見，大家也只希謁長官見見面，或者能有提出枝葉末節的話也不定，我當力為制止詳細說明決不延長時間來增加長官的疲勞，我先下去詳細報告，希望你隨後一定下來。

儀：疲勞是沒有關係，你也是已經疲倦了，真辛苦你了，好了，你先下去，我隨後就來。

三人皆起立將要離開時我再對長官說：「長官我是用愛國至誠的心情與你會談，決定的無論遇著甚麼困難犧牲，我都是願意做下去的，我希望長官仍用誠心誠意來做，萬不可若遇人反對，或被包圍時就變異心，這是我所拜託你特別記憶。」

長官緊握住我的手說：「你是男子我也是男子，彼此經已立誓講約，一定實行做去，何必多言。」我再說：「那麼我先下樓請你就來。」長官再說：「我現在有病，要吃藥，待我吃過藥了，馬上就下樓去。」我再說：「國家重大時期，請你保重保重。」

我下至二樓會議室時，各代表都面帶愁容，似感不安之狀，大家一見我下樓爭起問我謂：「為甚麼講到這樣長的時間，大家感覺不安，幾次想要上三樓，皆被衛兵阻止，無法上去，看你下樓始得安心，到底會談甚麼事是否有達到結論？」我即將會談結果及所決定原則報告一遍，希望大家同意贊成，並謂長官現時有病在身吃過藥就要下來，但是長官這幾天的勞心，健康大有傷害，且今天與我談過二點外鐘，也是已經極度的疲倦了。所以剛才報告的決定原則以外，如大家尚有好的意見，須將具體扼簡講出來，不要用套語或過其抽象話來空費時間的。」長官下來二樓會議室，大家起立歡迎坐下。

儀：先刻我與蔣先生談過二點多鐘其內容及決定的原則，諒蔣先生已對大家報告了。所決定的是根本原則，包容一切的，其他各位還有甚麼高見，請各位簡單具體指教我。

陳炘：只要長官有誠意為國為民來做事，勿有所偏，公平措施何事不成哰。

伯餘：長官是很賢明，因為被人包圍外間的真情都不清楚，本省人對外省人是沒有甚麼仇恨，所恨者是貪官汙吏，及與勾結的土劣並慣其包圍長官說謊者，而獲得做官發財的少數特權人。我們的朋友外省人比本省人還要多，有很多的實例可以舉出，總講希望長官瞭解不要誤會。

金永：我也是這樣的，我們絕無排斥外省人的思想，只要外省人不欺負我們，而我們一定與其親愛如兄弟。我們讀　國父的遺教，願與以平等待我之人共同奮鬪，決定的原則是可以，我很希望早一日實施，一切的改革，解決青年的失業。

梧村：我是自日治時代做華僑僑居在本省很久，深知台灣的事情，我們華僑有七、八萬人，在台灣若不是本省人對華僑視如兄弟的親愛照顧，實是站住不來。尤其蔣先生兄弟所領導的文化協會，乃至臺灣民眾黨，與華僑團體的密接連繫，是眾共知，所以我也可以證明，本省人絕無排斥外省人之理，只有外省人要自量不欺負本省人，即天下就太平了。

蔣：這樣的話也不必再說了，長官已充分明白了，大家來討論本問題怎樣？

於是許多人把決定原則檢討交換種種意見。結果將第一條添加，在六月以前實行縣市長的民選，第三條改為局處所長應任用本省人，而台政改革委員會認有必要時可任用外省人，經長官同意諸事決定。

儀：本日各位所講的意見很好，很多可以做我的參考，我絕對用誠意來解決，並且實行一切，我在三樓亦與蔣先生立誓了，決不食言，請大家安心做事。現在所談的都已決定了，蔣先生也曾提議將決定原則附添細則，形式上送交處理委員會，而我也將命令其照這樣執行辦理，萬事都解決了，惟現在嘉義地方民眾與軍隊尚在對峙中，暴動尚未終止，這要怎樣辦理哰？

蔣：我倆今夜共同廣播，以後大概可能全省都息事。若有未息地方，我願冒險去跑一跑，務必完成使命。尤其嘉義地方有我們的政治協會的分會，在最短期間，若果暴動不息，我當走一走去該地，請諸同志出來協力，自信可以成功的。

儀：好的，你打算甚麼時候去走一走，政府也當幫忙一點，及圖種種便利。

蔣：若是台北沒有甚麼事情，我今夜廣播後明天將決定案，交過處理委員會，大概三月八日就可動身下去，預定要帶兩、三位同志一同去，不須要政府甚麼幫忙。不過請軍部聯絡嘉義地方的軍憲，交代其協力和平工作，不要發生無必要的誤會就可以，其他長官有甚麼指示沒有。

儀：好極，好極，請你一定去走一走，使全省快一點恢復以前秩序。大家推進改革諸問題，那就好的。本日的會談將在三樓與蔣先生決定的原則，再添加修正大家的意見一致決定實行，其他各位還有甚麼高見嗎？

許多人說沒有其他意見，長官起立大家也起立一一握手告別出公署。本日會談在三樓是我與長官及徐處長白光在座立證，在二樓是代表十多人，胡警務處長、周民政廳長、任交通處長、徐白光處長立會、林梧村通譯，下午一時散會。

我出公署想起青年大會在中山堂開會，不得不去看一看乃途轉朋友家，簡單吃中飯。到中山堂時已近二時，偌大廣場座位皆滿，約有二千多人，有青年工員、學生、公教人員，皆是年青的人，我一到會場，許多人擊掌歡迎，張武曲氏要求我演講，我即登台演講，大體內容如下：

1.光復以來種種徇私舞弊的事很多，令人痛心，專賣局無能防止海外進口和走私品，復又對可憐的小販查緝、強沒收而釀成殺人案，局長官員又不善為處置，民眾抗議而公署衛兵更以機槍掃射，年餘的激憤一下子爆開來，惹成這麼大事件。

2.行政長官受政治投機分子的包圍，他們包辦政治、獨佔經濟，牽親引戚在各個部門歪哥（貪汙），使民不聊生，這是過去的事了，現在長官瞭解了，承諾要改革。

3.政治上的問題要從政治上改革，民眾也聽到我連續幾天來的廣播，長官也展現民主精神，已決定實行原則，今夜的廣播就可宣布出來。

4.無論如何，年輕人你們要出來，大家一起把社會秩序恢復起來，社會治安好，和平過安定的日子。

我下演講台轉回處委會時，仍有許多民眾在該會。有的報告情報，有的提出種種對政府的要求條件等等，雜音異常混亂，聽說參政員、省參議員已決定組織省級處理委員會，我也不大關心此事，看看就回家。到家時已有很多人等待，要聽本日與長官會談的經過及結果。我即略加說明，大家卻無甚麼特別的意見。延平區長王初生，區民代表李藤樹來訪，並帶募款帳來見我，並說：「王初生講，我們受處理委員會所命要募集幾千萬元為費用，我們想順便代你們的團體募多少款來補助經費好不好？」我答：「我的出來活動，是以個人受長官再三邀出來。乃是個人活動，不是團體活動，但也沒有開支甚麼大經費，不必募款，謝謝你們的好意。」王李再講：「那麼我們仍募集多少款項，來寄付政治建設協會，以備必要時的需用怎麼樣？」我答：「政治建設協會的費用是我們同志自動捐出來的，不是公開募集的，若是對本會有熱心而願意資助者，請其自動的送來，不可公開募款。現在處委會託你們公募，可就照其所要的募集就好，本會不需要混在一起募集，另外再想辦法就可以。」王李出去後，林正亨帶一位山地人姓高的來店，由林氏介紹與我會談如下：

林：蔣先生我對你報告，現在本省山地同胞都很怨恨你的行為，山地的人已憤憤欲動，都要乘此機會，以武力來解決一切的不平不滿，請你不要錯過這機會。

蔣：你這個人又是說這樣的話，我說一百句合五十雙，通通一樣，我絕對沒有這樣的準備，也不須要想這樣的做法，現在已經用政治的談判解決一切，請勿多言。

林：我是由新竹來的山地人，我相信全省山地同胞對政府及外省人已恨入骨，我們數次聽過你的廣播，很不滿意你的作為，我們若不乘此機會打倒陳儀，即台灣永久無救。所以我們是待機欲動的姿態，若蔣先生有號令，我確信全省山胞必一起發動出來，現在中部已有一部份開始了。

蔣：我們不須要這樣做的，山胞有多少武器，我們不知道，平地的山胞，是手無寸鐵，設使要發動也沒有辦法，我們要十分認識，為台灣前途須顧全大局。

林：武器我有自信，山胞的武器也很多，可以足用，若你號令動員，武器我可負責。

高：蔣先生你要下一重大決心，台灣將來幸不幸，盡在這時你的決心如何哰？

蔣：我老早已有決心，這幾天我的作為就是決心要收拾大局改革政治，現在都已解決了，今夜我與長官廣播大家就可以知道一切，我不但決心甚且已做了。

林：你開口就說大局，你的作為，絕不是顧大局的辦法，還是要有程度的抵抗，才能做到改革政治的問題，無用武力抵抗，怎麼得到政治的根本改革。

蔣：你們這樣主張，我且問你，我們現在有多少武力？萬一中央震怒調送二師的兵力，五十架飛機來，我們要怎樣對付？勢必自尋死路，我希望你們切實改變態度，認識清楚換換思想，多言無用請你們回去。

此時我的家族交出柯參謀長送來信，我即拆開看看不外是嘉獎我的獻身作為，並鼓勵更加努力，及函示希望常常聯絡接觸等語，我即將該信提示林正亨看，林氏看了微笑不言，帶山地人默默出店回去了。

接電力公司柯先生的電話，謂從來送電是不分日電夜電，是終日送電，現在因要節電供給生產工業方面，自本日起凡夜電燈，須在三點以後，才有送電，託我廣播通知電燈用戶。並託請全省民眾保護各地的變電所。我皆一一答應，並問其剪盜電話線情形怎麼樣？柯氏答現在已好一點了。

電話電信局派一職員來店，懇託代播防止電話電信被剪盜，及求民眾對出動修理電線的工員保護，勿阻工務，我也一一答應。

夜八時，長官已將本日所談決的三大原則廣播宣佈了，並且自動的增加一條「在民選縣市長未選出以前，若是現任縣市長不合意者，可由各縣市參議會臨時舉出候補人三名，送來公署圈定一人為短期的縣市長」這是本日所談決的三項原則外增加的。我於九時十五分到電台時，有二位青年楊文彬、蔣炳佳追到託我代播青年大會的消息及口號，我也一一答應，至九時三十分開始播講內容如次：

（蔣渭川第四次廣播全文　一九四七・三・五　下午九：三〇）

各位同胞，我昨夜已經報告大家了，因長官已有決心把政治根本改革，昨夜就要請我去商量，因時間太晚了，所以今日上午到公署與長官會談二點多鐘，結果已得長官的開誠，將本省的政治問題根本解決了。最初長官說有二點的切實的希望。第一點是台灣不離開中央，永久為中國的一省份。第二點是台灣絕不可使共產化，永久信奉三民主義。這二點若確能保障，政治怎樣改革都可以。若不要長官在台灣也願意收拾包裹回國內去，如若不喜歡外省人也可全部使其回去云云！語氣不朗似有帶一種另外的刺激（弦外之音）。

各位同胞，我們五十一年間與異族爭鬪犧牲不少的先烈，流血入獄受苦，其目的是專在光復，現在已經光復了，目的也達到了，而再要離開中央到底要跑那裡去。至台灣絕不使共產化，永久信奉三民主義，這也是自然的事。台灣的歷史，地理及傳統的民族等種種的環境下，尤其台灣是中產階級很普遍，所以本省人民絕不會共產化，三民主義我們不但是信奉，甚且是要求政府實行的問題。長官說若不要他在台灣他也願意收拾包裹回去，恐怕長官過其小氣，我以前都有對大家報告了，長官亦已深深追悔過去被人包圍，被部下所誤。今後願親自與民眾握手，實在長官也表明既往不究，來者可追的痛切心情。這幾天長官所表現及本日所會談決定的改革原則實是愛國愛民的真民主作風，像這樣的好長官，省民豈有不要之理，我們非但要他繼續做下去，並且希望他做改制後的省政府主席，再進一步將來民選的省長也是可能選舉他出來做，只要長官不變態度，即我們絕對做到這樣的徹底。至於長官又說若不歡迎外省人也要全部使其回去，這恐怕是長官的曲解，或有甚麼誤會。本省光復當時的狂喜和歡迎熱烈的情緒，是天下所共知，大家都尚新記憶，這是足資可以證明一切了，本省人民絕對不是排斥外省人，也不是反對政府的。本省人也有好壞，外省人也有好壞，我們所排斥的是包圍長官，欺上騙下，弱肉強食的特權階級的人，我們所反對是自私自利的貪官汙吏，及勾結貪污官僚做壞事的人，若是壞人雖是本省人我們也要排斥反對，若是好人，雖是外省人我們也要歡迎，所以我將這實在我們的心理精神告訴長官，並舉很多很多實例表示，長官聽過了他非常滿意，隨時開始討論具體的改革要點與辦法等等。

大家報告。

各位同胞，現在我要將長官會談二點多鐘的談判結果所決定的改革方案，對大家報告。這主要的，長官已於八時播講宣布了，我再補充並為證實，改革原則三條即：「第一條、將台灣省行政長官公署改制為台灣省政府，在未得批准以前，維持現機構，六月底以前先實行縣市長的民選。這條長官的廣播有添加在民選縣市長未選出以前，現任的縣市長，如不合民意者，可由縣市參議會選定三名候選人送來公署，圈定一人為臨時縣市長，其任期是至民選縣市長出現為止。第二條、設立台灣省政治改革委員會，改革一切政治問題，其委員的產生方法，由各縣市區鎮鄉民代表會選出各一位為候選人，然後由該縣市參議會，將該縣市全部候選人中選出所規定的名額，計全省三十名為委員。此條的方法初想是非常困難，而且恐怕要多費時間不能及早成立委員會。但依我所想，若是以為自己或一黨派的交椅地位，或是要製造自私自利的惡勢力，或既成的惡勢力，想要繼續萬事獨佔到底的等等主觀的打算，自然是很困難實現的問題，若是個人或黨派的地位和利害關係置之度外，真正為國家為台灣做事的觀念，就不感覺困難，而且是很簡捷可以實現的。當時長官很憂心問我怎樣可以選出台政改革委員會的委員，豈不要長費時間唷？我很樂觀的簡單說明，就將委員名額依照省參議員的人數為標準三十名，以從前分配各縣市選出省參議員名額為各縣市分配定員。先由各縣市區鎮鄉民代表會，各選出一名候選人，然後再由各該縣市參議會將候選人中選舉所定名額為委員。例如：台北市人口最多，選出有比較複什困難，可是產生委員是很容易的。亦即台北市分十區，各區都有區民代表會，比如明天六日，各區代表會開臨時會，各選出一名候選人，即一日之中可選出十名的候選人，作成候選人名單，再命令參議會於七日開臨時參議會，將此十名中以投票方式選出本市的定員二名出來做委員。將此方法同時通知各縣市的區鎮鄉，照樣選出來，即二日間就可產生三十名的委員，最遷延最遲也可以在五日內全部選出完成，十日以內可以召集開會。長官聽過我的說明乃擊掌贊成，連稱好辦法，所以照這樣決定了。第三條是處長、局長其他主管首長等應任用本省人，如改革委員會認有必要時，可以任用本省人。以上的原則三條，就是本日與長官會談決定的，其他有關此原則的執行技術上的細則再行添加，交給處理委員會處理執行。」

各位同胞，這三條原則若是由全省民眾立場來看，是很理想切實的問題，但是恐怕一部份的人不肯贊成，就是政治改革的最高執行機構的委員人選，是以最接近民眾，且也是群眾中的人，由區鎮鄉民代表選出來，結局區鎮鄉民代表有被選舉權，而縣市參議員有選舉權而無被選舉之權。總講一句，就是區鎮鄉民代表有可以被選做委員的資格，其他如省參議員、縣市參議員，以及國代參政員等，都沒有資格被選做委員的。所以既成的特權分子是不是能顧大局順民意犧牲地位或特權來完成這條使命，我是對這個事非常憂慮，問過長官有無果決斷行的決心，長官說若是多數的希求而有益於國家的事，不怕甚麼勢力特權人不贊成，一定做下去。長官既有果決斷行的決心，是要順從民意，問題是在全省民眾能否表現真的民意來行此條路。我想若既有地位的特權人，一定要爭取再較高的特權地位，不惜任何手段也要達到目的，這是很危險的，可能強姦民意、偽造民意來反對本日會談所決定的原則。所以我希望全省民眾要一致贊成貫徹實行，勿被特權人欺騙與利用才可。

各位同胞，我要對大家報告一項事，數日以來常常有人來注意提醒我謂我會被長官欺騙愚弄，長官已向中央請派大兵將要開到，若大兵來到一切的話都無效，必實行屠殺報復。因此我本日會談時也提起此事，追問長官而長官很誠懇的立誓絕不騙我，而也絕無對中央請兵，只求早日息事，倘若違背誓言必受惡報！堂堂的長官有這樣立重誓所約束決定的事，我相信長官不敢欺騙，請大家安心。事件也已蒙長官寬大愛民的方針，使大家可以滿意的辦法處理實行了，而對人民所不滿不平而腐敗的政治經濟，也以果決斷行的決心要實行根本改革了，大家要知足滿足，勿再有輕舉妄動破害大局。希望全省切切歸於冷靜速速恢復秩序，靜待長官實行其諾言，並改革一切政治這是我最希望的。

各位同胞，我再有一點事要聲明並對大家約束的，我本日與長官的會談決定了剛才播講的原則後的餘談。長官問起我做甚麼職業、家庭有多少人、現在有甚麼地位、是不是區民代表等話。我就答他是做書店為職業，已有經營近二十年的文化事業、家庭有十一個人、現在不是區民代表、其他沒有甚麼地位、我也不想要甚麼地位，只要能替國家做一點事。長官再問我：「那麼對教育文化方面，積有很大的經驗嗎？」我答他不過是對圖書出版及書籍選購有很多的經驗與歷史，也談不到教育文化，長官也就點點頭，而不再問我了，我聽見長官問我的意思與態度，也有些明白這位老人家的用意。他雖不再問我而我自當再對長官聲明，我對長官說：「長官所問我的意思很明白，我坦白對你說一說，我是一介文化事業的商人，不過精神與性格是關心政治，為國家為民眾做事而已，其他沒有想甚麼。此回是長官再三請我出來奔走商量諸事，這也是為國家為民眾的事，所以應邀而出。現在已經安靜，政治的改革也決定了，我的使命可以說是完成了。所以再鄭重說一句，無論政治怎樣改革，怎樣起用本省人，我對政治的經濟的，其他任何地位絕無野心慾望，拜託長官不要誤會。」長官聽過了仍點點頭說這很好意思。對此問題，我已對長官聲明表示，我絕無政治或任何地位的野心，同時對大家要約束聲明這點我的心情，現在我再坦白聲明一句，我絕對不想做官、或取甚麼地位，請大家看看我的行動就明白了。

各位同胞，電力公司託我代播的，謂本日送電的時間要變更，現在無論日燈夜燈，終日到夜都有送電。因要節電供給生產工廠，自本日夜燈須在下午三時以後才有送電，拜託夜燈的用戶瞭解。電力公司又再拜託全省民眾保護各地變電所，若變電所被破壞就變成黑暗，請大家協力保護。又電信局及電話局也派員來託代播，近有電線常被切斷，拜託大家共同保護，並希望對修理電線工員，在外面工作時切勿妨害其工程，並懇求切實保護幫忙，希望大家顧全大局就是。

本日在中山堂開了青年大會成立團體，因為是由游市長出來主持的臨時治安委員會，託諸青年代表幫忙治安的工作，所以成立該團體名稱是台灣青年自治同盟。這是臨時的團體，若恢復常態時，就要解散。本日大會的口號，託我代播即：

1.擁護中央政府。2.擁護蔣主席。3.擁護國民黨。4.實行三民主義。5.打倒貪官汙吏建設新台灣。6.推行憲法實施地方自治。7.中華民國萬歲。8.蔣主席萬歲。9.國民黨萬歲，10.新台灣萬歲。這是青年大會的口號。（完了）

我播講完回到家時已十點三十分。廖進平、呂伯雄等已將三原則的辦法細則草訂了計六條用謄寫版油印，至十一點半始得完成。忽接電話乃由城內打來的，說是處委會的操縱人頗不滿意我的播講，尤其台政改革委員會的委員產生方法最起恐慌，為此氣憤不平。續說有一部份人去到陳逸松家裡開會議，研究奪取實權的對策。我聽過這消息也不介意，根本我並不想要與人爭取甚麼實權，台政的改革是要除弊端，不是要分權力，且是群體的要求，不是誰可以握權掌控的。十二點五分，許德輝來店裡報告他已取得青年團體的聯絡，治安維持已得著有力的幫助，學生團體已自昨日集體出來協助等語。許氏剛走，青年代表張武曲、蔣炳佳、楊文彬三人來報告本日大會經過，辦公及集會場所也設備好了，也已開始協助維持治安工作。十二點半我整理日記書類，一點就寢。

三月六日

初衷爲平息社會秩序我已盡力達成任務　今日最後一次廣播

近八點起床已有四、五人在店等候談及昨日與長官會談的政治改革原則問題，提出多多的意見和希望等等，我即答應作為參考。八點半許德輝來通知說九點半時很多學生會在互正合會公司樓上開會，要我一定到時過去看看，因學生數很多，以防意外行動，我即答應。九點原訂赴中山堂處委會遞交昨夜擬定的政治改革原則及細則，只能先派廖進平與呂伯雄兩君先去。

九點半到互正合會公司，已有三十多位學生在場，許德輝招手引入一私人小房談話，謂今日來的學生空氣不太穩，似有組織再起行動的模樣，恐遭人煽動，情勢危險，要求我力為制止勸說，免發生意外，我即答應必盡力勸止，也望他協力。談話間一位女學生代表跑進來說她將要聚集中等以上的女學生出動慰問在病院治療的傷者，要求我播講時候代為呼叫多人來參加，我問妳們用甚麼方法慰問，她答說將買花束和水果贈送，並口頭致意，希望明天早上十點在高等女校聚集，我答應代播並加以鼓勵。旋即走出來到會議場所，會議空氣緊張帶有鬥爭性，聽過學生說話，始知受林正亨的煽動。許氏介紹我上台講話，有學生聽我名字即怒目相向，我也不管，逕行登台演講。

【解讀】對學生採取柔性勸說，指學生本該專心讀書關心學業事就好，三日是臨時治安會議，主席游市長鑑於社會治安稍壞，希望學生和青年組織起來協助維持治安，剛才聽大家的議論，有很多的事大家想出力來做，像是政治上的改革方案，和取代軍警管理治安等，這我也不必逐條來講，只望大家為台灣前途計，深思遠慮，顧全大局，不要聽人鼓動就熱血跟從，以致發生摩擦而增加麻煩。希望在忠義隊長，也是處委會治安組許組長指導下，連成一線協助維持社會的治安。

不知這樣對青年學生的勸說是否有效，因時間急迫，即赴中山堂正在開會的省級處理委員會。主席是陳逸松，正在說明政治時局意義，並發表很多的政治社會經濟軍事等等的要求改革的條件。他講完即換由王添灯任主席續講。廖進平、呂伯雄發言：「我們所提交的政治改革三原則加六細則王添灯和吳春霖都說不受理，是何故？」王氏：「昨夜在陳逸松主席家中討論到翌晨四點，已決定三十條要求，這已勝過你們的九條，你何必多此一舉。」經廖、呂二人力陳，說明這是昨日與長官會談過的且已決定的原則，而長官也廣播宣布了，現在交給處委會彙整只不過是一個形式，為甚麼不受理？王、吳始將書類收入，謂當將此案與處委會決定案一併提出給長官。

此時忽有人來通知我，說中山堂外廣場有三百多人聚眾，有人演講，主張台灣應受國際共管，煽動群眾現在就要起來暴動推翻政府。我火速離開會議跑出去廣場，那演講者已離開不知去向，群眾議論紛紛，我詢問一老者演講人是誰，他說不知，只在稻江組合的三樓時也是看到他這樣煽動，來一壯年人說他知此人姓呂，土城人住在海山，但不知其名，周圍數人略述其演講內容，我即登台演講：

各位兄弟，適才在這裡演講的人你若還在場，請你上台來說一說國際共同接管台灣，再說一回，若你逃走了那證明作賊講賊話，不敢堂堂的把自己的主張講出來，可知其主張不正。剛才我聽說那個姓呂的對我蔣渭川大罵特罵，說我是做政府的走狗被陳儀利用、為著自私自利將千載難逢的機會失去，誤了台灣人的前途云云。各位兄弟，我的過去歷史大家都很明白，我是不是會做甚麼人的走狗被人利用？我是不是自私自利？大家一定明白，歷史與事實可以證明，加上這數日來我的演說廣播及經過等，都可以明白了。我所做的事可以分兩個方面，對內來說，就是站在民眾的立場想，一面協助政府推行政策為人民謀福利，一面也要監督政府掃除貪官汙吏、改革不好的政治機構；對外的話，若有外敵侵擾到國家的存亡關頭時，那我們就都要放下成見，無論是官還是民，都要放下內部的問題，一致對抗強敵，就是犧牲也在所不惜的。

我昨夜的廣播有提到長官問我的職業和家庭等等的話，我已對長官表白，因為長官三番多次邀請而出來約束民眾的不滿行動，長官也答應政治上的改革和啟用本省人等，我已達任務，我對政治經濟教育等地位完全沒有慾望的，在播講中也講過了，這你們可以知道我不是為私利的人。剛才那個姓呂的說我將千載難逢的推倒政府的機會失去！各位，大家咱有甚麼力量、有甚麼必要來推倒政府？我們要求政府的就是1政治改革、2經濟平等、3民生安定，我和長官昨夜也都播講了，過去長官被投機小人和經濟獨佔的特權分子包圍，今後已願意和民眾握手，使意見上下暢通，且已決定政治改革的大方針，將已準備要實行了。我們要求的政治民主和經濟平等就等看長官實現諾言，這是咱台灣人前途的曙光，我希望大家回去做個人的職業工作就好。

演說中幾次眾人擊掌共鳴，至我講完大家大起掌聲而後散去。我也回家食中飯。下午仍是千客萬來，有說一幫特權分子甚不願昨夜播講的政治改革案，因該案如果實現即特權人的權和位都會完全失去了，對該案的運動一定會破壞到底。又有說特權分子已經開始中傷宣傳，謂蔣渭川想要做官獲得地位，而一部分民眾也信以為真普遍為之宣傳云云。適時林正亨又來，面容不懷好意，謂劉明已贊成他的主張，允諾資助經費，勸我不可錯過機會。我無意回答他，適巧看見張團長從門外走進，林正亨馬上轉身走開去。

請團長和林梧村別室坐下談話。

團長：蔣先生，長官很佩服你有政治意識，而且甚讚賞你的人格深感相見恨晚的。

蔣：豈敢豈敢，我是無學歷的人，唯有一些社會經驗及常識，本於良心來講話，幸得長官不嫌，容納我的意見，非但是我的榮幸同時也是省民之福。有一事我要請教團長，昨夜我與長官分別播講決定的政治改革方案，今日聽很多人來報告，謂特權分子大起不安，將要起而反對我與長官言定的方案，而今朝我們將擬訂的方案交付處委會時亦遭到該會主持人拒絕，謂該會已擬定二三十條要求案已經涵蓋一切，似乎想將我案粉碎。請教的是倘若該會不贊成我案而未提出，長官的態度怎麼樣？

團長：這絕無問題，長官對你的案子是很贊成的，且已準備逐條去實行，日內就要將警務處長調換為本省人，你一定可以安心就是。我也有一件是要拜託你，就是南部還有些地方尚未完全平息，有憲兵及軍警武器被民眾搶去不少，這會變成嚴重的結果，治安就更堪慮了，拜託你再廣播時勸勸民眾速歸平靜才好，並說民眾如歸還軍憲武器的，絕不追究。這樣好不好？

蔣：哪有不好的道理，我已按算近日去南部看看，包領（保證）能夠息事。唯，剛才你說長官不論如何絕對會照所決議的實行，我希望你請長官速行諸諾言。

張團長說好、好，而出店外。陳木榮君打電話來。

張慕陶傳達長官讚賞及善意　處委會惡意中傷漸顯

木榮：渭川兄我對你報告，省級處理委員會成立以後，另再設立該會的政治局，陳逸松自為局長，要將你與長官共同播講的台政改革要點交由政治局選出的委員審理，而不是由全省區鎮鄉等民意代表選出的委員會，說是為了節省時間，卻也不過是陳逸松、劉明那幫人一手包辦的作風，這種野心陰謀你要想辦法怎麼樣來對付？

蔣：這絕對不可贊成的，這幫人如果能代表民意，台灣早就不會發生這大不幸的事了，他們一看事將成功，就想要把握政權，但是今後要改革政治上的錯點一定要由能夠代表民眾做事的人，長官已經著手要照昨天播講的內容去實行改革了，不怕他們怎樣來反對的。

木榮：總是咱也須注意提防，可能長官會再度被他們包圍去，請你要留心留心。還有一事要報告蔣先生，上午你從會議跑出去廣場對群眾講話時，處委會公然大罵你，說蔣先生野心要奪取政權，沒有團體精神，單槍匹馬走長官路線，想要獨佔政治地位，群眾也有不少的火上添油攻擊你，附和大罵起來。我想是長官天天請你去會談，連續幾天都同你一起廣播，民眾也有信服，他們由嫉妒而不平，唯恐政治改革後將失去特權的地位，所以先發制人妙法演出的把戲，你不可無對付。

蔣：好的，我將會有打算，你可再詳細調查情形並與黃張兩君聯絡就是了。

陳木榮電話掛斷後林正亨又再來，冷眼冷言說：「蔣先生你可憐白忙了數日，長官和你會談所決定的事處委會完全不採納，大家是想要根本解決台灣主權的問題，結果你不但孤立，還出差錯，很是危險，我還是勸你速速改變態度，根本推翻陳儀政府，依我的主張才對，大家一起來做怎樣？」我表示堅決不理他的態度，林正亨恨恨離去。

李仁貴打電話來，其所報告內容與陳木榮相同，省級處委會另設政治局，政治改革事項由局長陳逸松等一干特權分子包辦，省級處委會且已擴大組織，通知各縣市組織起各地的處理委員會，看此態勢，為處理二二八事件而成立的委員會將擴大延長了。李氏憂心謂我們不可不想辦法對付，我答以請密切注意彼等之行動，並聯絡大家。

青年團體張武曲、李炳佳、楊文彬又來訪報告，說青年同盟開會時劉明自動來出席並發表聲明，願資助青年團體所需要的資金以激勵青年群起奮鬥，大家熱烈推舉他為財務顧問，尚未報告蔣先生報紙已經刊登出來了，請蔣先生諒解。我即答報不報告我都是可以的，但仍須報告游市長及許組長。李炳佳另要求今晚廣播時請宣傳青年同盟負有協助維持治安的任務，希望再集更多有志的青年來參加服務，我答允代播。

【解讀】整個下午到晚上到夜裡九點，來人和來電話的沒有一刻停止，不過都是一樣的話題，也有諸多的謠言口語消息不斷地傳來，蔣渭川心裡篤定那些非事實的傳言將不攻自破，只要誠心宣導勸說，社會上的亂局就會平靜下來，老百姓回歸到正常的生活就好，那些政治改革的訴求要在社會平靜後、政治人物以理性的態度開誠布公地來討論才是辦法。蔣渭川此刻的憂心只是他的任務（平亂）即將完成的時候，處委會的人用政治訴求排擠他的努力，甚至惡意攻擊他有政治的野心，這是節外生枝，因他不是處委會成員，也沒有要和處委會一起搞政治改革，蔣渭川所提的政治改革「原則」乃是在和陳儀溝通彌平社會動亂過程中，建議長官要做適度改革以收服民心，每次的廣播都是以督促陳儀必須信守承諾為目的，若陳儀照此原則實行，才能進一步把台灣建設好。這是蔣渭川的初衷。

九點十五分到電台，九點半開始播講。

（蔣渭川第五次廣播全文　一九四七・三・六　下午九：三〇）

各位同胞，我今夜將是最後的廣播，昨夜我與長官所播講的政治改革原則，及附條辦法細則等，已經提交處理委員會提請政府，這是形式，長官已將可以實行的已經在實行中，而需要準備的，也已經開始準備了。

各位聽眾自事件發生後，我看過非常複雜，而且已經由特權分子主持組成處理委員會。所以我本人也不敢出面過問，因為長官三番五次派人來請我，柯參謀長也以函相邀，民眾父老朋友也來要求我出來收拾大局。所以我直到三月二日始出來活動，經過數日來的會談的結果，我及長官於數次播講已報告清楚了。對於事件之處理已得寬大的辦法就是：◎事件發生責任在專賣局因此不向民眾追究責任，一切付之流水。◎因事件發生中被政府捕去的人民全部無條件交其家族領回釋放，並由長官聲明今後不再捕人。◎因事件中犧牲的死傷者，不論省別一律由政府優厚的撫恤及治療。◎因緝私煙開槍的殺人犯，督促法院嚴辦處刑，這是事件處理的辦法，長官也已全部實行了。後來民眾所希望的政治改革問題，也已得長官的聲明民主，決定根本改革，在可即行也已實行，未可即行也已開始準備，一定要做去的。詳細的執行是待由各區鎮鄉民代表中選出的台政改革委員會成立，就可逐條執行。所以無論是事件，或是眾人所希望的政治改革問題等，都通通可以使咱滿意的方法解決了。諸事也可以說告一段落了。全省的民眾有須知足，在能落（下）樓梯的時須從速落（下）來，若至無樓梯的時要跳樓落（下）來恐會受傷。所以希望全省大家馬上要息事歸於平靜，以期實行長官的諾言，這是我拜託的。

各位同胞，我的使命已經完成了，長官請我出來是要我制止暴動，收拾大局；民眾要我出去的是要我提議改革政治的。現在兩條使命都已辦完了，以後是不須再出頭露面才是應該。但是這樣的使命也不算是完全成功，還是要今後選出來的委員的努力。而我也不敢自居其功，而外間有人食醋、嫉妒、中傷、亂罵，且有種種無中生有的惡宣傳，使我非常的痛心的。這雖然是很久的政治包辦經濟獨佔，舞弊營私的特權人等恐其失去地位的恐心病者的行為，一部民眾因此發生誤會。所以我要再鄭重的聲明，我於昨夜的廣播已經表白，我已經對長官也切實聲明了，而對民眾也已廣播約束了。我對今後的政治怎樣改革、怎樣起用本省人，不論甚麼政治地位，絕對沒有野心慾望。我是文化事業的商人，若是民主政治實現而達到經濟平等，民生安定得以安居樂業就滿足，絕不想甚麼大塊交椅（地位）。人家中傷我想要做大官獲取地位，這完全是加誣中傷的話。我絕對沒有這樣的野望，請大家記憶著，我今後的行為事實可以證明一切，並希望大家看誰是政治包辦的野心家。

各位同胞，今日憲兵團張團長來，對我講中南部有些地方的民眾奪取軍憲的武器，這是太不好的事。武器是軍人的生命，若久而不還恐怕會發生嚴重的意外事。所以我希望各地有奪取或是拾得軍憲的武器，須趕快送還原主或獻交政府機關。

各位青年，諸君昨天成立的青年團體，因為人數不多，不足協助治安再要招集多少青年。希望大家出來服務，現在有數位青年代表在我身邊託我播召集諸若櫻會的同伴。明天下午二時在中山堂集合，請海友會的同伴明天下午四時在太平國民學校集合（青年提出的紙條是有記兩會的召集人姓名，因播講後在該紙條交還立在我身邊的青年代表，所以寫日記時已忘其姓名）。

在上海南京暨在國內的台灣鄉友們，現在事件也已解決了，政治也要改革了。大家勿再過其曲解宣傳，拜託大家對中央說明台灣人的真意。使中央理解不要對事件的誤會，並促進政治改革案的早日批准而實現。並對上海學生們說實情，請其不可誤解事件的真相。

敬告日本的廣播各電台，這幾天聽過貴國的電台播音，對此回本省發生的緝煙事件多有不對的放送，曲解很多，請訂正。本省人絕無反對政府，亦無因反對而起，所謂暴動是因小問題由誤會變為大事件，現在已完滿收拾解決了，請勿再以曲解放送為盼。

謝春木兄在日本東京，我拜託對日方面說明事件的真相。現在已告一段落，太平無事了，請日本電台不要再以莫須有的放送。謝先生前日處理委員會也已通知你要請回來看看，我很希望你回來對國家對民眾幫忙諸般改進的工作。

台北市中等女學生各位，昨天有女學生代表提倡要動員女學生分赴各病院，對因此回事件受傷的患者慰問，希望各校女生自動多數出來參加。買花也好、買食品也可以，表現慰問的意思就好。請大家明天上午十時集合於女學院舉行。全省及國內各位同胞，我先刻已經聲明了我的使命已完了，工作也圓滿了，以後我也不再出頭露面了。因為我做事愈多、食醋的人也愈多、我愈建設而做破壞分子愈不願。所以我今後不再出來了，廣播也是，今夜為最後的，以後是不再出來廣播了，祝各位健康。（完了）

我廣播完回到家已十點半，民眾源源而來，叫我取消「最後播講」的聲明，要繼續努力，做政府和民間的橋樑。我一一耐心解釋，到十二點多將大家勸回，許德輝來談維持治安的事，似有所要談，但已晚又止。我整理日記，到一點多就寢。

【解讀】許德輝其人其事近代史研究已很明確，是情報分子混入處委會策動「反間」，又利用蔣渭川與劉明素來不睦而製造矛盾，離間他們彼此。其實劉明亦是情報分子，與許德輝是友的成分比是敵的成分高一些。而這些瓜葛在蔣渭川的時代他完全無從知悉，甚至有生之年也不曾知道有這些情報檔案存在。

三月七日

氣氛異常融洽　張慕陶銜陳儀命令　徵詢擔任教育部長

前天柯參謀長兩度來信，太忙皆無法赴會，晨八點半起床，不管來客怎樣多人，請託林梧村、張武曲、陳登財、蔣炳佳以汽車同赴警備總部訪柯參謀長。林梧村氏為通譯。

蔣：參謀長，我本想與你做密切的聯絡，因為事情太多一時一刻都不能抽身，你接連二封函也都未能作覆，實在對不起你多了，今日皆同大家來報告一切，並表一點歉意。

柯：不敢當，這幾天很辛苦你們大家了，你的工作經過及每次的廣播我都知道了，希望你們更加努力，使全省早日息事平靜，才能實現長官的諾言和政治改進。現在嘉義地方尚未終息，你想有甚麼辦法解決？

蔣：日前與長官會談時我已表明我現在按算八日或九日下去走一走，我想若軍方面息事，則民眾也絕對可以息事，所以我希望你下命令於現地軍事當局，使軍方停止殺人，我願冒險去制止民眾，相信這樣就會成功。

柯：好極了，我馬上可以發命令，希望你努力努力，若是嘉義平息則全省就無事了。

彼此答應。我乃將這幾天來青年團體協助治安的功績報告參謀長並一一介紹青年諸位，柯參謀長隨即一一嘉獎並致謝，及一一握手而別，參謀長親送至營庭門口時，忽然張慕陶團長自外而入，一見到我們即走近握住我的手，大聲說：「蔣先生我很滿意，恭喜你大功告成。今後你的存在很大，前途可大大期待的！」我說豈敢豈敢，數日來做的事都是應該做的沒有甚麼大功勞。張團長：「陳長官交代我要與你商量些事，甚麼時候拜訪你是好？」我看甚麼時間進出家店都不一定，即與團長約定下午三點赴憲兵團部拜訪。張團長：「下午三點請你必定來駕，因為很重要的事要商量。」

我答應了，與團長握手離開參謀長，回到家十二點半，午飯及處理雜事。下午近三點約林梧村、黃朝生等數人同赴憲兵團訪問張團長會談。

蔣：上午在警備部你說要商量重大事，特來請教你有甚麼指示。

團長：長官要實行諾言事想要將警務處長調換本省人，想要問你推薦甚麼人？

蔣：這人事的問題我沒有意見，只要快快決定強化警察力，讓人民心服可以負起維持治安的職責，則學生青年可以各歸其職所，我不想要推薦甚麼人。

團長：那麼長官想要用王民寧少將為警務處長，你的意思怎麼樣？

蔣：可以可以，只要長官信任的人就好，我只希望快點決定，確立治安做好。

團長：長官很懇切地希望你出來做教育部長，你肯不肯？

蔣：我已再三聲明了，對政治地位絕無野心欲求，且老實講我不會做官，沒有做官的才能，我在廣播中也對群眾說過了。

團長：不管你做官不做官，長官有這個意思，我應該要報告你的。

蔣：多謝你的好意，並拜託你轉謝長官。我乃是文化事業人，絕無想做官就是了。

團長聽過後，希望我推薦人出來任教長，我說不敢推薦任何人，而握別。

【解讀】蔣渭川心中掛意必須抽時間去一趟忠義服務隊，因學生和青年組團體出來協助維持治安，雖少數人有服務熱心但其餘多受煽動，尤以許德輝與劉明不合，團體離心離德，青年人熱情被濫用不妥。

但是方才柯參謀長與張團長輪番表示政治改革後的官位分配問題，徵求蔣渭川意見，蔣渭川自知早在二〇年代從事反殖民的社會運動時的主張，都是督促政府制定平等的政策、保護弱勢，而不是自己從政、企圖把持權力，且在協助兄長蔣渭水的革命事業時是站在財力支持和照顧家族的角色，也因從商成功，雖不富裕卻是商界備受敬重的人物，他自忖不是塊做官的料。

在蔣渭川的想法中，二二七引起的亂事只餘下一些小小的波浪，既然他和陳儀的約定經過廣播有成效，那麼他明後天再努力地到南部奔波走一走，應該就可以平息了。沒想到三月七日這天一切急轉直下。

到了忠義服務隊本部時，適在開各方角頭的代表人會議，許德輝請我講話。我謂數日以來和長官的會談已達成任務，就是二二七的亂事已獲長官寬大解決、政治改革方面也已經承諾了著手在做，現在唯一社會治安的事情還不很平靜。三月三日游市長主持的臨時治安委員會成立忠義服務隊，派許德輝為隊長，並請託青年團體出來協助，各位都是有憂時愛國精神，自發自動來參加，請安心在游市長、許隊長指導下發揮服務愛國精神，無私地來協助維持治安。

我講完話劉明接著上台講，我還有其他事沒留下聽他講，出該隊，轉往青年同盟看看。僅有四個人在辦事，我問其故。現時四點多鐘還沒五點這樣少人辦甚麼公？

青年謂：林土山率兩人赴忠義隊開會；方才據報中山北路有搶案，蔣炳佳率隊員二十七八位以卡車急赴現場尚未歸來。下午二時許接報建成町有集團搶劫，本會會員去圍捉捕得搶犯二名，會員一名腳部負傷，搶犯因無人看管又逃走云云。

蔣：昨天召集的若櫻海友會會員有多少人來？

青年：若櫻海友會有幾個人來看看無事就又回去了，無人加入本會，本會有三十人。今天經過情形一言難盡，待張武曲去找游市長回來後再由他向你報告。

蔣：張武曲找游市長是為甚麼事？劉明有常來嗎？他有拿出多少錢來？

青年：張武曲請示游市長這個經費的問題。劉明先生在我們開會時聲明我們的工作經費全由他供給，但到現在尚未支出一毛錢，因我們是游市長召集成立的，張武曲先生想請游市長設法。再請問蔣先生，本日捕獲二名搶犯送第三分局時卻被脫逃了，假設再有捕到犯人時要交哪一個機關？

蔣：你問我再有捕到犯人時要交哪一個機關？請示游彌堅市長吧。

【解讀】說要負責經費的大富人劉明不出半毛錢、想當隊長的許德輝卻不會帶人，由著學生自生自滅、召集了治安委員會也成立了忠義服務隊的市長卻不管組織運作？劉明已在報紙上發表他是本會財務顧問而卻不支付分文，這應該游市長要負責解決。現在處理委員會也開始募足了鉅款應該也夠開支。又，搶犯捕到了交第三分局卻被逃走，是逃走？還是被縱放而走？不得而知。這些人只顧著要位置和面子，和位置相關的責任卻都不負。

我出了青年同盟，跑過對面第一劇場，想找張晴川，不在，便回家。

省級處委會由王添灯代表電台播講處理大綱十條及政治改革案三十二條

六點多，店內三十多人在座交談，都是本日間發生的種種事情。忽聽廣播電台報告，說省級處理委員會將要發表重要的一切問題，希望聽眾靜聽。旋即該會代表王添灯氏播講發表該會將要提交陳長官的所謂「處理大綱十條」及「政治改革案三十二條」，內容有包括政治、經濟、司法及軍事等涉及中央職權，我一邊聽著一邊流了很多冷汗，並且很憤慨！將我與長官會談且長官已應允的原則加附則共九條切斷為幾十節！我聽了也不得要領，陷入極度憂慮。

在座一起聽播音的三、四十人聽過後都很激憤而感不安。有人說這樣越軌的要求送到中央萬萬不可能接受的，恐怕使事情更惡化。有人說長官會不會因此改變態度，將所談及的承諾都取消，如此必發生全省人民要受的大災難。有人說處委會的特權階級不是為人民利益想而是要謀取自己的權勢地位、軍事、經濟、政治，樣樣權力都要，實在太超過了，萬一長官震怒，推掉過去承諾的一切改革要點那就無法收拾了。現在要防止事態惡化，設法使陳長官不要生氣，平平順順施行既決的事項就好……正在議論間，青年蔣炳佳、陳登財、張武曲同來，頗呈緊張面容，先是報告今日青年同盟工作情形和治安維持的活動，及至提起聽到廣播三十二條，多帶悲憤，於是大家又議論起來，半點鐘的時間得到結論要及時補救危機：

一、反對該會今日宣布的「處理大綱十條」及「政治改革案三十二條」，絕對支持既定的改革原則案，請長官實行。
二、明日去見長官，聲明反對處委會代表宣布的各條，並表達該案不是民眾的本意。
三、發出聲明書表達此意，由電台廣播並發表於報紙。

大家一致同意。即由白成枝起草準備。忽接李仁貴來電話語氣倉皇，似有嚴重事件。

李仁貴來報告親自在場的所見所聞　入夜林正亨又來恐嚇威脅

李：喂、喂，蔣先生嗎?事情壞了、壞了，那班的特權分子成立的省級處理委員會，另設政治局，將市級委員趕出去，自私自專的實行關門會議，由陳逸松起草做成處理大綱十條及政治改革三十二條，王添灯代表省級處理委員在電台廣播發表，民眾聽了多起恐慌不安了。

蔣：處委會代表的廣播我們也聽過了，先刻在這裡大家討論很久的時間，結局我們要表示反對而支持既定的原則，決定發表聲明書，明天去見長官表明我們的態度，現在由白成枝君起草中，你可來明天一起去見長官。

李：長官的態度已十分惡化了！今夜黃朝琴氏帶了二十幾位省級處委會委員去公署見陳長官，黃氏將該案親手呈給長官，長官接過親讀，看過一部分臉色就大變！即起立將該案擲向黃朝琴，怒氣沖沖不發一語即入內去，諸委員知事大不妙，遂皆失意回去。

蔣：有這樣的事？這是你親知此事、還是聽人說的？

李：我不是省籍委員，但是我故意與大家一同去，這是我親自看過的情形。

蔣：那麼太壞了，長官已經大生氣了，那麼我們明天也不便去見他，當想想別法。

李：那一班委員見大事不妙而退回時，邊走邊念曰：這是民眾炙烈的要求，是民眾意見、不是少數人的自專的意見云云。我想，蔣先生，彼等是陰險家的集團，現時想將責任嫁禍民眾，會再弄出甚麼事不可預料，欺上瞞下是他們慣用的伎倆，用來隱藏他們的劣行劣跡，你不可無主意。

蔣：是的，他們看看現在政權將變動就成立省級並設政治局想將全盤捧去，現在看事態不妙了極可能生出甚麼無中生有的掩護自身而陷害別人的事，大家都要小心提防才是，你有時間來大家研究嗎？

李：今天是不行的，明天早上我再來拜訪你。你請、你請。

大家聽李君報告又再度緊張起來，再度討論得二結論：

一、現在長官生氣談不到好話，明天還是去見張團長託其轉申。

二、聲明書用油印分發各機關增加反對表明的力量。

大家贊成。夜十點半，眾人散去還有青年四人及廖進平白成枝二君在起草聲明書。忽然林正亨皆兩大漢進來，態度不良，我仍好禮請其坐，而他們不坐，即開口。

林：蔣先生你不聽我的話，現在陳儀已經變臉了，今晚稍早時黃朝琴親自到公署將改革案面呈，而陳儀根本未看清楚就將書類擲還黃朝琴，臉露怒氣，這可說是陳儀不但不實行改革諾言，恐怕還會施以嚴格的報復，釀成更恐怖的慘案。這時咱們正好準備武力應付也不晚，希望你趕快改變態度加入我們一起來對付！

蔣：你說的情況都有人來報告了，我已瞭解並有決定要反對該案的聲明，而使長官回歸到有承諾要施行的改革原則，我不會改變甚麼態度來對付，反而希望你幫忙實現我和長官談妥的既定的方案。

林：我現在有近兩千名的青壯年，也有步槍和手槍，兩台的機關槍及數千粒的手榴彈，你若號召所有的青年來會合襲擊軍倉庫，所有的武器都會歸我們的，現在就是你的機會，請快快下決定。

蔣：一百句、五十雙，一千言也沒有用，我決心早就下了，我唯有求和平改革政治，實現三民主義下的民主政治，其他的沒有甚麼。

林：你這個人真頑固，你真的要害死人，你的身邊真危險，你會後悔的！

在爭論中大呼小叫，四位青年及廖白兩君也側身近來聽論，林正亨看看人多也不敢亂來，乃怒氣沖沖出店門而去。林氏走後，廖白兩君也因疲勞過甚，聲明書起草無從執筆，只好待明天再做，與青年一同出店回家。我即整理日記及巡視店務，一時許入睡。

三月八日

事態惡化

八點起床看報，昨夜王添灯廣播宣布的三十二條已經全文刊登出來。民眾漸漸聚集來，都是為看到報紙發表的三十二條問題來講話，大家認為這是無理的要求，表示絕對反對，上午九點半黃朝生君從市府打電話來，因形勢惡化，多人都集在市府。

黃：喂喂、你是渭川兄，事勢大壞了，大家都在市長室研究善後，游市長請你現在馬上來市政府好不好？

蔣：事勢壞了是甚麼人弄壞？我無關係，何必要叫我去？有甚麼善後好研究？

黃：你不要這樣說，現在很大的危機，若放任其自然，會變成全省嚴重的問題。

蔣：我現在很多的人在這裡，也是因這問題在憂心考慮，我是不能去的。

黃：好的，那麼再等一等你一定要來，事情若惡化，你我都是麻煩大，你一定不要輕視。

黃朝生電話掛斷，店內人客又是你一言我一語討論不出甚麼。過半小時游市長的自用車來了，司機帶了游市長名片入來交給我。一看名片，寫：「有重要事情相量務必請來」，簡單明瞭，一定要我去。穿衣隨司機去。

游彌堅市長室　周延壽、吳春霖、王添灯、劉明、劉啟光等　共十多人在場

游市長趨前說：「因昨日的建議書的問題，長官非常生氣，尤其柯參謀長更暴怒，所以一定請你來商量補救善後辦法。」

王添灯立刻接講：「我們提出的不過是一種的建議，又不是要求，採納不採納全憑長官的自由意志，怎樣就生大氣！這咱要好好來解說解說。」

我說：「你們的建議和我無干，我費了很多時間與精神好不容易與長官談決的改革原則，裡面包括一切的根本辦法，我發表了，長官也接著宣布了，並承諾施行。該原則送至處委會時，你們卻不採用，偏偏要加很多的枝葉末節的問題去建議，中央所管的司法、軍事也要爭取，甚至要接管彈藥，解除國軍的武裝？這是我不承認且絕對要聲明反對的。你們都是堂堂有學歷的人，這問題你們自己做的你們自己要收拾善後，我是絕無關係的！」

吳春霖氏說：「現在不要講有關係無關係了，問題已到這點地步，大家不可坐視大局破壞，請你不要生氣不要執意，大家商量商量。」

劉明也講話，劉啟光、周延壽、游市長皆前後講話，都是大同小異，要求我想辦法。我思忖大局已收拾了一半，如果有機會再釋明建議的真義，讓長官瞭解，也是義不容辭。乃坐下商量。結論是即時由黃朝琴氏謁見長官、劉啟光氏領導有關委員赴警備部拜會柯參謀長，盡量說明力求其諒解。我與劉明於此會之後共同負責對民眾制止激憤、安頓人心。

於是黃朝琴、劉啟光分乘汽車出發，我與劉明步行出來一起行走至後車站時，劉明停下腳步，說：「我們對民眾也不需特別工作，聽其自然即可，實在也沒甚麼方法安民心。現在我有事情要先回去，請你也速速回去也罷。」我帶些怒氣答謂：「劉先生你在會議時說得津津有味，都是你的話，到實行的時，你就要逃避。我希望你一同到青年本部及忠義隊本部看看情形，另外我還有一點的事情要請教你。」劉明一聽我說，已知其答允出資贊助忠義服務隊卻食言一事敗露，更加焦慮而說：「甚麼事情我下午一定過來，現在我真有急要的事，請你諒解。」劉明話未說完，已開大步走遠，我再要講也無奈何。

不得已獨自走回家，沿途民眾多人問我局勢如何，我只有說大局是不會變，請大家鎮靜，別無其他可說。

十一點半回到家，十二點半王添灯打電話來通知，「黃朝琴被長官拒絕會見」而「劉啟光一行人得見柯參謀長幸得其諒解」。林正亨又來，面惡，似帶有短槍，見店裡人多，不講話就出去。

我再訪張慕陶團長

下午兩點請託林梧村氏做通譯，赴訪張團長，雙方都很緊張，會談如下。

團長：（長嘆一口氣）世界中無論民主國家的法律制度與規定，若是軍事、外交、司法等都是中央的主權管轄，這人人知道的道理，為甚麼處委會這樣無常識提出極端無理的要求？蔣先生，你與長官數回的會談所決定的改革原則，為甚麼不交過處委會提出呢？

蔣：我今日就是為著此事來拜訪團長。我與長官談決的改革三原則及六條辦法細則早已交付處委會，而處委會不採用，另外以省籍處委會的政治局草擬出本日發表的共四十二條，惹起惡現象真是痛心！我特來拜訪你報告長官我也已準備反對該建議書的聲明，主張我與長官所決定的改革原則，促進實行。懇請長官切勿因該無理的建議而生氣，破壞既定的決策及諸諾言，對這過度的建議採寬大，使處委會收回或大修改再提出。

團長：好的，我一定將你的話轉告長官，我想長官也不會因此而推翻前言。

蔣：我也相信長官人格及愛國愛民的精神，有團長你的側面幫助，一定可以好轉來實行諸諾言。再有一點，因受該建議書所發生的惡化影響，現在治安比前幾天壞得太多，我希望警務處長的新任快速發令，使其強化警力收回治安職責，青年歸業學生復課，不然恐魚目混珠雜草不齊就大不妙了。

團長：好的，我馬上去見長官請其隨時發令，決定王民寧做警務處長，總是在未強化警力以前，仍是要請青年幫忙治安的維持才是。

蔣：好的，我將通知許隊長及青年諸君，那麼謝謝團長，我要回去。

離開憲兵團回到家已四點多，隔壁陳醫師夫人在店內坐等我回去。急近前講話其態度頗含恐慌緊張，對我說：「蔣先生你要大大注意，陳儀已經被許多人包圍反對他所決定的方案及諸多諾言，就要變掛了。他將以昨天處委會所提三十二條不當為理由，經向中央請派出兵也已出發了，這一天半天就可開到，若大兵一開到，一定會屠殺，這如何是好？這是可靠的人告訴我的，是有確實的消息，你要大大的注意。」我答說我相信長官不會這樣做。

陳夫人默默回去。此時電台廣播正在發表任用王民寧氏為警務處長，旋即由王處長播講就任的抱負，及今後的警政方針、強化警察力，堅固治安維持等。王處長播後我即以電話照會王處長約會，王處長答覆明天上午八點至九點間在警備部武官室，我謂準備好，一定會見。

本夜情報乃至謠言特別多，多說中央派兵將要到，人心大起恐慌。忽接報，謂中央派特使楊亮功監察使自基隆登岸要來台北途中，被人投擲手榴彈，幸不中及其身，犯人逃逸，有人說這是陳儀長官的殺人把戲，真萬幸蒼天有靈！楊監察使未被打死。

在這五花十色混亂的雜報中，忽然聽到忽遠近的槍聲四起，似有戰鬥行為，我最憂慮林正亨的行為，他三番多次來恐嚇，他已奪得槍彈武器，恐怕已經鼓動其所領導的青壯年已經蠢動，即萬事休矣！乃即派人出去調查情形，至夜半尚未獲知真相消息。

整理今日日記，方入房就寢。

【解讀】對照二二八時的受難者如吳鴻麒等人日記所記載，三月八日夜聽到街道上槍聲此起彼落，以及第二天台北街上所見所聞，與恐怖焦慮的感受，相當雷同。

陳儀於三月五日已接蔣介石急電曰「大軍已上路」，於是鐵了心。六日、七日皆是虛與委蛇的應允政治改革。

又比對考證事實，三月八日白天二十一師軍隊已抵達台灣，分別自基隆與高雄登陸，一路由南而北，一路由北而南沿路掃射濫殺無辜。另，陳儀派出殺手對特定對象進行逮捕和謀殺幾乎自三月十日開始。史稱「二二八慘案」。但其時這些當事者都完全不知。

三月九日

屠殺行動開始

昨夜圓山方面有槍戰？

早起看報，有警備司令部公告說昨（八日）夜間有土匪暴動，三、四千名暴徒由草山和北投、士林等方向分頭來襲擊台北市台灣銀行、長官公署及軍倉庫等處，經國軍英勇作戰苦鬥，歷數小時，已將該土匪暴徒全部擊退，雙方頗有死傷。明確公告「本部（警備司令部）為確保治安，自本（三月九日）上午零時零分起，實施戒嚴令。」

街上仍是往來如常，僅各十字路口有數名士兵站立。有青年二名來向我報告，昨夜在圓山方面有假戰鬥真殺人事件，先是在圓山運動場及動物園附近，國軍放了許多的空槍，槍聲響透全市。過了相當時間，卡車運來二十幾具不知從何處而來的死屍，有的人將國軍軍服穿過屍體，裝成戰死的國軍；另外的人將以前日治時代的國民服換穿在其他的死屍身上，擺放路邊當作戰死的樣子。然後由長官公署驅駛數台汽車，坐著十多名的高級軍官來巡視此戰鬥。即由在現地的軍人報告：有土匪暴徒數千來襲台北，在此戰鬥，已經由英勇善戰的國軍回擊把暴徒擊退。指出死屍即戰死者，穿著軍服的是戰死的國軍，穿國民服的是土匪暴徒的戰死者。來巡視的高級軍官於是大發震怒、下令戒嚴……

再有一位住圓山姓何的老朋友也來報告，其所說的與青年報告的相同，再加說明那些死屍都是先殺死老百姓，再運過來假裝是戰鬥死的！青年很憤慨說這一定是柯遠芬的把戲，藉以成為再度戒嚴的口實。報告經過的當中有說起來，那個常常來我這裡的林正亨，是為這場把戲的主角。豈不奇怪？

【解讀】聽了諸多報告綜合起來，已知局面將有大變動。回想三月五日長官對渭川的推心置腹，贊同和支持，又誠意的表達承諾；三月六日夜，長官受到處委會特權強勢者包圍談變革的事，長官似藉機變臉；三月七日處委會擅自透過廣播發表三十二條要求，等同推翻五日來所得知結論！這種種事跡，蔣渭川心中已有幾分的明瞭了。但事已至此，再如何盡力，也唯有求救上天，看看怎樣挽回局面了。

欲打電話已打不通，知大事不妙，真戒嚴了。上午十點，又傳來零星槍聲，不知來自何方。忽然華南銀行大稻埕分行職員氣喘喘跑來通知，說中山堂有人打電話要我過去銀行接聽。即與職員赴該分行，見途中幾無行人，戒兵則增加很多，進銀行接電話，是劉明氏打來的電話。

劉明親自表明要一起反對三十二條

劉明：喂喂、渭川兄，我是劉明，現在中山堂無一個人，處理委員會都沒有人來。

蔣：你在中山堂做甚麼？現在戒嚴中委員大概也不敢出來，你打電話來有甚麼指教。

劉明：甚麼指教不指教，現在不是講客套話的時候了。委員會提出三十二條太不合理，惹出這麼嚴重的事態出來，所以我想咱們共同出來聲明反對，或者可以挽回大局嗎。我可以聯絡煤炭公司、科學振興會等團體來共同聲明，你的意見怎麼樣？

蔣：三十二條是你們起草的，黃朝琴堂堂代表送上給陳長官的，同時你也一起去代表的，你現時才想要挽回大局？我告訴你我們已經準備好反對的聲明書將要發表的。

劉明：這個時候你不要這樣，要想想怎樣顧大局，我馬上過來你府上和你們大夥一起商量好不好？

蔣：你要來找我我是不會拒絕，但是你現在跑出來聲明反對三十二條，豈不矛盾嗎？

劉明說一定要來，電話切斷，十五分鐘後果然來到。我家有呂伯雄、廖進平、白成枝三人在，即開始談話。

蔣：劉先生，你們各委員看得有勢，順利的時，大家都將大塊交椅相爭搶占，甚麼也不知不覺的中間，就成立甚麼政治局，陳逸松自任為局長，要將台政改革委員會全盤搶去。現在呷緊供破碗，事情惡化了，中山堂一個鬼也不敢來，真是不負責太甚！

劉明：時間大急了你不要這樣的說話，對三十二條不合理的要求，我們要怎樣的聲明反對來補救才好？

廖進平：劉先生你有甚麼資格講這樣的話！三十二條就是你們包辦的，你為甚麼現在要反對？

劉明：不論怎樣都要顧大局挽回危機，我不得不要這樣辦。

呂伯雄：你想怎樣辦能挽救危機？

劉明：就是用政治建設協會、煤炭公會、科學振興會聯名發表聲明，我再勸誘兩、三個團體加入一起聲明反對，然後把三十二條取消。

廖進平大聲起來：真是豈有此理！三十二條是你們提出的，現在想要取消就應該你們自己取消，為甚麼要我們參加？我們若參加聲明取消三十二條，就變成我們自作承認是提案的一分子，豈不是和你們有連帶責任？我們萬萬不是有責任的。

劉明：你們不要都這麼固執，要是等到慘案臨頭，你們也無法獨存。咱們一定要共同來做。

白成枝：我們這裡已經準備好了要全面的反對三十二條，並支持改革原則促進長官執行。不需要與你們合併的。

廖進平：你一個人這樣焦急奔走是困難的，請問你們政治局長陳逸松走哪裡去了？何不出來收拾呢？

劉明：陳先生現時恐還在家，不過你們若答應我，我可以聯絡各團體代表出來共同聲明。

我想劉明再這樣鬧下去也不是辦法，建議他說：你先去聯絡各團體看看他們的想法怎麼樣，再來這邊做商量好吧？

劉明諾諾而去時已近午十一點半了。我與廖、呂、白四人協議的結果，決定單獨聲明，即刻將業已印好的聲明書攜帶著，四人同赴「益大行」洪先生家休息以避免再有甚麼什雜事務發生，也方便準備若還需印製甚麼。

戒嚴中出門不便，以電話託人將聲明書一份送報社明日刊出；一份送電台託播，電台回覆將於下午五點代播聲明書內容全文。

《台灣省政治建設協會告同胞書》

關於本省此次不幸事件乃出於人民之公憤，而要求政治之改善，數日來經本會代表蔣渭川及其他有志者與陳長官迭次商洽本省政治改革原則：

一、長官公署制度改為省政府制度，一切改革事宜組織台灣省政治改革委員會辦理。

二、縣市長普選限至本年六月底以前完成。

三、各處局會首長應啟用本省人。

等三項，經陳長官接納施行，並由長官與蔣渭川先後在廣播電台廣播聲明，且在逐一實現。於是我們省民所要求之政治改革已有所循，今後我們唯有協力促進完成陳長官之諾言，使本省政治得以修明民生有所解決。故盼我同胞萬勿再有輕舉，共維安寧恢復秩序庶可安居樂業。至於二二八事件處理常務委員會發表中之超過政治範圍條件，本會徹底反對，亦非本省人民之公意。吾人要求既如上述倘能依照陳長官之諾言克速推行，完成地方自治如期實施憲政、實現三民主義新台灣則國家民族幸甚。我們的口號如下：1.擁護國民政府2.擁護蔣主席3.實行本省地方自治4.建設三民主義新台灣5.中華民國萬歲……

中華民國三十六年三月八日台灣省政治建設協會

【解讀】廣播前後達十分鐘，言簡意長，同志好友皆表必有良好反應可望挽回大局。事實也應是如此，親手起草的聲明書，印刷廣傳，今日廣播後又請託報紙刊登，相信有理性的志士們必定人人聽後額手稱慶。

豈料一切皆非尋常。

聽過廣播，四人在洪宅食過晚飯後，槍聲四起，更甚於日間。經過種種討論決定我與白成枝君回我店，廖、呂兩君留宿於洪宅。並決定明日上午託林梧村通譯同行再謁長官，抗議其為何再戒嚴！

我與白君回店途中行人幾無，戒兵則愈加增多，各店各家皆關門不出。回至店已八點半，店內靜靜無人來，問家人劉明可有轉回來，始知劉明那時走後無再來。乃關閉店門查數日來三民書局店務、上海各書店來貨、進貨及地方出貨，心內暗忖戒嚴令不知持續幾天，店務勢將頓停，一切業務必趁此全部整理清楚。

數日來的行動紀錄等順便整理完畢始就寢。

【解讀】死神臨門的前一晚，因為戒嚴，路上已無人，也沒有如平日訪客盈門，稍有時間整理完數日的帳簿和日記。明早已約好帶林梧村通譯再見陳儀，當面抗議為何又戒嚴！

三月十日

「我們奉命要來槍斃你！」　三民書局血案現場

【解讀】昨日已發聲明反對三十二條，這天一早原定赴長官公署面見陳儀，續談先前約定之原則，並表達警備部頒布戒嚴令之不當。怎知殺手已臨門！混亂中蔣渭川的一兒一女中彈，而得倉惶逃命。從此躲藏多處，都是不熟的善心人搭救，東飄西盪、變裝易容，蒙難整整一年。三月十日以後的紀錄是逃難中託可靠人士赴家中抽屜取來的二二八會談與廣播記錄內容續寫的。

早上六點就起來，有人叫門，我想是送牛奶人，即開門，有三怪漢入來，不知其名也一點不認識，惡狠狠說：「你完全被陳儀騙去！也可說你被陳儀利用、再可說你與陳儀共謀欺騙民眾，現在大兵已到了即將大開屠殺，你的責任不輕，過去我們與劉先生的準備完全被你粉碎，現在人員都已解散手無寸鐵，無能對付了，想要取你性命來消消我們的恨！」勢甚兇猛又似有懷刀，我即答：「長官答應的事已經逐條在實行中，相信不會騙我，現在局勢有些惡化，那是一幫特權人投機分子所提所謂三十二條要求的影響，對此我也發表了反對的聲明，諒可挽回大局。剛才你說劉先生與你們的計畫準備被我粉碎了，我也莫名其妙，那劉先生是甚麼名字？你們的貴姓大名？我粉碎了你們的甚麼計畫準備？請你們指教指教。」那怪漢又一副怒目怪臉，再說：「你不必問劉先生名字，我們也不必告訴你名姓。你不信大兵已到，你出去看看滿街都是兵隊，到處都在殺人，你還不信嗎？」大漢再用手指著我額頭，厲聲說：「最好你的聲明有效挽回大局，不然若屠殺民眾我們先來殺你！」我即答謂：「現在的戒嚴恐是治安不好所致，想必不是胡亂殺人，我再等一刻也要去見長官問問明白，也要抗議為甚麼又再戒嚴，請你也查察清楚再來指教。」那三名怪漢橫眼怒吼而去。

適楊江海氏入來，看那怪漢走出去，問我這三人做甚麼事，我即將他們所言告知，楊氏也說外面確有軍兵隨便殺人，又報告八日晚上圓山方面的演變實在調查情形，大致與青年及何老友所說的相同。楊氏說柯參謀長的陰險把戲不可不防。

八點白成枝君起床朝食後，大家在會客室談話到將近十點，我準備要去公署見長官，乃穿好西裝、襪子，將大衣帽子及皮鞋放在身邊，等待林梧村氏來到一同出發。至十點十五分店員大驚小怪進來通知有武裝警察四、五名在叫門。我說開門請入。白成枝聽了就從後門跑出去。

警察五人之中，四名帶長槍、一名帶短槍。一進我家門厲聲說要找蔣渭川，我應聲向前，說：「我就是蔣渭川，你們有甚麼貴事？」那帶短槍的馬上走近前執住我的手說：「我們奉命要來槍斃你！」我更厲聲說：「豈有此理，現在我要去見長官，有事要當面解決。」但那警員不由分說將我拖出店門口外大路邊，舉槍就要槍殺我，此時我的老妻看見這樣無理殺人就跑近那警員，握住他的手不准他開槍！那帶長槍四名警員將我老妻推開按在店門板，四支長槍分叉擋在胸和腹，使其不得動彈。

那帶短槍的警員將短槍指住我額頭開打一槍而不發火！乃將手槍搖震幾下，再對準我的額頭開打一槍，而又不發火。他氣極，將槍柄對我耳邊猛力打下，幸我避開打不中，他趕快以雙手握槍修理該手槍。在這瞬間我也不覺恐怖，也不想到他要打死我，靜靜看著他修理短槍。

忽然我的頭上似有老人的聲音叫我：「你為何不走？你為何不走！」連叫數

聲，我才覺醒起來，即刻跑進店內，那警員追入，再打一槍而又不發，他一邊修理一邊再追，到事務所會客室時我已跑到後進轉彎處，聽見一聲銳厲的槍響，我已從後門跑出去……

【解讀】當時蔣渭川的六歲男孩站在房門口，看父親被追趕大哭起來，蔣渭川的十七歲女兒聞其弟弟大哭即由房內衝出，伸手欲抱起弟弟時，槍彈飛來，射中其後頸，再由前頸部貫穿出，這顆子彈之餘力續前潛入男孩的胸膛！嗚呼蒼天，一彈連傷兩孩俱倒在地，血如泉湧噴溢出來！追趕的一警員見狀也起驚惶，急率另四名持長槍者一起從店前門跑走。家人及店員合力將兩兒送醫，拆下店門板當擔架急運往洪外科醫院，途中幸得路過的民眾幫忙，所以幾次受槍托撞擊、失神暈倒的蔣妻也得救助無事。赴醫途中，張慕陶團長帶憲兵趕至，見家中已不見人，僅有血流成池的慘狀，也默默不發一語離開。

當天早上蔣松柏（是去年從熊本醫學院轉學回來台灣大學醫學院的第一屆畢業生）一大早去鄭教授家討論畢業論文的事，近午時聽師母驚慌來告知：「松柏你家好像出了大事了！」而匆忙趕回家正碰上拆門板，把四妹抱上擔架同赴醫院。

巧雲住院十天後不治，期間醫院受到監視，設陷阱欲逮捕蔣渭川與其子。洪院長與其妻舅陳醫師掩護松柏化身啞巴小廝逃避憲警耳目，而被識破，兩位醫師遭懲打。解嚴之後蔣渭川的女兒梨雲、節雲欲向洪家後代致謝，他們都迴避不談。此為後話。

我自後門出來沒穿大衣，沒穿鞋、沒戴帽，僅拖一雙拖鞋，呆呆行走至永樂街，轉到港町，一個不太常有交情的朋友發現我，再三問我發生甚麼事，我乃據實告訴他，而他毫無躊躇馬上表明要以生命保護我，而我也願意信用他，隨他走入他家內，他說會謹慎小心暗中打聽我家狀況，請我安心住下。

午飯雖然受家主人好意備出很多的魚肉菜色，但我搥胸痛恨陳儀的變卦，並為了同志是否也陷入險境而憂慮不已，我逃走時聽到的槍響是不是傷到家人？我無辜的兒女生死如何？悲憂憤恨交集，食也不下喉，經家主的安慰和勸解，略食些飯也罷了。

午後與家主商量善後辦法，惟因軍隊到處開槍殺人，槍聲四起無一時中斷，至夜間更聽得滿街都是戒嚴軍隊行步聲，猜測被殺民眾甚多，我痛心至極，終夜不能眠。

三月十一日

開始一年的逃亡

終夜無睡的今晨八點家主來看我，我就起床。據家主說昨夜的戒嚴比白天更加嚴格厲害，槍聲不絕通宵達旦，在街路冒險行走的人被槍殺的很多，而戒嚴兵侵入人家殺人也有，尤其「棉被兵」搶劫殺人更是不計其數，十一點已知兒女中彈在洪外科醫院治療。乃拜託家主託人探探治療經過，回來報告幾事：

一、憲兵團團長親自來家找我四次，謂楊亮功先生等人要見我。我若有回家他會來帶我去，但家人不知我在何處無法接頭。

二、王民寧處長派二警員帶他名片來找我二回，其名片寫的是「請出來見面絕無他意」但也是聯絡不到我，第二次來時乃將名片取回。

三、陳炘、王添灯、黃朝生、李仁貴等今晨被私服武裝者拘押，不知去向。

四、女兒仍是人事不省，尚在危險，男孩子彈尚未取出，是否危險不能決定。

回報人說下午槍聲響得愈烈，社會恐怖更加厲害，路上空無一人，只有戒嚴士兵還有到處殺人的殺人魔以外，沒有民眾敢出門。這一時一刻裡我已知道冤屈無可奈何，唯有靜待天命。

至夜，家主欲安慰我，辦些酒菜請我，我亦感覺家主的盛意不食是不成的，所以飲些紅露酒，過半飽就停下筷子，較好入睡。

【解讀】昨天上午在三民書局的槍擊現場，巧雲抱住松平一起中彈倒下，鮮血噴濺嚇走了武裝警察，母親在騎樓被長槍押住又被槍托打昏，並未目睹子女中彈慘劇。松柏自教授家奔回時恰趕上店員在拆門板送巧雲去醫院，母親也驚惶跟去。家中無人，松平獨自呆立原處，見又有憲兵進來（張慕陶來探看）機警閃房門後躲起。在醫院的家人安頓好巧雲才驚覺松平呢？松柏趕回家看見小弟弟站在會客室邊邊，抱起他安慰：「老弟弟，你今天怕怕了！」松平大聲叫起來說好痛、好痛！松柏大驚：「難道你也中彈？」趕快放下他查看，因天冷松平穿著節雲姐姐的橘紅色大衣，胸口處有個破洞，松柏將衣服一層一層解開到衛生衣時看到血跡，胸膛明顯有傷口但是血不多。趕緊抱著再到洪外科醫院，照過X光，看見一顆子彈嵌在兩根肋骨中間！看看小孩好像沒甚麼大礙，院長和松柏商量說：「局勢這麼亂，令尊亡命跑路也不知是生是死，小孩先敷藥，暫時不要動手術，觀察看有甚麼變化再做處置。」這是三月十日午前家難的情景。

三月十二日

僅有新生報有出刊　官員所說皆非事實　我決心整理始末記

我離開家庭絕不使家族知道我的住處，只想方法通知家人我尚健在而已。今日睡到九點起床，簡單吃過朝飯看看報紙。《民報》、《人民導報》等其他各報都禁刊，唯有《新生報》而已。

報紙上有關第二次戒嚴的宣布文（戒嚴的理由），以及有關二二七以來事變的報導，皆不是事實！尤以數回政府官員的廣播等，都皆出於捏造事實，將事變全責任都掛在群眾身上。所謂參與人物有共產黨、匪徒、暴徒、政治野心家、亂民等等，無所不包，刻意造出這些人在本省製造大亂事的事實來蒙蔽中央，推諉行政長官的錯誤。我雖痛心陳儀、柯遠芬等人的沒良心，惟自己已成不能自由之身，也無從辯明真相。嗚呼！

下午再託人去洪外科醫院探視，回來報告：

一、女兒傷勢沉重，本早稍有恢復元氣能講話，但生死仍不能保證。

二、男孩子身上子彈尚未能取出，惟元氣尚存，現只將槍傷口敷藥，待傷嘴醫好後，再以電光照出子彈位置，再看時機手術取出子彈。尚未脫離危險。

三、家族欲要求知我住處，聯絡人答不方便告知。

四、家族想送錢來，聯絡人答不需要，拒絕受錢。

夕間再託人到我書局抽屜取來我的日記及記事本、事變中我的數次廣播紀錄稿等，決心整理諸紀錄，整理事變始末記。

今夜沒有與家主人談話，即行整理書類，大約至十點半，外間密布槍聲，惡感氣味（日語極感不安之意），就上床睡覺。

三月十三日

港町派出所散發造謠傳單，謂「三十二條要求是台灣省政治協會某派人提出」

十三日早上九點半起床。今日比昨日殺人團的橫行更加厲害，路人多隨便被殺死，所以不敢託人外出打探消息，終日整理日記做紀錄，並作編記「二二八事變始末記」的準備，也無暇看報。

下午家主人送來一份油印傳單，其內容大罵政治協會的分子，並列舉所謂的「三十二條要求」是政建協會的某派分子提出的等等罪名！我看過乃痛心至極，大呼蒼天真是豈有此理！問過這傳單之由來及如何傳播？得悉是由轄區港町派出所交代里鄰長廣發散佈的。

夜間無變化，九點就寢因睡不去，乃飲些冷酒，十一點時才睡去。

三月十四日

據報載中央派十多位官員來台調查，蔣經國亦在其中

十四日，本日據報紙上宣稱中央有十多人飛抵台北調查，內文中說蔣經國氏亦來，因陳儀派人監視，所以滯在二十四小時就乘原機飛回去了。

本日無託人到醫院，不知兒女如何。

三月十五日

知情者匿名來信，分析及警示

本日千方百計託人奔走半天，終得順利安全接得某人以匿名送來一封通信，報告很詳細的情報，慎重警告我無論何種請況下都不可隨便出來。雖無寫出真名姓，但看筆跡及所告知內容，略知其人，其內容主要如下：

源於三月五日晚上八點時，陳長官將數日以來與我會談得出的結論在廣播中宣布，其中「省政改革委員會委員（未來的省府委員）的選舉對象原則上是由全省縣市的區鄉鎮民代表中選出三十名擔任委員」，以及「六月底以前實行縣市長民選」。陳儀在廣播中另行添加「若現任縣市長不合民意時，可由現在的各該縣市參議會選出候選人三名送公署，由長官圈一名為新縣市長，任期為直至民選縣市長選出時為止」。此條當時看也甚合理，顯示長官體恤民意的寬大明理。但其

中人事問題「由省政改革委員會決定盡量啟用本省人」這一點引起很大的衝突，主要原因是——

一、如此一來現今大小官員因壞績絕無法續其官位，非下台不可。

二、委員既要由區鄉鎮民選出，即現在的參議員、參政員等有地位的人就難保會被選為省府委員，陳儀所賜的特權地位也將不能保。

三、所以在三月六日有關的特權人開過幾次祕密會議，決定找理由推翻陳儀的諾言及變更其改革方案，延長其政治地位的壽命。

四、結果六日晚間去包圍陳儀的九個人中兩個本省特權人，其餘皆是有官職在身的官員，嚴重攻擊陳儀獨善其身不顧部屬隨從的死活，要脅陳儀取消諾言改變原則。陳儀初不為所動，謂已立誓的諾言又經廣播公告，如何能取消？又謂即便人事有調動，若你們做得好自然會得留任何必焦急。但經包圍人等有的懇求有的恐嚇，好像務必要計謀得逞、名正言順的達到延長政治權勢的壽命。陳儀進退不得最後只說「一切就一任你們去辦好了！」

因此一決，陳儀翌（七）日電報到南京偽報台灣叛變嚴重，恐在台政府官員會全滅，並謊稱鬧出事變的民眾中有共產黨、有現代武器，土匪暴徒勢甚猖獗，要求中央立刻派兵來救援。

【解讀】事實上三月八日蔣介石派出的二十一師已抵台灣，陳儀求救兵的電報不是三月七日發出，而是三月五日就發出，（近年出土已解密的《大溪檔案》有三月五日陳儀求救信，及蔣介石同日回覆：「大軍已派出」之電文可佐證。）明顯陳儀玩的是兩手策略，一邊對蔣渭川等人虛與委蛇佯裝認同政治改革，鬆弛其戒心，一邊向中央請兵鎮壓。這位通報者也僅知三月七日台灣省黨部主委李翼中赴南京當面稟報蔣介石，並不知陳儀電報一事。

來信繼續說到三月八日楊亮功遭遇的手榴彈暗殺事件及圓山方面的土匪和國軍的槍戰，皆屬陳儀和柯遠芬的導演，屍體都是偽裝的，令中央派來視察的官員信以為真，而震怒，於八日夜裡十二點宣布戒嚴令，同時理所當然下了格殺勿論的命令，慘案於是大規模的發生。

本來六日深夜特權者包圍陳長官所密謀的計畫，就是要以圓山區戰鬥為理由藉以屠殺人民，順便消除一切政治上的眼中釘。但是七日所謂的省籍處理委員會政治局局長陳某（陳逸松）等人起草決定的三十二條要求，經黃朝琴為代表在處委會諸代表立會下，手交陳儀時，陳儀發怒更加獲得斬草除根的理由，等待大軍到時，全部以「人民謀反，提出的不法要求可視為叛國」為宣布捕殺人民的理由。

陳儀身邊的官員和一干特權人等雖也是狼狽為奸犯下暴行之人，此時因為中央即將派大員來台調查及宣撫，急欲在事跡敗露之前先為自己脫罪，便將一切的暴亂罪名都推到台灣省政治建設協會和蔣渭川身上！尤以三十二條的不法要求就是企圖叛亂的證據。因欲滅口抗辯，必定要殺死蔣渭川才得安心續演把戲。

「你因子女被誤殺而有機會逃走，他們必定全力追捕不干休，請無論任何騙術引誘都不可上當，暫時潛伏萬勿出來。積極尋求機會向中央尤其蔣主席詳述事變經過申冤，切記你的報告要有足為證明的事實，集取材料或以人證、時證、地證亦可。」

嗚呼天呼，我以不愧為國家民族利益、為台灣前途計，被長官邀出三番五次冒險，辛苦奔走多天，將暴動化解，進而在政治上也可進一步推動改革，自認為已經盡力了，功勞莫大，豈知人心險惡反將特權投機者所犯的罪名，演出的一場

大把戲全部移我身上，現在我的同志生死未卜，我亦如同風前之燈，呼天不應喚地不靈，唯有把命運託在天地神明。

【解讀】：在五〇年代松柏與父親夜談中證實此通風報信者為楊 XX 先生，他在台灣光復初期出任國民黨台北市黨部書記長，與省黨部主委李翼中都是對蔣渭川較友善知己者。在蔣渭川被任命為內政部常務次長十一年間楊 XX 也任職內政部簡任祕書、參事，其後兼任著作權委員會及人口政策委員會執行祕書，是一位以方正幹練著稱的人。但他雖與蔣渭川家人親切交好（慧容和理容兩姊妹暱稱他『羊仔咩咩』），他同時肩負著暗中監視蔣渭川的行動向上級呈報的任務。

十六日

打探子女的安危

兩、三天的聯絡始接得家信，通知女兒狀況不好恐難活命，男孩槍彈無法取出，惟醫生建議說待日後手術取出不妨，目前無生命之憂，其他亦無法。

十七日

柯遠芬於《新生報》公布事變之一切暴行皆台灣省政治建設協會所爲

家主人來報，新聞報導中央派白部長來台宣撫，但因終日外邊仍是槍聲不絕，人心仍是恐怖不安。警備總司令部參謀長柯遠芬由《新生報》布告，將事件中所有發生的一切暴行犯罪全部指為政治建設協會主導及作為！發布政建協會為叛亂組織，即日起命令解散會員。

我乃下定決心，一定要設法抗議並釋明事實。

二十二日

女兒巧雲終不治

本日接獲悲報，女兒巧雲終不治死亡，老妻幾次失神昏厥，長男（松堅）次男（松柏）險被便衣殺人團捕去，脫險與否亦不知，總是已四散不知去向。

女兒確定明日下午火葬，小男孩傷口已癒合稍稍恢復元氣。嗚呼家中無男子，皆女人與小孩，在恐怖至極的情況下，怎樣度過這個慘事？

夜晚家主盛情以酒食安慰，實在悲痛至極無法飲食，而又不能執筆整理紀錄，終夜痛思女兒死屍運回家裡，浮現的慘況，至天明都無法一睡。

二十四日

終日躲著，整理記錄

三月二十五日

次女碧雲設法傳來家書

家主每天設法託人祕密交換家信，今日接得二女兒碧雲一封長信，報告重點如下：

一、四女巧雲自二十日起醫生已宣告絕望，因頸部遭子彈貫穿傷及中樞神經，頸以下完全癱瘓無救，惟意識仍算是明瞭，她自己也明白死將臨頭，常呼父親是為國家出來做事的，真是冤枉！若有天理一定會水落石出，我若死了做鬼也要庇佑父親平安，且要為父親報復……至二十二日臨終時也不絕口這樣叫。

二、巧雲直至死亡住院十二天，莫說一切的醫療費甚鉅，還有松平的住院費、醫療費等等，醫館主人好心不收分文，家人乃表示父親回來再算。實也無錢可以結算。

三、巧雲出葬前遺體安置在亭仔腳，來參香的人很多，但都是我家人不認識的人，直到葬儀時，素有交情來往的朋友很少來，反之素無交集的人、路過的車夫、工員、勞動者很多來燒香，送奠儀的無記名有一百多人，雖問姓名乃答曰不須記名，是以與會者簽名與奠儀簿多署名無名氏。

四、有數位中年人途經店前看見出殯情況大驚，誤以為是父親棺木，乃撫棺痛哭，呼天叫地，後經人說明是女兒巧雲，始收淚參香，並用新聞紙包錢，無記名放在靈前而去。

五、巧雲出葬後，松平也已恢復元氣，三民書局也稍恢復營業，惟外間風聲鶴唳極度不安，家人甚憂父親安危，很想知道父親住所。母親自巧雲死亡到出葬，直到現在終日啼啼哭哭，晚晨都不照常，有時求神問佛，祈禱父親平安無事歸來。

讀信之後我乃悲憤交集，我家何以悽慘至此？而又感激無記名者奠儀及參葬之人，人情仍在。

因想久住這裡恐發生不好的事情，決意移居別處。託家主設法，初家主不肯我移他處，乃說明必須遷移的理由後，始答應設法。夜間飲些紅露酒，整理記錄至十點半睡去。

【解讀】長女梨雲與三女玉雲已嫁，次女碧雲第三高女畢業在家三民書局工作，與四妹巧雲自小感情最好。曾寫作「目睹三民書局發生的慘案」詳盡記錄實景。慘案當天巧雲因第三高女學校停課而在家自修，未料因出房門抱起弟弟而同遭槍殺。

三月二十六日

準備移居

朝食後家主就出去查查狀況，安排我搬遷的問題，及至中午回來報告一切，決定今夜移居到離此不遠的一個地方。午飯後小睡一下。

最後的晚餐，家主也特別備些豐富的酒菜為我送別，我因憂慮移轉路徑途中的危險，不僅自己身命不保又連累好心的家主人和將要移往的人家，而無心飲食。草草飲下數盅並稍食一點點飯，整理隨身物。

晚上九點半，新的家主來帶我往其家居住，新家有庭院比較開闊，感覺較安心。

今夜因換床，思念百出、幾不入睡，起而與家主飲兩、三杯洋酒，至三點始入睡。

三月二十七日

第二個藏身處

事件中的紀錄已整理好了，乃託家主買來一千張的謄格紙、一百張的碳酸紙、三枝的玻璃筆，開始複寫《二二八事變始末記》，準備設法送到南京中央政府有關方面申冤，報告一切。

【解讀】蒙難一年中遇到好人搭救，蔣渭川都一一記得也告訴子女，但解嚴後雖可公開研究二二八，社會仍然充滿驚懼。第一位救命恩人陳先生因恐事局多變，甚至拒絕相認。洪外科醫院院長後代也無意談論過去違論接受道謝。

第二個藏身處是教堂，主事者是一位女性，她說「神安排你來這裡，你是安全的。」蔣渭川在事變險遭殺身之禍後不到一個月內髮鬚全白，又披頭散髮，完全認不出真面目，佯裝成教會的園丁，有智能障礙，從不與人交談以掩人耳目。

另外還曾藏身幾處不同的地方，都在台北市，不敢長途移動。間有人來通報說他流落南部潦倒不堪，藉以向家人騙錢，書店已被查封、家人都被掃地出門，真是屋漏偏逢連夜雨。

藏身教堂時曾經偷偷跑回家（當時家人由梨雲的夫婿高欽福收容於他家），在信箱中放進糖果的包裝紙，滿雲看到包裝紙，告訴節雲：「爸爸回來了！他知道我最喜歡這些漂亮的紙。」她們一起遙遙的祝福爸爸平安。

第二章

不情願走上的仕途 見識官場作風 感到厭惡

01 從民政廳到內政部

一九五〇年新年過了沒幾天，秋霞才從除舊布新的忙碌中喘一口氣，接著就要來張羅優將即將要到的滿四個月大的「收涎」儀式。

自從優將出生後，家裡有了新生兒帶來的喜悅，公公婆婆看來也漸漸揮除了二二八的陰霾，而且公公就要上任民政廳長的職務，將會在台灣的民政上施展一番抱負。一切看來都是愈來愈好了。

但是，據說年前的時候省議會已經由議長帶頭先是緊急休會，後來又集體罷會！反對吳國楨主席頒布的人事命令案，主要還是針對多桑。但是多桑好像並不在意這些人的謾罵，他每天早出晚歸，去民政廳上班、下班。天下應該沒有比他更賣力工作的公務人員吧？

松柏也不得不跟著忙，自己的儀器和藥品業務都不能去跑，只能做一個公務員無薪給的跑腿助理。據松柏說，多桑認為民政廳長最迫切要做的，是建立良善的兵役制度，要讓阿兵哥的福利好、素質提高，人民才會以從軍為榮，把軍人的榮譽感提升起來比甚麼都重要！另外就是人口調查，松柏說，以正常的人口出生與死亡的正常比例去推算，可以得出二二八事件的死亡人口是不是有不正常的數量增多？這是有科學根據的做法，推算出來的死亡人數就能作為二二八調查真相的部分依據。

多桑不畏懼外界的攻擊，積極的和吳國楨主席合作，著手改善台灣的民政問題。另一方面省政府也來催促家人搬家（這次不是二二八的家破人亡被掃地出門），而是要搬去「官邸」！

一家人對搬家沒有甚麼概念，官邸？就是當官的人的宿舍吧，是甚麼樣子呢？松柏卻當機立斷，要滿雲、節雲、松平這三個孩子收拾書包和簡單的衣物，跟著多桑、卡將搬過去就好，松柏一家三口留在老家，房子也不要退租。

官邸在牯嶺街一棟深宅大院，不知是日本時代甚麼富有人家的房子，家具、棉被等必需品都很齊全，花園很大，整理得好美。但是秋霞不解，從這裡，滿雲她們姊弟要回大稻埕上學相當遠，雖有司機和三輪車夫可載送，但是生活和上學是每天、長久的事情啊，為甚麼感覺上好像計畫之外暫時性的借住而已？

是不是松柏早有預感？在搬家這件麻煩事的同時，省議會的民政廳長杯葛案更是愈演越愈，多桑仍不為所動，執著地做著他認為該做的事。直到那一天，國內三大報同時刊登了「祝賀榮任」的啟事，假託二二八受難者的名字，極盡嘲諷和羞辱。二二八未癒的傷口再遭補上一刀！也是壓垮駱駝的最後一根稻草！

多桑斷然辭了民政廳長四十天的職務，也拒絕回任省議員。秋霞深深感到二二八的磨難真的不只是死亡和恐懼，更可怕的是人性的弱點：殘酷和扭曲，還有是非不分。心疼之餘還是要打起精神，和松柏一起收拾搬家往來的殘局。

終於，我們的家能回歸正常了吧？

多桑辭職才過了四天，一九五〇年一月二十六日報載「谷正綱出任內政部長」。新部長上任一星期之內（一九五〇年二月一日）就發布「延攬蔣渭川出任內政部常務次長」！多桑本人都覺得不可置信。甚麼！變成中央級？

這項由中央下達的徵召是越過省政府，不須經過省議會的同意。但是距離民政廳長風波的撕裂才短短幾天，中央如此急於「重用蔣渭川」，對多桑而言，恐怕不是幸運的眷顧，反而是厄運的開端吧？

三月一日　蔣介石在台灣「復行視事」就任總統，陳誠組閣。

三月十二日　內政部長換成余井塘。

一九五○是第三年的二二八，沒有人講它、討論它，甚至沒有人提到它半個字。已經在去年死去的「中華民國」跑到台灣來「復生」，在慶祝蔣總統就職，內閣重組，中央的官員、五院院長、國大代表……全部都是從外省遷徙來的大官。

只有我們這個蔣家記得恐怖的二二八，三月十日是殺手上門、家破人亡的日子；三月二十一日是巧雲去世三年的紀念日……每年的這個月，家中總是籠罩著愁雲慘霧、每個人都愁容滿面。

02 甚麼？中央？內政部！

經過了民政廳長風波，被蹂躪、糟蹋到極點之後，蔣家忙搬家還沒就緒（從延平北路搬到牯嶺街官邸還沒就緒，現在因為多桑辭了民政廳長，又要搬回延平北路），真是折騰。

全家人在既混亂又傷心的狀況下，沒有人在意民政廳長由誰接任？（後來知是臺灣文化協會時代的老友楊肇嘉）。中央政府如何改組？甚麼院長、甚麼部會、甚麼首長……國民黨的蔣總裁來台灣，來做甚麼？這一切都與我們無關了。

一九四九～一九五〇，台灣經歷過「戰勝國」的歡欣鼓舞，對「自主、自治」的渴望達到高峰，卻不幸遭到二二八，太多的優秀人才被殺害、大部分的人都噤聲不敢言；中國境內有內戰、國際間離我們最近的也有韓戰爆發，使台灣受到池魚之殃，經濟、民生、政治都動盪不安。多桑曾有機會貢獻自己的才智和經驗，也有勇氣，想好好地為國家做事，但時不我予，只好放棄，自己心安理得就好。

在討論這些局勢時，松柏說過：「美國是在運用台灣『這顆棋子』牽制中共，而國民黨想在台灣做一個『民主櫥窗』給美國看，以獲得美援。台灣因此會得到一種危險中的安全，這叫做『恐怖平衡』。」秋霞認同這個說法，也覺得多桑的處境不也是這樣嗎，在各方爭奪權勢的角力中，多桑以為只要行得正，建立以公平為原則的機制，為多數人謀利的事情，就應該努力去做。當然，這麼一來那些既得利益者會看他如眼中釘，依附權勢者更會懼怕他的大義無私。然後就有人利用他的善良正直來拉攏他；也有人看準他的誠實不欺來打擊、刺傷他。這些處心積慮的壞人壞事裡面，多桑不就是處在恐怖平衡的臨界點上嗎？

一月二十二日多桑辭去台灣省民政廳長。

一月二十六日中央任命谷正綱為內政部長。

二月一日中央頒布蔣渭川為內政部常務次長。

甚麼？中央？內政部！全家都高興不起來！一位生不逢時、卻又因緣際會站在恐怖平衡點上的理想主義者，也是理想實踐者，在這個時候連選擇「不服從、拒絕」的權利也沒有！但是，再回顧一下，自從二十多歲跟隨兄長蔣渭水的社會運動，作為背後的財務資助者的他，參與組織、規劃、召集、動員，種種步驟和手法都有心得，現在進入政府體制，應該更能順利推行好的政策，發揮「政治是為大眾做事」的理想吧？

一切變化來得太快了！民政廳長宿舍的搬家行動就變成直接從牯嶺街8號搬往濟南路二段19號的內政部宿舍了，中間匆匆忙忙的，一點空間也沒有。

新家，是一幢平凡樸素的木造平房。隔著濟南路正對面就是二二八時候的黨部主委、現在的省政府委員李翼中的家，從馬路看過去，只見李府紅色屋瓦掩映在鬱鬱蒼蒼的密林深處。

一九五〇年，「中華民國」搬到台灣。

三月一日　蔣介石在台灣「復行視事」就任總統，陳誠組閣。

三月十二日內政部長換成余井塘。

【註】多桑當時一定沒料到他會在「天下第一大部」內政部常務次長的位置上做了十一年之久！歷經谷正綱、余井塘、黃季陸、王德溥、周至柔、田炯錦六位部長。直至一九六〇年五月，連震東出任內政部長。基於理念一向與此人不合，便辭去次長一職，旋即受聘為行

政院顧問。（這是後話了）

濟南路這邊因為是公家宿舍（搬進去後才知這並不是內政部常務次長的官邸，仍然是民政廳的宿舍，借給內政部使用）。松柏決定小家庭仍然留守舊居，只有多桑、卡將和三個孩子搬進去。一直到隔年一九五一年初，多桑拿他和商界朋友陳朝乾合作經商所得的錢，購買位於杭州南路一段101巷20號一幢住宅，多桑退了官邸，全家連同松柏、秋霞和優將，全家又住在自宅一起了。

一九五一年起，這幢小小的日式平房，沒有牯嶺街官邸的氣派，書房和會客室是木質地板，看來很樸實舒服；屋外一座小巧雅致的花園，秋霞感覺到這裡將來應該會是家人怡情和小孩成長很優質的地方。

【註】十一年間，秋霞再生了三個女兒，松柏因為輔佐父親在內政部的工作，也是維護父親的安全，非但無法從事他的本業醫師，也無法出去上班，只能做一個「內政部次長無給職的助理」，這也是在一九五七年松柏迫於家計，舉家遷到基隆行醫的原因。

03 「土地公還給他三顆子彈！」

秋霞的小姑、小叔都還在學，秋霞婚前也在小學校當老師，現在雖是家庭主婦，還是習慣用「學期」的概念規劃工作，對於寒假、暑假也特別期待，可以有充足的時間做一些忙不完的事。

多桑上任內政部常務次長，家人要搬去濟南路宿舍的事就是一直忙不完，生活上的物品比較簡單，新家的必要設施也很完善，主要是公公在舊家的書房，外人看來全是些不值錢的紙張、書類和雜物，卻不知道裡面祕密的「寶藏」很多，包括二二八的紀錄。這些沒有人能全心全力的為他整理。秋霞還住在舊居，常常需要兩邊跑，好不容易夏天到了，等這一學期過完後就放暑假了，滿雲和節雲可以來幫忙做不少事。

六月的某一天，秋霞和松柏帶優將過來看看多桑、卡將。忽然有一位沒約的客人來訪，是一位很年輕的宜蘭親戚，門房認得他，就請他進會客室。多桑看來很嚴肅，交談的內容聽不清楚，只有一句提高聲調：「我怎麼會去？去做甚麼？」有點怒氣。

訪客匆匆就走了，多桑示意松柏和秋霞跟他進去書房，多桑手上多了一個東西。松柏接過來看，是一頂帽子，看不出是深藍色還是黑色的，內面有繡著三個字：陳公洽！繡工非常精緻，帽子看來也很新。松柏小聲的問：「槍殺死去了嗎？」秋霞毛骨悚然了一陣！誰被槍殺死了？

陳公洽就是陳儀。親戚來報告說今天清晨陳儀被押解到碧潭槍斃，在王添灯家的茶園附近，這頂帽子是有人在茶園撿到的，親戚不知用了甚麼價錢跟那撿到的人買來。這真是離奇！來人還說：「有情報說蔣渭川帶人去馬場町企圖攔截他，以洩恨，結果撲了個空。」多桑才會生氣回他：「我怎麼會去？去做甚麼？」

陳儀二二八時騙殺了那麼多台灣人，被調離台灣，不但沒有受到懲處，反而升官到浙江省當省主席，不到半年利用權勢縱放一百多名共產黨徒，被蔣介石的情報員盯上了，知道他意圖投共。一九四九年初蔣介石免除他浙江省主席職務並且軟禁起來，一九五〇年三月蔣介石在台北就任總統後即刻派情報分子潛入大陸將他押解來台，五月十九日宣判死刑，六月十八日執行槍決，三槍斃命。

這天晚上，松柏把全家人都集合起來，特別用小孩子能理解的說詞，讓他們瞭解三年前的慘事是怎麼發生的，為甚麼多桑被追殺、為甚麼四姊會慘死，最後壞人有甚麼下場。三個小孩聽到最後都大大的鬆一口氣！松平好像看警匪片的壞人終於被開槍打死了那麼高興。大妹、二妹、三妹則都忍不住掩面痛哭，四妹巧雲如果沒有遇上這個不幸，今年將要二十歲了，不知會有多少人來提親呢，說不定早就嫁給一個好青年了。壞人罪有應得，但是殞落的生命不會回來了，家破人亡的痛要怎麼彌補？

大家都盡情地哭出來，讓所有的委屈和不幸都隨著滔滔大湧般的眼淚沖走。

多桑的臉色有一抹柔和，他平靜地說：「那個拿短槍的用槍指著我的額頭扣板機，不發，再扣一次，又不發，用槍托擊打我的臉被我躲過，再用雙手去搖振他的槍，我趁隙跑掉，他追過來再開一槍，有發，但是沒打中我，第四次扣機就打中阿巧仔和松平……」

「那三顆子彈是土地公幫我收去了，今天，土地公還給他了，三槍斃命。」

多桑發誓：「阿巧仔替我死去，只要我活著一天，一定要為她討一個公道，為那麼多死去的台灣人討公道，他們不會白白犧牲的！」

多桑除了在一九四七年三月逃過子彈後的一個月內就把他的日記正本寄到南京給蔣中正，也在隱姓埋名逃難期間，寫信給魏道明主席陳述二二八事實，甚至還提供有科學根據的「查驗陳述是否誠實」的方法！耿直不阿，認為是對的事就執著地去做，絕不投機取巧或向權勢屈服。

在他有生之年從沒有放棄做關於二二八的調查、死亡人數的調查、陳儀集團和既得利益集團、日產變黨產、變私產，貪官汙吏的調查等等。

【解讀】陳儀因為背叛蔣介石投共而遭逮捕槍斃，其實有跡可循。一九四七年三月五日蔣渭川與他對談時，他要蔣答應「台灣絕不共產化」，蔣渭川答：「台灣絕對不使共產化，這是絕無問題的。全省人以中產階級居大多數，現在我相信沒有共產思想的存在。今後無論政治經濟若興革改進，真實實行三民主義，安定民生，使農工大眾能提高生活水準，即無論任何共產主義來宣傳強行也不會發生效力。所以只要措施公平，安定民生，我可相信也可以保證，台灣絕不能共產化，這點仍請你放心。」

儀：「你沒有試過共產的滋味，所以這樣簡單講，若試過滋味連你都不能自制。」

蔣：「從來我是沒有研究共產主義的，自然不知道甚麼滋味。若如長官的說法，似已試過共產黨的滋味，是這樣好，那樣好，說我若試過連自己也不能自制，長官這樣講話的意思，是不是已深知共產黨的好滋味嗎？好像替共產黨宣傳，令人不解。」

儀：「不不、不是這樣的，剛才所講的話取消，我也實在沒有甚深的研究和試味，不過光復以來因為交通複什的關係，國內同胞很多來台，而內中也難免有共產分子潛入，散在各地實是危險得很，我所憂慮者是在此點。」

陳儀顧左右而言他，顯然心虛。

04 「蔣渭水氏逝世二十年紀念」？

一九五〇年的八月，鬱悶的天氣持續好幾天，秋霞颱風天嫁入蔣家的那場震撼教育似的婚禮，已經是兩年前的事了。這兩年，蔣家有時烏雲滿布，剎那又海闊天空，終究，一家人還算平安的，在風風雨雨中挺進！優將也快要滿周歲了，正是最可愛的年紀。

八月五日是渭水伯的忌日，多桑一向不作興拜拜、燒香，說這些都是迷信的表面工夫，沒有意義。事實上多桑和伯父的感情是超乎這一切表象的，長輩的精神已經融入在晚輩的言行和思想裡面，全家大大小小很自然都懂得敬仰祖先並以伯父為榮。

多桑突然從辦公室差人來告知，說半小時內有車來接，所有家人都要去「第一劇場」參加伯父的逝世紀念大會。

第一劇場不就在延平北路嗎？秋霞第一個想到「有時間回家換衣服嗎？」這是甚麼重要的場面？為甚麼不及早通知？婆婆、小姑、小叔都來不及打點一下儀容了，對一向是女紅高手的秋霞來說，實在是太懊惱了！

最糟的是，還在哺乳期的優將也只好抱著一起去了。擠進一輛黑頭車到了第一劇場，家人被安排坐在面對舞台的左手邊，有幾位住在台北的宜蘭親戚也在，大家也不敢互相寒暄，都靜靜地坐著。

秋霞神經繃緊，唯恐小嬰兒萬一不受控弄出甚麼聲音來。面對舞台中間的一個區塊陸陸續續有大官走進來，都由穿著制服的不知是軍還是警引導入座，每有大官進來就引起一些騷動。優將很乖，體會到不尋常的氣氛，但只要抓著媽媽的手，就安靜穩穩地被抱著坐好。

大人物裡面有一位白鬚長者很好認，就是「監察院長」于右任，還有「行政院長」陳誠，那麼，應該五院院長都到齊了吧？座位坐得滿滿的，說得上是「冠蓋雲集」了。政府這麼重視渭水伯的逝世紀念日啊！多桑應該感到很安慰吧。

典禮由很得人望的台北市長吳三連主持，多桑被介紹出來時是「蔣渭水先生的胞弟，內政部常務次長蔣渭川」，專題主講蔣渭水生平事略。

多桑全部用「國語」演講（那些外省大官才會聽懂），秋霞覺得多桑講得非常好，把渭水伯的偉大和對人民的感情、所做的事情清楚的表達出來，讓人聽了都會感動的。據說二二八時，多桑到處街頭演講，說服大家不要躁動，要拿出辦法來建議政府改革政治陋習，那時都是用台灣話演講，很多人說多桑的演講很有煽動性（感染力）。而和陳儀對談時索性用日語，因為陳儀是留日的，而他的浙江腔實在很難聽懂，陳儀對群眾講話時則需要翻譯。

總是，這一天秋霞終於有機會聽多桑完整地把渭水伯的生平說一遍，好像上了一堂歷史課。但是秋霞也注意到會場掛的布幕寫的是：

蔣渭水氏　逝世二十周年　紀念大會

渭水伯逝於一九三一年，明年才是二十周年啊，那麼今年這麼匆促的（雖看起來很盛大，其實感覺很草率、不正式），辦這場紀念會是有甚麼意義呢？蔣總統還頒發了一面《民族正氣》的匾額。

【解讀】這塊匾額最後送到渭水伯的兒子手中，但是在一九五七年松柏舉家搬到基隆執業時才意外遇見大堂兄蔣松輝（渭水伯的長子）以及他的妻子小孩。秋霞見過渭水伯的三子蔣時欽夫婦，蔣時欽在二二八時是記者，有參與青年運動而逃亡中國，返回台灣又遭逢白色恐怖，再次潛逃至北京，行前來辭行並託孤時見過一面。關於渭水伯的四個兒子的童年，秋霞都是聽婆婆敘述。只有松輝一家因為同在基隆（一九五七之後），松輝夫人是日本人，相處較頻繁。石有姆婆的晚年也由松柏幫忙照護醫療方面。

【註】「蔣渭水先生逝世二十周年紀念會」應該在一九五一年舉辦才正確，那為甚麼一九五〇年就匆匆舉行呢？是年的三月一日蔣介石方才復職出任總統、八月五日蔣渭水逝世十九周年，就迫不急待舉辦二十周年紀念，可見得蔣介石對二二八受難慘重的台灣人急於安撫與攏絡之意。

紀念會後，昔日同志白成枝重編《蔣渭水遺集》，蔣渭川集資印製，由同志、親友和很多景仰先生的青年學子認購，所得用於重建埋骨紀念塔，即今日台北市崇德街底芳蘭山。一九五二年舉行遺靈遷葬典禮，碑文由當時副總統兼行政院長陳誠題字，內政部長黃季陸題寫墓誌銘。昔時同志二百多人與祭。

然而政治最為弔詭的一面，是這場隆重風光的儀式之後，「蔣渭水」三個字就在台灣歷史中消失了，教科書不提、老師不教、大人也不講，「蔣渭水是台灣文化的領航者」成為禁忌。台灣正式進入一九五〇年起「白色恐怖」的年代。

05 追憶渭水伯父

在渭水伯父的紀念日這一天，全中華民國的高官雲集，總統也頒布匾額來彰顯伯父的功績。姑且不管是十九周年或二十周年，都可以算是很頂級的榮耀了。雖然這只是伯父的榮耀，但也是多桑的努力，才使得總統重視早年台灣人在日本殖民政體下發揮的「民族正氣」，不是嗎？

多桑以蔣渭水的胞弟和「內政部常務次長」的身分擔任專題演講者，這也是很大的榮耀。

晚上，梨雲和碧雲都帶著自己的孩子回來，知道典禮的過程都很開心。秋霞感覺到這兩年以來，多桑難得的沒有那一股有志難伸的鬱悶，好像心頭有一點舒坦了。

松柏和兩個妹妹，在一九三一年八月五日渭水伯過世時都陪在病房，那時松柏十歲，妹妹一個八歲，一個五歲，都有記憶。渭水伯最疼愛梨雲，曾經想要收養梨雲給他的小妾阿甜當女兒，因卡將捨不得而不成。

梨雲說：「伯父生病了住在醫院，好像很嚴重，多桑好幾天都沒日沒夜的在醫院守著他。那一天，是就讀蓬萊公學校二年級的暑假，早上被叫起床，說要去看二伯父，於是我們堂、表兄弟姊妹就結伴，一起走路到了（現在的）台大醫院。首先看到了多桑時我們大吃一驚，他變得好瘦，又看起來很疲憊，再看到病床上的伯父時，我們就明白了！伯父已經病危。病房裡擠滿了人，大家圍在病床邊，先拍了照。然後我們小孩子被推到病床前，排排好，讓伯父看著我們，我也用心地注視著伯父。伯父流著淚沒有說一句話，多桑在旁邊替他擦著淚，而自己也淚流滿面。病房裡的人全都哭成一團了……」

渭水伯父去世，多桑悲痛欲絕。台灣風起雲湧的社會運動也因殖民政府更強的高壓而轉入地下或式微。

松柏是一九二一年出生的，那一年臺灣文化協會成立，此後十年，到一九三一年臺灣民眾黨被迫解散為止，是以渭水伯為主體的政治社會運動最熱烈活躍的時期，多桑負責財務的資助，也兼管所有雜務，還要巡島演講；伯父常常因言論刺激總督府而被捕入獄，那就是多桑忙上加忙的時候，不但要替伯父處理會務和黨務，還要管理兄弟兩人兩大家子的家務事，伯父在獄中才能無後顧之憂地，從事讀書和寫作，也持續《臺灣民報》的業務。

從家人追憶的渭水伯形象，秋霞彷彿看到一輪耀眼的光環旁邊，一個劬勞的身影，那是多桑，偉大人物背後的支柱，他既是社會運動的金主，肩負重任，卻也是打雜、跑腿、補位和收拾殘局的腳色，人們有意無意的漠視他的功能，而當有棘手的難題時，毫不猶豫地丟給他去承擔。

想到這裡，秋霞又生起一絲憂愁，以此對照現在的多桑和松柏，多桑的光環雖不比渭水伯，但松柏的劬勞無疑的比多桑當年輔佐的角色可能更重好幾倍了，何況時代和政體都比日本時代更黑暗更污濁，唉，卡將的「勿通睬政治阿！」真的是至理名言。

今天聽了那麼多關於渭水伯的故事，秋霞有一個新的領悟：「為甚麼生在這個蔣家的人天生特別有『自我犧牲』的精神呢？」

06 日產變黨產，公產變私產的中華文化

一九五〇年初，多桑上任內政部常務次長，位於濟南路的這幢配給宿舍卻是屬於民政廳的，空間不大，所以家人還是分住兩邊，松柏的小家庭留守延平北路舊居。令秋霞不解的是，內政部次長沒有宿舍嗎？還有，一樣是民政廳的宿舍，牯嶺街那幢廳長官邸就很寬敞，庭園花木扶疏，看來是一幢有歷史價值的建物。而那時松柏就不主張搬過去住，是不是他預感到「民政廳長」的位置是那麼短促和不吉？

松柏說：「牯嶺街那一間官邸是『後藤新平』等級的日產，當然氣派啦，但是你注意到嗎？我們第一次進去時看到客廳有一台Piano，後來等我們要搬進去時，家具都變了，鋼琴也不見了，沙發變成藤椅，和房子的設計感很不搭調。中國官府每個階級的公務員都貪，沒有法治，公舍屬於哪一個部會，也沒有甚麼道理可言，這在日本時代是不可想像的狀況。」

秋霞點點頭，她曾聽多桑說，日本時代的法令是對殖民地苛刻、嚴格，警察「大人」很嚴厲的執行法令，人民很不自由，但是「大人」卻少有貪污，人民只是敢怒不敢言。多桑說過：「在日本時代，我們的反抗運動都是講理的，沒有必要爭權奪利，我們是爭取公平從政和自治的權利。」

可是「祖國」來台灣，卻強佔了許多人民的財產，更藉著「接收」，把日產直接變成黨產！現在多桑雖然是內政部常務次長，卻沒有內政部的宿舍可住而要委屈的借住在民政廳的次等宿舍。娘家爸爸也說，戰後有很多日本人要回日本了，都自願把房屋財產讓渡給像多桑這樣有良知的台灣人，然而多桑卻主張把這些房產保護好，說：「這是國家的財產、不可以私吞。」有這種高尚思考的人卻碰到像蝗蟲過境一樣的二二八慘劇！極力為國家保護公產的下場，就是落得身居官職卻沒有一個宿舍可以住。

「人民有人民的權利，國家有國家的責任，這樣才對啊！不然要『國家』做甚麼？」秋霞很覺得不平。

「理想的情況應該是這樣沒錯。」松柏說：「妳想多桑上任民政廳長時，為甚麼受到排擠？那時的中央政府還在南京呢，『民政廳長』才是台灣省政府裡面最大的權力核心。握有掌控日產和公產的支配權，更是核心中的核心！那麼怎不會令人眼紅、爭相來搶奪呢？」秋霞說：「卡將說過，民政廳長一公布出來是多桑時，第一個來道賀的是杜聰明博士，是渭水伯的同學，他是真心的為多桑慶幸。」松柏說：「和渭水伯同時代的人都知道派多桑做這個位置是最好的事，可是這就踩到半山們的痛腳，他們不能忍受快要吃到嘴邊的肉被蔣渭川阻擋。尤其既得利益者之間也有分贓不均的鬥爭存在……」「唉！多桑真的是很不適合做官！」

秋霞問：「那這次蔣總裁又以『手諭』親令他高升為中央級的內政部次長，那省議會就管不著了啊？是不是好多了？」

「唉，現在這兩年是中華民國政局最不穩、權力分配最混亂的一段時候。台灣人被任命為官，反而是倒楣的事！表面上看來是「高升」為中央級的這個官職，其實只是為了安排一位本省有名望的人士，讓美國政府看的一個民主櫥窗而已。以多桑那麼頂真的個性，在中華民國政府裡當官，真的不是好事。」

這一年，兩夫妻就奔忙在延平北路自家和濟南路「官邸」之間，一點都沒有升官、榮任的喜悅，不得不隨著多桑展開政治生涯的序幕。

07 在杭州南路的自宅

秋霞記得在自己婚禮的隔天，多桑除了為她命名「秋霞」之外，就是叫她詳細記錄賓客致送的禮金，還要一一回覆謝函。送禮的名簿厚厚一疊！因為原先只要宴請兩桌親友，結果道賀的人太多而改借用「稻江組合」，最後竟暴增到七十七桌！不得不租借中山堂辦喜宴！

都是因為祝賀蔣渭川二二八脫險歸來、又為兒子完婚的賀禮，婚禮當天連賀電也唸到新娘差點昏倒的地步。

秋霞對數字沒有概念，但像一個認真做功課的學生一樣，一筆一筆清楚的紀錄，再一一寫感謝函，在新婚初始那段時間，這個功課就獲得看來很嚴肅的多桑讚美。數量龐大的禮金（上百萬），多桑認為並不是他的，就委託給秋霞娘家爸爸管理（兩位親家好像「股份有限公司」的概念），多桑有一位在上海經商有成的陳姓友人要在台灣投資房地產，建議一起合股。也許是命中註定沒有發財命吧？

一九四八、一九四九那幾年金融極度不穩的狀態下，投資的老本全都無歸，印證了多桑一貫的思維：「是你的就是你的、不該是你的就不會是你的。」

陳姓友人算是很有良心，將他名下的房屋一幢和一台古老的風琴折抵為部分金額，結清帳務。據說金額還差本金很多，但是終究，家無恆產的蔣家終於有了一間自己的房產。

就是這一戶座落在杭州南路巷弄間精巧雅致的日式房屋，據說日治時期這裡是水利工程師八田與一的台北居所，整體透著一股古典的人文氣息，是讓人一看就會喜愛親近的房舍。真是老天疼惜憨人！還有一台風琴。

從一九五一年住進杭州南路這間自宅，直到一九六〇年多桑辭了十一年內政部常務次長職務，十年期間都住在這裡。庭園有多桑親手栽植的花草樹木，和松柏合力構築一個魚池和假山，池上還有一道橋……秋霞的二女、三女在這裡出生，度過三代同堂幸福的童年，直到一九五七年松柏舉家搬到基隆開業。搬到基隆之後仍然每周日回到台北團聚。

【解讀】：一九六〇年五月三十日，內閣改組，連震東由民政廳長轉升任內政部長，由於一向與之理念不合，蔣渭川於八月辭去常務次長職。十月十二日，獲聘為台灣產物保險公司董事長，遷入中山北路一段的台產公司董事長宿舍。十二月時，報載蔣渭川涉入「宿舍押租金六十萬元」案，這是自從一九四九年民政廳長風波之後再度引起省議會攻擊的事件。

綜觀「中華民國」的官場文化，清流潔身自愛、不與濁流合污，然而濁流卻惡意潑灑汙泥於人，而後以清流的標準來質疑對方！「中華民國人」自己無視於名節是何物，卻擅長以汙名毀人名節。

08 內政部時期

一九五一年，全家搬進杭州南路的家，又團聚在一起了。多桑內政部的業務看起來是在穩定中發展，沒有甚麼風波了。但是非常的忙，尤其常常得出差去外縣市宣導政策，也聽取民意，一出差都要接著跑幾個縣市，花上好幾天。

秋霞少了夜間為父子「溫一壺酒」、旁聽他們說昔時故事的機會。多桑和松柏的聊天其實也是溝通想法的時刻，秋霞對本來不認識的這個家庭，只憑自己娘家爸爸轉述的印象，到現在能夠親身聆聽、參與討論，對多桑的精神越發敬佩，覺得他是一位理智的老人家；而松柏學醫，二二八也經歷過生死關頭，在冒死奔走設法營救父親的時候也嚐過人世間的冷暖，他們的對談中有很多智慧的、人性的分析。秋霞原本就愛閱讀與寫作，覺得身在其中，生命都豐富了起來。

少了溫酒、聽故事的樂趣，反而只要多桑在家，總是訪客不斷，秋霞多了「奉茶」的任務。蔣次長招待訪客喝的上等茶卻不是花費公務金買的！秋霞娘家爸爸人稱「茶博士」，蔣府的茶就由他無限提供。

訪客中有的很派頭，好像大人物，也有極盡討好來拉關係的，也有來拜託、關說的，多桑不管對方來頭有多大，都以基本的禮貌相待，如果話不投機，就不客氣的大聲請回！秋霞也因此見識了不少官場現形記。

但另一方面，松柏再也無暇顧及自己的小事業了，在多桑身邊有忙不完的瑣事，尤其出差時更要跟著走。秋霞覺得奇怪，「辦公室祕書好幾位，楊機要祕書哪裡都跟，他那麼能幹，又是黨部的重要人物，而且是個讀書人，公事就應該公務員做啊。為甚麼要松柏也去？而且松柏還得自己出旅費和車資，公家又不補貼。」

松柏耐心解釋：「我是私人行程，不申請公費，這樣讓別人沒話批評。另外，多桑身邊都是監視的人，他們負有任務要打報告，雖不一定是壞人，但是多桑那樣的脾氣，說不定哪裡得罪了人，人家稍微動一下手腳你就完蛋了！我跟在旁邊，這些人至少如果有甚麼不滿，可以跟我吐吐苦水，我可以安撫一下，不就好多了嘛？」松柏說：「多桑就是這樣，對的就對、錯的就錯，沒有一點妥協的空間，其實我也是嫉惡如仇，但有的事要換個角度和態度來看，不要把人逼到死角去，多桑被人陷害都是因為這樣。」

說到這裡，秋霞想起幾件好笑的事，都是奉茶待客時聽到的。

有一次來客是一位個子不高但是壯壯的人，衣服穿得……老實說很不好看，但隨從好幾個，都穿著畢挺的制服。他們走後，秋霞問：「這是誰？」多桑笑笑，說：「你猜是誰？長得一張流氓臉，對不對？他是『太子爺』！」

還有一次是魏道明來訪，秋霞親耳聽到他勸多桑：「你像一粒鐵丸子，被你碰到的人會痛，就會討厭你，你鐵丸子沒關係，但是要包一層橡皮。」還說：「不要想改造甚麼了，這個政府像一個碗摔得碎糊糊的，你不要想怎樣把它修好糊好。」

松柏也說，楊機要祕書雖也是情報處派來監視多桑的，但他瞭解多桑，常常為多桑解圍。他就曾經跟松柏抱怨多桑的脾氣：

楊：「蔣總統定期召見次長，我每次陪次長去。總統常問：『你過得好嗎，你幾個孩子，孩子做甚麼工作……』這個意思就是說：『你想要甚麼儘管說吧。』可是你的多桑聽不懂，只忙著建議總統要這樣做、要那樣做，這個要改、那個也要改……你想想看，老總統會愛聽這個嗎？總統寧可你跟他要樓房、為你提高薪水、多派幾個僕人給你吧！唉，我們做你多桑的部下也是倒楣，都沒甚麼油水可以撈。」

松柏認為楊機要祕書是一位很正派的人，他熟習官場文化，對多桑的耿直不阿雖有抱怨，但他本質上還是敬重多桑的人格，不會像有些貪官，看你不貪，就懷恨在心，然後挖一個陷阱來陷害你！

秋霞非常認同多桑的名言：「是你的就是你的，不是你的就不是你的。」還有，「不該是你的就更不該去拿！」榮華富貴從來都不在多桑的眼裡。

多桑擔任內政部次長後，有一次陳誠在官邸招待首長們的「夫人」，秋霞陪卡將赴約。官邸好漂亮，點心非常精緻好吃，一大排的服務生都穿著雪白的制服；出席的夫人們裝出（自以為）高尚的樣子，其實俗不可耐，穿著綢緞質料的旗袍、配著珠寶更顯得俗氣。

好有壓迫感的場合啊！秋霞感到非常不自在，回到家，逆來順受的卡將發了一頓大脾氣，說：「下次，打死我也不去了！」

對啊！我也不去。秋霞也是這樣想。

09 官夫人

多桑不贊成送優將進幼兒園，多桑說：「小孩子要自己教、自己陪他玩，哪有花錢請別人陪的道理？」讓秋霞多少感到遺憾。秋霞從小在士林的教會幼兒園長大，有著快樂學習的美好童年，高校讀靜修女學校，老師、修女很多是外國人，嚴格中不乏「寓教於樂」的理念，秋霞心想，這才是好的教育啊。

所幸家裡有一台風琴，整天都板著臉很嚴肅的多桑，只有在逗弄優將開心的時候會彈起風琴、唱一些日本兒歌，然後松柏也接續彈，弟弟妹妹就會加進來唱和，優美的日本歌謠，大家都好有天分啊。秋霞剛嫁進蔣家時的那些二二八陰影、恐懼，好像都遠去了！多桑在內政部任職，提出對國家有利的政策，盡心盡力的介於政府和人民之間的政令溝通，雖然辛苦，任勞任怨，卻很有意義。

多桑出差都是一出去就好幾天，秋霞相對多了輕鬆自由的時間。官方常會送一些展覽、藝術表演的入場券，秋霞抱著優將去欣賞。有一次是美國第七艦隊交響樂團在中山堂表演。哇！亮晶晶的樂器、帥氣的團員，彷彿戰前，協志會學長們教古典音樂時所欣賞的影片！現在能身歷其境，秋霞一時好像跌落到少女時代的夢中。

那一場觀眾席前排有「太子爺」在座，還帶著他的女兒。秋霞也曾經在永樂座（還是第一劇場？）看顧正秋唱京劇，常看到太子爺來捧場。顧正秋非常美，就算完全不懂京劇的人，也都會被她深深吸引。那時候，京劇算是最紅的表演藝術了，台灣的名人也都投入推廣。日本歌謠當然是禁止演唱和放送的，連日本時代還能唱的台灣歌曲也都銷聲匿跡，只存在於地下的底層。

「官太太」的任務如果只是這些，那就太美滿了。事實上，中華民國政府官員們的太太，要參加的「會」真是不少，其中層級最高的一個，就是「婦聯會」了。婦聯會是一些甚麼「長」、甚麼「司令」、甚麼「官」的太太們的 group，當有活動或會議時，傳令兵就會送帖子來邀請。這個「帖」也出了個小風波！負責寫信封的小官依照著名冊寫「蔣夫人」，我們家卡將是「蔣」夫人，是沒錯啊。問題是，現在，蔣夫人是高高在上、唯一的蔣總統夫人！還有誰可以是蔣夫人啊？

卡將原本就厭惡這些虛假的應酬，她根本也不喜歡被稱為夫人，帖子被寫上蔣夫人害了小官被懲處，真是無妄之災，卡將更嚴正拒絕參加了。為了解圍，經辦的官員就順水推舟，說：「夫人不適，那就以後都請『少奶奶』出席好了。」果然再送來的帖子就寫：敬邀「蔣少奶奶」了！

秋霞娘家爸爸具有茶博士美名，經商富裕，家教又好，並不畏懼這種官場酬酢，代替婆婆出席並不是難事。官太太的活動中最重要的一項，是陪伴蔣夫人「勞軍」，因為能上報、出風頭，名額有限，秋霞因此沒有可能列名其中，也就樂得輕鬆了。另外還有「縫紉」，這本是秋霞最擅長的，誰知與期待落差太大了！一人一台縫紉機，車著厚重的軍用帆布，不知製成品會是甚麼？帳棚嗎？感覺根本是做做樣子、浪費布料，應付而已。

活動可以帶小孩子去，不管幾歲的孩子都放在一間教室裡，由兩位中年婦人看管，由著孩子們自己玩。兩歲的優將嚇壞了，死命抱著媽媽的腿大聲哭個不停，搞得秋霞狼狽不堪，兩位「老師」大概也怕麻煩，就說「那你和媽媽一起，你要乖乖不准出聲音不准亂跑喔。」優將也真聽話，每一次都從頭到尾坐在縫紉機旁，一動也不動，像一座雕像。縫紉機單調的聲音，這個小雕像還曾經打起瞌睡差點摔下來！秋霞感到一陣心酸。

有一次傳令兵進來報告，「蔣夫人要來了」，宣布說夫人進來時大家要站起來，鼓掌完畢大家齊聲說「夫人好」。

蔣夫人好華麗喔，一群貴婦陪著她，都是綾羅綢緞、衣香鬢影，在縫紉機的空隙間走動，走到近處的太太就對她鞠躬說「夫人好」。秋霞只是微笑，沒有點頭、也沒打招呼，夫人眼神銳利，看了秋霞一眼，無視於她身旁的小女孩，就走到旁邊一台機器。

報上看到夫人常去探看孤兒院、慈愛的抱起小孩子，秋霞想，那只是做給人民看的吧？還有，近看夫人化的妝，細緻得令人害怕。

烹飪班教做菜，有一道菜的名字叫「轟炸毛澤東」！

聚會上課次數多了，位置比較近的幾位太太們有了交談的機會，大部分都很友善，優將也不排斥這些年長的阿姨們的親近和讚美。

有幾位太太這樣說：「蔣少奶奶，妳好漂亮啊，妳氣質好好啊，妳把孩子教得很好，妳和『那些本省同胞』很不一樣……」

聽多了這種話，秋霞悲哀的想：「我就是『那些本省同胞』之一！你們逃難來此，劫掠我們的生命、財產、地位、尊嚴，應該羞恥的是你們，怎麼反而來恥笑『那些本省同胞』？」

這些可悲的官夫人形象深烙在秋霞心版，成為厭惡的記憶。

10 生命轉彎處

秋霞讀小學二年級時見識過一件大事。總督府為了慶祝「始政紀念」，宣揚日本國威，在台灣舉辦盛大的「萬國博覽會」。爸爸是商界名人，有很多展覽、宴會，身為長女的秋霞很幸運地可以穿著很高級的服飾跟著參加。那時更有名的「蔣渭川先生」不僅當選民選的台籍市議員，他組織的「台灣總商會」更在大稻埕水門附近舉辦規模很大的「產業博覽會」。那是日本最繁榮的年代。

當然那時候兩位做父親的怎麼也沒料到後來會成為親家。

邱家爸爸雖在商界風光，先天卻罹患哮喘病，經常在夜晚發作，秋霞十多歲開始每見到這種狀況，就得跑出家門就近去敲一位熟識的醫生家門，來開門的醫生娘都很不耐煩的把她罵一頓，每次都這樣。秋霞含淚暗暗發誓：「我以後要嫁醫生，我當醫生娘才不要那麼兇！我要對病人有仁慈心。」秋霞有一位一起學鋼琴的手帕交，是桑原老師的女兒愛子，愛子就熱切地說：「會的，妳一定會嫁給很有學問、人格很高尚的人！」

冥冥之中，的確是如願以償。松柏留日，擁有藥劑師和醫學士兩個牌照，而且爸爸一直讚不絕口的：「蔣家是偉大的家族，你不要看他家窮，他們人格高尚！女兒啊，妳會帶福氣給蔣家。」

松柏高等科畢業時已經受企業選才，有高薪工作等著他，但在赴日本修業旅行中深受優良的學術環境吸引，下定決心要去日本深造，多桑本來是反對的，但回憶起自己和渭水兄長原有承諾，弟弟先資助哥哥念醫，等哥哥行醫養家弟弟再去唸醫。豈知命運捉弄，蔣渭水投入社會運動後渭川仍一路資助，不僅喪失自己求學行醫的機會，更因社會運動而散盡家財。

湊足了旅費，松柏先考入熊本醫專藥學系，畢業時獲得保送入熊本醫大醫學系，入醫學系的前一年先隨教授在東京帝大藥學系當助理賺取學費。戰爭那幾年都在熊本醫大度過，最後一年正好日本戰敗，多桑向杜聰明博士請教，留在日本還是回台？杜博士極力贊成松柏返台，國立大學轉學回來不須降級一年，於是松柏轉學，從台大醫學院畢業，指導教授是同為留學熊本的鄭哲生教授和日籍的敏石教授。依志趣選擇了外科。

但是，現在松柏不但不是醫生，連藥品、儀器的小生意都顧不好，當多桑公務上的助手卻沒有薪水，還要倒貼車資、旅費，陪出差。秋霞不貪圖富貴安逸，但是這種實際上的經濟困頓，實在也很令人憂愁。

多桑和松柏出差的日子，卡將常往出嫁的女兒家跑，也允許秋霞回娘家，婦孺老弱倒也清閒，平靜過日子，也可以暫時不去想憂愁的事。

多桑曾經半年內加起來有七十多天在外，不只做政策宣導，還有颱風勘災、治水，視察選舉的途中還曾經發表「民主政治的基本教育」這樣的論點。多桑關懷社會的角度實在很廣。

有一次從南部訪查回來，多桑心情不好，食不下咽，晚上秋霞伺候小酒小菜時，松柏談起他們前幾天巡訪鹽民，在民眾服務處開會時，地方官員都報告了一大堆數據，對政府歌功頌德、感謝政府照顧、人民過得多好等等。松柏注意到坐得遠遠的有些赤著腳、皮膚曬得很黑或是乾裂、瘦瘦的人，安靜地沒有發言。

晚上投宿在小旅店時，忽然有大批人來說要見次長，七嘴八舌的說他們日子過得多苦、稅金太高、每天吃不飽……問他們為甚麼開會時不說？又一陣鬧哄哄地，說官員不准他們講話，但官員講的都是相反的。多桑請他們推派一位講清楚，看困難在哪裡？終於有一位表示，他們整天在鹽田裡勞動，曬了像一座山那麼高的鹽，賣掉所得的錢卻只夠買一盒番仔火（火柴）！根本活不下去。

怎麼有這種事！天亮以後，多桑就不開會了，找一個鹽民帶路，隨便走進幾戶人家看看他們平常的生活。只見非常簡陋的廚房，灶上一口大鍋，裡面是很稀薄的米湯，有些人家是地瓜，也有的是烏黑的不知煮甚麼。當要「吃飯」的時候，就舀起一晚稀湯汁，把一個鹽塊在碗裡沾一下，有的家庭把鹽塊用細繩吊著，也是在稀湯裡沾一下，這就是吃飯！

多桑難過極了，這要怎麼解決？這是全盤制度的問題，不是處罰幾個貪官汙吏就能解決的問題！多桑難免又想到二二八時，和陳儀會談說到，人民要甚麼？要的不過是安定、安全的生活，人民幹嘛造反？是你政府沒有法治，貪汙、欺人太甚，所以二二八的處理才要你政治改革啊！結果談的是一套，大兵一來，屠殺暗殺，台灣血流成河，事件過了幾年了，換了一批官，還是這一套！

家裡的氣氛很低落，大家都很難過。秋霞認真的問：「多桑，常常有一些大人物來找您，說『台灣獨立』的事，台灣獨立，自己人管理自己人，不就好了？」

多桑苦笑：「你渭水伯的時候，『臺灣工友總聯盟』有一萬多個會員，是『臺灣民眾黨』裡面最強大的組織，組織內的成員團結，有發動罷工的能力，和政府談判才有勝算，現在呢？一盤散沙，十個人十一個意見！有甚麼能力可以『獨立』？」

松柏說：「人民能不能過好的生活？這一定不是獨立不獨立的問題，而是政府有沒有要好好做的問題。人民日子不好過真的是政府沒有盡到責任。」

一家人已經很少見面了，半夜還在談論國家大事，結果還是只能唉聲嘆氣！秋霞看過多桑那篇「民主政治的基本教育」，覺得多桑實在是「石磨仔心」！憂國憂民，在這個爛政府裡面做一個次長，憂國憂民還能怎樣？

再看看自己的夫婿，松柏更是背負著好幾層的「石磨仔」啊！秋霞心目中最優秀、高尚，有孝心、有慈心的夫婿，他可以成為一位成功的醫生，救人無數，對社會多所貢獻，但為甚麼生命線走得坎坎坷坷、多重險阻呢？

11 穩定的家庭生活

多桑巡迴全島偏鄉時，松柏少不了要陪同隨行，而在台北的時候，多桑進內政部辦公室，松柏就不必跟進，但忙碌則是加倍。生意人搭親引戚找關係來遊說合股啦、買土地啦、投資賺錢的名目很多。這些關說都會先找到松柏這裡來，他們知道如果直接找多桑，一定被罵到狗血淋頭。松柏先會好言相勸、曉以大義。很多次利益當前，只要一想到多桑的耿直，自己就知道要更用力把關。

做好事卻不一定有好報。有一次來拜託的人關說不成，大怒拍桌，揮了一拳打到松柏，還一邊罵：「你瞧不起我沒唸甚麼書？」碰到這種倒楣事，秋霞會覺得「只要不違法，人家招你投資賺錢，有甚麼不好？」不過，知道松柏不是沒有頭腦的人，見多識廣，他做的事應該是對的吧。

日子也就這樣的過了，住在杭州南路的第二年，理容出生了。

這個女兒是多桑命名的，長女優ちゃん是「慧容」，秀外慧中；「理容」兼

有智慧和寬容（或說容貌），是一向反對重男輕女的多桑對女孩子的期許。秋霞也喜歡「理」這個字，代表理性和善解，真是美好的品德。小名就叫她りりちゃん。

可能是秋霞心中曾偷偷的希望這次生個男孩，りりちゃん像一個調皮的男孩子，稍稍長大一點就看得出來，凡事都要做一些「我就不照規矩做，看看會怎麼樣？」這種故意搗蛋的個性，沒想到看在「阿公」眼裡，覺得是天真無邪，得到非常大的讚許和疼愛，多桑唯一要求：「品格要好，不可說謊，不可貪心。」松柏是個好醫生，他說渭水伯的時代就是教導人民要懂得「身體的衛生、心理的衛生和政治的衛生」，松柏在家的時候一定和孩子說故事、唱歌謠，優ちゃん總是張大眼睛乖乖地聽，りりちゃん就不同了，一定要自己發明一些情節，或是編一些動作，把歌曲和故事都演變到沒完沒了，是個很容易快樂的孩子。兩個女孩個性大不相同，但她們都和秋霞血型一樣是A型，只是りりちゃん可能遺傳到蔣家強大的O型，比較勇敢，也講理，就是英語的reasonable吧？秋霞這樣想。

滿雲和節雲兩位小姑已從小孩子長成少女，像大姊姊一樣幫忙照顧兩位小姪女。松平小叔在一九五三年要上初中時，才經由徐外科醫師開刀，取出胸膛的子彈！距離他一九四七年三月十日和巧雲四姊一起中彈倒下，已經過了六年……

卡將因為在二二八痛失一個女兒，對這個遭遇過生死劫的么兒特別寵愛。幸好在嚴格又有原則的多桑管教下，不致離譜。松平非常聰明，不太用功，成績卻很好，各種樂器都無師自通，聽過《少女的祈禱》就能在鋼琴上彈出來。有一次自己組裝發報機，和同學玩打電報的遊戲，驚動了情報單位來問話。秋霞常常想，松平如果在自由民主的環境下長大，前途一定無可限量。（註：受到松柏這老哥哥的影響，松平後來成為一位婦產科醫生，可惜五十多歲英年早逝。）

已出嫁的娘姑們也都有孩子，回來娘家就會帶來小孩子的熱鬧氣氛。梨雲大姑的先生高博士如果一起回來，全家大小都很緊張，要輕聲細語、循規蹈矩，因為這位姑丈是老派的知識分子，待人待己都很嚴苛，卡將甚至說他像是日本時代的「大人」呢。不過這樣嚴峻的人，在二二八多桑逃難一年時，他冒死協助遷移躲藏的處所，也收容家破人亡的婦孺老弱住在他家，應該也是個心腸很軟的人。梨雲的大女兒在一九四七年出生，蒙難中的多桑為她命名「高雪惠」，因為渭水伯生前最疼梨雲，而渭水伯號「雪谷」，梨雲的女兒雪惠，這名字有深意。

二娘姑碧雲和秋霞同齡，也是在二二八的隔年，經由媒妁之言與三代醫生家族的劉醫師結親。松柏和碧雲都是在多桑二二八逃難一年後經由丘念台「保釋」，以「不起訴處分」被陳儀封上的「叛亂罪」而安全回家之後，兄妹兩人才都各結了好姻緣。由此可見多桑在二二八時所做的事（與陳儀會談，要求政治改革），而後逃過追殺、安全回來，認識的人都為他慶幸，秋霞娘家也是，小姑們的夫家也是。

碧雲也生了兩個女兒。聽說渭水伯的家庭都是男孩，難怪渭水伯特別疼愛渭川家的梨雲、碧雲。後來是渭水的妹妹蔣花把女兒碧玉（姓戴）過繼給渭水小妾陳甜當義女，就是蔣碧玉。

有一次梨雲匆匆來訪，正好多桑在家，進書房與多桑密談，秋霞隱約知道是為了宜蘭有位親戚來請託她打聽，說他孩子無故被捕，不知捉到哪裡，可能和「思想」有關。走出書房時，多桑表情很沉重，說：「不知道為何，最近有那麼多年輕人對共產黨發生興趣而被捕？政府機關花那麼大力氣在審問、定罪、判刑、槍斃，說他們叛亂！」多桑很憂慮：「這些年輕人將來在社會上可能都是人才，我向上面請命，說只要行為沒有做錯的事，思想方面應該讓年輕人自由發展才對。但是我的建議都不被採納。」多桑深深嘆一口氣。秋霞和梨雲一樣，看著多桑悲哀的神情，也不知道說甚麼好。

多桑也有救援成功的例子，有人輾轉託人來道謝，說他如果落到台灣警備總司令部，一定死路一條，那人說他到內政部自首，蔣次長安排他寫切結書、辦理自新手續，以後只要定期報到，不必坐牢。這樣的情形就秋霞所知，至少就有五人。

多桑在內政部的期間，家人看起來似乎有穩定的家庭生活，但多桑卻是承受著「身為台灣人的悲哀」啊！

12 碧雲：目擊三民書局的慘事

松柏的二妹碧雲，第三高女畢業後就在三民書局幫忙，多桑戰後籌組的「台灣民眾協會」改名為「台灣省政治建設協會」會址就設在三民書局，多桑又有台北市商會、省商會的事務，「光復」後又投入參選省議員。種種繁雜的工作、大小事務都由碧雲經手，聰明能幹的碧雲儼然就是多桑的祕書、助手兼總管。

二二八那年的三月九日晚上，多桑和白君、呂君、廖君因勢態緊急，趕擬「台灣省政治建設協會告同胞書」託電台播音，並赴益大行洪先生處印製送給新聞社刊登，且預計待天亮將請林梧村翻譯一起赴公署再見陳儀，質問他為何又戒嚴？先決定今晚呂伯雄和廖進平借宿洪家；多桑和白成枝潛行回到三民書局。

夜裡只聽到街道上戒兵的腳步聲和或遠或近的槍聲，甚是恐怖。

三月十日早晨，武裝警察衝入，把多桑押至亭仔腳要就地槍斃時，卡彈，殺手用槍托打卡將、碧雲被呼巴掌，多桑趁亂往屋內逃……都在一瞬間發生，卡彈的槍最後射出的子彈穿透巧雲的咽喉再沒入松平的胸膛，這一幕碧雲並沒有目睹，但殺手因追過去看到血流滿地而倉皇回頭從大門跑走，家人和店員才看到屋內更駭人的景象！

松柏正從教授家返回來，和店員合力將巧雲送洪外科救治，後才發現松平也中彈，送醫照X光知子彈卡在肋骨間，只能留醫觀察。滿雲和節雲被送至鄰居東西藥房暫躲，到晚上八點多，碧雲去帶她倆回家。

爸爸不知去向、媽媽和哥哥在醫院照顧生死未卜的巧雲，松平也不知傷勢如何？一向最能幹的二姊也只能抱著兩個妹妹放聲痛哭……

臥房和客房之間的通道，就是巧雲和松平中彈的地方，一灘暗紅色血跡，呈現像是珊瑚礁的輪廓，那是巧雲噴濺出來的血，姊弟兩人倒在通道，血流如注，才嚇住了追兵，不敢再追殺已跑往後門的多桑！

巧雲受傷後十天不幸逝世，這期間不但多桑被當作叛亂分子通緝，像松柏這樣的年輕成年男子幾乎也是格殺勿論，洪外科醫師和他的舅子助理醫師，都因為掩護松柏逃走而遭到軍警（還是憲兵、流氓？）的修理和侮辱，平日的生活範圍變成了地獄一般！

在渭水伯的年代，多桑他們為工農和弱勢階級的人爭取權利，思想脈絡比較被歸類為社會主義，或說「左傾」，但是經過日治末年的皇民化和二戰，松柏說他相信如果渭水伯在世，他也會主張為人民謀福祉必須站在「公平」的立足點，不可以和人民爭利為原則。這也是多桑在二二八當天被黨政軍三方一再邀請出來協助平定亂局，多桑會答應的原因，也是他要在官民之間協調出大家都能接受的方針的主要思考，那就是「為了大局好，為了台灣的好」來考量。沒想到冒死奔走、多方協調的結果，竟招來陳儀想賴帳、諉過，而派兇手來殺人滅口！

三月十日的慘事發生後，多桑在躲藏處從每天的《新生報》知道外面的情形，把重點抄下來，抄寫在「草紙」上面。大約是十六日，知道吳鴻麒法官已慘死、屍體被找到了，不禁大聲痛哭！非常知己的朋友，他根本也沒有參與會談、改革這些事！痛心之外更擔憂他的夫人和幼子的狀況。

二二八的事情碧雲不只在場，多桑的朋友她也多半認識，二二八之後逃的逃、死的死，這兩年沒看到的大概不是失蹤就是死了，倖存的人各有不同的際遇而得以存活，也不太敢提自己為甚麼活著。

陳炘　金融家

一位很體面的紳士，經濟學博士、日治時期創設第一家台灣人經營的「大東信託」機構、戰後創辦「大公企業公司」。二二八時，他鼓勵蔣渭川出來助政府平穩亂局，幾度陪同蔣渭川去見陳儀。三月四日，陳炘居中聯絡民眾多人來參與會談，但是人多意見多，引發陳儀不悅，藉故推諉卸責，陳儀還威脅來會談的一行人，說他將終止會談管道。

黃朝生　台北市參議員

蔣渭川的老朋友，就讀醫專時寄宿在蔣渭水的大安醫院樓上，也曾因參與社會抗爭活動而遭逮捕。戰後加入台灣民眾協會，也就是後來改組為「台灣省政治建設協會」，一九四六年三月在台北市參選市參議員，以最高票當選。二二八時他也是處理委員會的一員。

三月十日蔣渭川遭殺手行刑式開槍之際黃朝生機警逃回他的診所，卻在他家門前被捕，下落不明。這證實一些只想調停衝突，從未參加任何暴力行動的台籍菁英（如吳鴻麒、阮朝日等人）都是在這期間被藉機狙殺。

陳屋　台北市參議員

日治時期熱衷於勞工運動、組織「台北店員會」。二二八事件發生時親自前往警總軍法處調查專賣局私菸查緝員的偵辦狀況，確認兇手是否已遭羈押。認真執行調節官民關係，卻不幸和黃朝生一樣也是遇害。

廖進平　台灣省政治建設協會成員

優秀的社會運動家。日治時期「臺灣民眾黨」創黨黨員，蔣渭水「大眾葬」遊行的總指揮。於一九四六年「涉谷事件」的美國在台領事館前抗議行動中與蔣渭川一起動員台灣省政治建設協會會員，處理得當，成功化解抗議危機。三月九日執筆擬定「台灣省政治建設協會告全國同胞書」，十日濫殺行動開始時逃至台北縣八里地區，仍被憲兵逮捕，後失蹤。

李仁貴　台灣省政治建設協會成員

是台北商工協會理事，台北市參議員，所以他同時也是二二八處理委員會成員。

一九四七年初還捐款三百萬元改建介壽館，可見對「祖國」高度期許。沒料到仍是無故遭三名便衣特務逮捕遇害。與蔣渭川是好友，極力主張蔣渭川要出面平定亂事，從第一次與陳儀的會談他就在場，而且多所建言。

呂伯雄　台灣省政治建設協會成員

留學中國上海，一九四五年戰後與家人由廈門返台，加入台灣民眾協會，也就是台灣省政治建設協會。一九四六年涉谷事件時，與蔣渭川、廖進平等人在美國駐台領事館前處理抗議聲援活動得當。

二二八時的三月五日，他攜帶「致蔣介石：萬勿派兵來台……」的電文潛入美國在台領事館請求發電報到美國駐南京大使轉交蔣介石。電文確實傳到了，但蔣介石仍然派大軍血洗台灣。呂伯雄被列入通緝名單，清鄉時逃亡了數個月透過各種關係，終得保命。自此至晚年都投身宗教。

松柏、梨雲、碧雲在回顧這些多桑的朋友時，還會提到現在台大醫學院院長杜聰明博士，他是渭水伯的同學，連他在二二八時都九死一生。還有白成枝、陳

清汾、張晴川等人，都是從渭水伯的時代從事社會改造運動，一直到二二八，他們還在協助彌平人民和官府之間的摩擦。每個人有不同遭遇，實在不勝唏噓。渭水伯的時候他們二、三十歲，是熱血有為的青年；現在五十多歲，也正是對社會最有用、最有貢獻的年紀！如果不要遭逢這種劫難，台灣不知道要多麼的和平、進步、繁榮呢。

第四章

內政部次長時期，相知的政壇友人

01 是順遂還是坎坷？

命運的安排，讓多桑走上非己所願的政治路。雖非所願，且是個吃力不討好的位置，但是在內政部任職，可以為這塊土地貢獻心力，為這塊土地上的人民改善生活、提升文化水準，這不是從年輕時候就有的理想嗎？多桑經歷過渭水伯的年代，經歷過日治末期、戰爭、戰後，還有二二八，之後的風風雨雨……現在，是台灣要努力在內政上勵精圖治，施行三民主義，作為「中華民國」模範省的時候了！

但是，為了自己在公務上需要這個醫生兒子的全力協助，而犧牲了兒子的前途，和他的家計，這樣對嗎？這也是多桑心理上很矛盾和過意不去的地方。秋霞理解，但也不方便說甚麼。

多桑不會忘記他自己曾經因為協助渭水阿兄的社會運動而失去進入總督府醫學校的機會，還承擔兩家的生計問題，和社會運動的財務。渭水兄四十歲時死於急病，那時渭水的長子松輝剛考入長崎醫大，卻因父歿而無力升學，只能投靠在上海執醫的舅舅石煥長。

說到孩子這一代的求學經過，可以感受到多桑對學識的尊敬和重視教育的態度。多桑說渭水伯去世時，松柏才只有十歲，已經是個聰明絕頂的孩子，讀書寫字、史地數理、化學、工科每一項都很好。渭水伯在世時除了最疼愛梨雲是蔣家第一個女孩之外，對這個侄兒比對他自己的兒子還要關心。

渭水伯的兒子松輝讀書也都是第一名，公學校畢業就考進「台北一中」！那是日本人才能唸的學校，他就是考得進去。有一件事多桑說的最傳神：「學校為了學生升大學的問題，召集家長去開會。你渭水伯就去了，校長的致詞落落長，他不客氣地，站起來說：『重要的事不講，浪費這麼多人的時間來聽沒有用的事，這樣不好。』就走了。」後來校長還跟他道歉，說：「好、好，說重點、說重點」。日本時代即使是很威嚴的校長，也還是講道理的。也可見「總督府的眼中釘」蔣渭水，連校長都要尊敬他幾分！

「讀書要活讀，不是死讀」松柏很喜歡做實驗，理論的東西一定要有實證，所以他不必開夜車、不必苦讀，公學校畢業考進台北工業專校是第一名、畢業也是第一名。當時最熱門的應用化學科畢業的前一年，已經有企業選才的高薪工作在等他，卻因為嚮往日本本土的人文氛圍，和自由的學術研究風氣，毅然放棄就業，去日本應考。

那個時候（一九三六年前後），日本已在對各國積極備戰，台灣的經濟相對辛苦，多桑原指望兒子可以分擔家計，但是想到自己為兄長所做的犧牲，不希望兒子像自己一樣，從醫的願望成為遺憾。

當年多桑「忍痛應允」赴日深造，造就了松柏一生最幸福的學習生涯，婚後還津津樂道，常常和秋霞分享。多桑也同感地說，「讀書人受人尊敬表示這是有水準的社會；如果用不好的手段得到利益的人受人羨慕，那這個社會就病了。」渭水伯在世時領導社會運動雖也有「打倒暴政」、「破除階級不平等」等等激烈的抗爭，但最主要還是「人格」受人尊敬，受到無產階級和弱勢者尊敬，連流氓、乞丐，也都會喊他「渭水仙」、「文化頭」！

當年那個在渭水伯病榻旁，小小年紀就熱愛求知的少年松柏，十七歲隻身漂洋過海，熊本和京都兩個學校都獲錄取，遵循長澤教授的建議選擇了熊本藥專，三年級時獲保送熊本大學醫科。

日本教授們都讚嘆：「台灣學生都這麼優秀！你不是唯一，土生土長的日本學生都不如你們。」松柏覺得台灣孩子本質上有「勤勞」和「誠實」，和腳踏實地的態度，這是優勢，加上日本社會上保留傳統文化和現代化發展的優點，整體環境有利於國家各方面進步。可惜的是日本軍國主義崛起，想擴張勢力、對外侵略，終於挑起戰爭。

松柏戰爭期間都在日本九州，戰爭末期美軍燃燒彈猛烈襲擊下幸運的安全無恙、也沒有遭受到兩顆原子彈波及；戰後，接受了渭水伯的同學杜聰明博士的建議，從熊本醫大最後一年轉學回到台大醫學院，而乘坐返台的船隻也平安順利回到故鄉，完成學業和臨床實習。算起來是戰爭大災難中的大幸運者。

但，終究，學程這麼順利的人，竟會在戰後兩年，和多桑一起遭遇來台接收集團製造的慘劇橫禍！雖然父子最後是安全保命了，松柏無法從事一位醫師的本業，就是擺在眼前的現實。

比起松柏的前期學長們，有的在戰爭中被政府徵召成為船醫或軍醫，為殖民母國而戰，從此沒能回家；更多的學弟在後來的白色恐怖中莫名被來自「祖國」的政府認定思想有問題而被抓走！松柏沒有遭遇這些，是比他們幸運嗎？

因多桑意外走上政治路而賠上從醫前途，不得不在宦海邊緣努力把持平衡以免滅頂或被噬；家中祕書、門房、司機、園丁、諜影幢幢，可說根本沒有機會從事甚麼思想反動。這也是恐怖平衡中的「相對安全」嗎？

眼前的困境是，從沒想過從政的松柏，跟在多桑身邊政海浮沉，辛苦倒楣的事有，名位、薪水都沒，秋霞已經生了三個女兒，別說讀幼兒園、學鋼琴了，連生計都成問題，這可怎麼好？

02 離開，不太近也不太遠

日本九州雖是全國最南端，比起台灣還是算遙遠的北方，氣候和台灣迥異。松柏最念念不忘的是九州的春天，南來過冬的鳥類要北返、枝葉透出新綠，一切都顯得生機勃勃。松柏描述，很多植物在秋天時落果會蹦開，讓種子灑落在土地，來年春天就會發芽成長，生生不息。

租屋處的院子有一株楓葉是加拿大品種，它的種子很特別，好像長了兩支小翅膀，種子落下時會因氣流而旋轉飛舞，不一定是垂直落下，有時一起風，種子可以飄到更遠、更遠。房東歐吉桑說：「種子如果直直掉下在母株附近，雖會受到庇護、遮風擋雨，但是也喪失了向天空伸展的機會，蔣君，您遠離家鄉來到這兒求學也是一樣的情形，雖然我們這裡是小地方，但是您可以吸收到和您母土不同的養分、也看到和家鄉不一樣的天空！」

熊本是日本知名的古城，雖經歷過西南戰爭，但豐富的歷史人文和傳統文化，是這個小城最厚實的基礎，就像「熊本城」的基石一樣可以屹立千年。

松柏和日治時期為數頗多的留日青年一樣，優質的種子遠離母土，在異地恣意生長，迎向自己的一片天。

但是移植回到母土的懷抱，卻不是喜悅的事情。土質適應不良還在其次，瓦盆侷限了生機，硬要把大樹變成盆栽，壓力和苦悶接踵而來。

「自己開業！」成了松柏和秋霞共同的夢想。杜聰明博士的女婿林衡道是名作家和歷史學者，比松柏大六歲，卻是多桑的忘年之交，人很真誠實在，和多桑很談得來，他也會勸松柏：「在你多桑旁邊當一個『高等無業遊民』也不是辦法，你要自立門戶。」

松柏在台大醫學院的畢業論文指導教授鄭哲生，和熊本醫大畢業的前輩林我澤醫師都是學術研究型的學者，都欣賞松柏的外科技術，他們本身並沒開業，卻也主張松柏應該要當醫生本業才好，自己開診所才能改善生計。

但是開業談何容易？資金呢？開在哪裡呢？從哪裡著手呢？不但沒有時間去

做甚麼準備，更意外的是，在女兒りりちゃん兩歲多的時候，松柏竟收到入伍服兵役的軍令！而且抽到的是要到澎湖當「軍醫」。短期的軍訓之後，就要上船了。秋霞帶著兩個女兒去送行，優ちゃん一副依依不捨的表情，忍住不哭，りりちゃん卻遠遠看到爸爸就大笑起來，說：「爸比，哩那ㄟ穿得佳呢賣（醜）！」童言無忌惹得大家都笑了！沖淡了離情。

松柏在離島的日子天天都寫家信投郵，但船期卻不一定，所以有時一次收到好幾封，秋霞這才發現原來松柏的日文文采也很好，看起來服役中的生活也很快樂。軍醫都是醫學院畢業的，松柏對不管哪個階級的兵，態度都是一樣的，當軍醫的普遍都受尊敬，人際關係都不錯。澎湖雖荒涼，大海卻很美，康樂時間松柏還教同袍們唱英文歌，〈The river of no return〉連伙夫也因為唱歌和他變成好朋友。秋霞不禁想像，在多桑口中的渭水伯，當醫生看盡生老病死、在社會底層看到人們的愚昧貪痴；因演講被警察逮捕入獄也不怕，包袱款款ㄟ進監獄去讀書、寫文章，說是「進去別莊休養」，性格很樂天開朗，影響周圍的人學習他，以他為榜樣。松柏像渭水伯，好像比像自己的父親更多一點。

是不是松柏應該要離家比較好？種子要飄離母株，在異地汲取不同於母土的滋養，才能伸展出自己的一片天？秋霞的日子就這樣，在喜憂參半之中過去了。

服完兵役，松柏回家了。沒多久，一位也是熊本畢業的學長翁醫師也收到服役的軍令。這位翁學長已經成家，在基隆開業好多年，診所不能因為他去服役而關門啊。因此想到這位「高等無業遊民」的學弟。

是老天爺的安排嗎？學長開得好好的醫院，請松柏去「代診」，就當是離開醫學院後再重新「實習」吧，這麼好的機會，不是老天爺派了個貴人來賞賜的，不然是甚麼呢？

學長包吃包住，還有薪水，每天只要看診，和病人講話、談病情、開處方，這些都是松柏擅長的工作，有時他還從問診中為病人加以心理治療，病人都信任他，也治癒得很快。連學長太太都讚美說：「松柏很有『開業術』喔！」

對秋霞而言，這和松柏在澎湖服役沒甚麼兩樣，距離更近，而且星期日可以回家。只有每天的 Love letter 不必投郵了！翁醫師的兒子在台北讀成功中學，和松平同校不同屆，兩個小男生就負起傳遞「情書」的任務，在那單純的年代，令人稱羨，還蔚為美談。

03 堅強的政海一孤舟

松柏不在家的日子算起來也不短了，秋霞愈來愈需要扛起家中大小事，其中公家來的「人事問題」是最吃重的。司機、長工等僕役都是負有打小報告的任務在身，還好因相處久了有如家人，彼此建立了信任的感情，尤其幾位秉性善良的人，像司機李桑、花園小工阿德，都好像松柏的好兄弟一樣。只有煮飯的阿美姨卡將很不中意，秋霞只好想辦法和人事部門商議把她介紹到開封街一位友人吳醫師家幫傭。吳醫師的媳婦後來說，那位阿美自認為是她長得太漂亮了，惹「滑川嫂」吃醋了！這真是讓人啼笑皆非的事。還有站崗哨的張警衛，對外宣稱「蔣二小姐」對他有意思！等等，都是秋霞作為一家之「主婦」要謹慎提防、好好處理的事。

多桑的公務少了松柏當人際上的潤滑劑，最得力的助手就只有楊主祕了。他的名字是楊鑫茲，秋霞原先依照讀音以為是楊新珠？看了名片才知道中文是這樣寫。他在大陸時是高中化學老師，戰時因緣際會被派到軍部成為軍訓教官，戰後跟著陳儀到台灣，當台北市黨部主委（李翼中是省黨部）。二二八時楊先生不算活躍在檯面上出意見的人，多桑覺得他是個有良心的讀書人。多桑逃難期間有收到祕密傳來警示的訊息說：「長官希望你出來投案保證你安全，請你千萬不要相信、千萬不要出來。」多桑看筆跡就知是誰，但直到現在都沒說出此人是誰。松柏根據各項判斷，覺得應該就是楊先生，但是他有他的立場，是監視者？還是幫助者？成為不能說的祕密。政局這麼詭譎，誰都怕再引來禍害。

楊主祕看來是可以信賴的朋友，他難免跟松柏抱怨說多桑脾氣太剛硬，在他身邊都撈不到油水等等，但會這樣說的人可見比較不會暗藏心機，就是多桑說的「有良知的人」。楊先生還有一個優點，畢竟有讀書人的風格，不會奉承拍馬屁，他都不稱少爺、少奶奶，直接叫松柏兄、松柏嫂，還是台語發音；多桑叫他楊祕書，私下叫他楊へ。りりちゃん自創一格，大聲地叫他「羊仔咩咩」！後來才知原來是松平教她這樣喊的。「羊仔咩咩」儼然是多桑的守護大將了。

愈來愈沒有機會可以為多桑和松柏溫一壺酒、旁聽他們父子談心，聊人生、聊天南地北的了。多桑在家的時候訪客很多，秋霞為他們奉茶、請安之際，有更多時候貼近體會多桑的個性和喜怒的標準。對人，他沒有成見，不會去區分外省人、本省人，或是有錢人、窮人，他純粹看人的品性，最討厭說假話的、貪心的人；他很敬重勤勞致富的人，對偷懶的富家子弟他就瞧不起。思想上，多桑奉行三民主義、不贊成台灣共產化，但他對年輕人研究共產主義卻不排斥（也不公開贊成），覺得那是個人思想的自由；他認為不要追求「男女平等」，因為男女生理上和能力上本來就不平等，但兩性在人格上要互相尊重……多桑和松柏父子兩個人的思想基本上是一致的，很新式的頭腦。松柏回到台北的日子，夫妻倆也會持續談論這些。

多桑不贊成共產、也不贊成台灣獨立，他說台灣根本沒有獨立的本錢，需要的是「強而有力又有理想的反對黨」！讓政府不敢腐敗，從政的人應該要讓國家更好才對，不是要謀個人的私利。

和多桑同時代的人都曾經熱情參與了一九二〇到一九三〇年間全島一年兩百多場的文化講座、民報發刊、讀報社；也經歷過殖民苛政統治下的冤獄迫害，他們受著台灣民主思潮勃興的洗禮，渴望自由和自治。可惜在戰後一九四五到一九四七的二二八，這些同志幾乎都犧牲殆盡，接著又有戒嚴法的箝制，有意在政壇顯身手的人也不一定還保有從政的理想。

多桑作為一個內政部的次長，政治上是無力做甚麼發揮，「憑良心講話、把道理講清楚；憑良心做事、把事情做好」，就是多桑的原則了。在這個原則下，多桑不厭其煩，也甘冒大不諱，經常向蔣總統上書，說「戒嚴」是國家之恥，更在總統召見時直言應該調查二二八！還提出「調查的可行之科學方法」。

多桑在政壇上令某些人討厭也可見一斑。但在內政部十一年歷經六位部長，他都是克盡職守，無可挑剔的次長。直到一九六〇年，連震東上任內政部長。

04 政治上的這些人、那些人

秋霞娘家爸爸是品茶專家，人稱「茶博士」，結交的都是著名茶商、富賈，爸爸一表人才，一派藝術家氣息，投資也都順利，秋霞很小的時候都已見識過甚麼是富豪、甚麼是大家族。娘家媽媽受制於從小就纏足，不出門檻一步，無法像爸爸那樣海闊天空的見多識廣，秋霞常常覺得記憶力強、算術精、手工好，藝術眼光高超的媽媽如果識字，一定也能唸到博士！

而秋霞竟然嫁入蔣家！既不是商人，也不是公務員，說是政治界又更不對了，從小嚮往的醫生、教師家庭，好好的教育孩子長大，這樣微小的心願都無法達成，才體會到婚姻真是好大的風險，想像與實際的落差這麼大。

娘家爸爸純然的崇拜蔣家，相當程度的顯示了台灣人在日治的繁華期，到戰前、戰後，對統治者的手段有痛切的經驗，對統治者從中國帶來的官場習性也有著排斥感。

就從戰後陳儀一抵達台灣就發布的演說來看：

本人此次非為作官而來，而是為台灣服務而來。本人做事及勗勉部屬，素來奉行六大信條，即：

不撒謊，不偷懶，不揩油；激發榮譽心、愛國心、責任心。

上述六語即為本人自重慶帶來之禮物。

其實真正的意思是，我們會撒謊、偷懶、揩油；我們沒有榮譽心、不愛國、也不負責任！所謂不撒謊不揩油，說得冠冕堂皇，做的是完全相反的事。

但是外省人也不是都屬一掛的，他們因為各自的派系傾軋，互相之間也有矛盾存在。像是年紀比多桑小了近二十歲的任顯群，和多桑很談得來，以長輩和晚輩相待，但他卻是陳儀重用的人，擔任交通處長。甚至二二八之後陳儀擔任浙江省主席時，還派任顯群為杭州市長；陳儀因通匪被押來台槍斃，任也被牽連，幸而陳誠和吳國楨保釋他，再派任他為財政廳長，對台灣的金融穩定很有建樹。後來吳國楨得罪了蔣經國遠走美國，任顯群因顧正秋的感情事遭到蔣經國挾怨報復而入獄五年。總統府祕書長張群為他向蔣介石求情，才得赦免出獄。但是這個會為人說情的張群祕書長，卻處處防備蔣渭川，阻撓他要向總統提的改革內政措施的建言！多桑為此也和張群有嫌隙。

日治時代對日本不滿的人跑去中國發展，俗稱的半山，也有各式各樣的人格差異，像謝東閔先生在教育理念上就是多桑所欽佩的，他個性比多桑溫和，是一位紳士，辦學校就辦得很好。李友邦先生也是半山，秋霞沒見過（二二八時遭逮捕後被槍斃），他和多桑是「臺灣文化協會」時的同志，就像那年代很多左派青年充滿理想和熱情，一心效忠「祖國」，和渭水伯的主張不同，但希望台灣好的心志是一樣的。秋霞曾和卡將拜訪李氏的蘆洲古宅，秋霞覺得氣質上比林家花園還要好。

台灣人林金生、許世賢、余登發、郭雨新……常來家中出出入入，都只喝茶，多桑從不請人喝酒、吃飯，高談闊論的內容都很嚴肅，有中美關係、世界局勢，立法、選舉，甚至也常有關於台灣獨立的話題。家中情報分子也是出出入入的，怎不怕被人告密呢？秋霞猜想因為多桑坦蕩蕩的，沒有甚麼陰謀計畫可被拿來作文章，也有可能如楊主祕說的：「蔣次長身邊，根本沒有油水可撈啊！」，是吧？

松柏以他自己從戰時的轟炸中僥倖沒死，回台灣的船也沒沉，二二八的死亡威脅也逃過……歸納出一個結論：「不是誰做對了甚麼或做錯了甚麼，純粹是運氣好、或是運氣不好而已。」

05 朋友都是政治家，不是政客

多桑在日本時代就參選過兩次台北市參議員，且都得到高票，可以看出他對從政很有興趣，而且認真的投入，戰後更是奮起，想完成渭水伯的時代「台灣要有一個參議會」的理想，參選台灣省參議員，結果在台北市是落選第一名，沒選上，也就回歸商界、小市民的身分。誰知道，二二八之後，民代被捕被殺得太多了，事件過了一年，落選者便遞補名額，成了省參議員。經過二二八慘案，多桑對政治已經喪失熱情，更沒想到的是，很匆促的情況下被任命為內政部常務次長。這個位置雖隸屬「中央」，但無資源無實權，可發揮的空間非常小。

一些比多桑年輕十多歲的「老」朋友，投身「黨外」的政治訴求，有的參與選舉，有的直接在基層和鄉里貢獻心力，多桑都特別嘉許，這符合多桑的「要有一個強而有力、不自私的反對黨」的理想。所以常常有這樣的朋友來家拜訪，他們的言論、或辯論，都很有意思，秋霞也吸收了不少新知。

有一位高雄人士余登發先生，和多桑一樣具有草根性，講話大聲、豪爽，人很真誠好相處，感覺特別親切。但是多桑和他有一個主張很不相同，松柏曾說多桑是一位「大台灣的愛國主義者」，台灣要盡己之力做得好，不管中國怎麼樣，對中國根本不要抱任何期望；余先生則是「中國統一的愛國主義者」，他覺得整個大中國要一起好起來才對，因為我們都是中國人。看來好像差異很大？松柏說這沒有誰對誰錯，他們兩人一致追求台灣的民主自由，這個基礎是不用懷疑的，所以不傷朋友感情。

還有宜蘭鄉親郭雨新，是多桑像兄弟一樣的好朋友，郭先生是一位台獨主義者，嚮往美國式的民主，他主張在台灣還沒有條件獨立之前，應該先有「兩黨政治」的環境，所以他相當投注心力在創黨。但也因為和雷震籌組政黨而受到情治單位監視和打壓，他萌生想要赴美國的念頭。秋霞記得在滿雲小姑婚宴時郭先生以至親長輩身分出席，宴會後回到家裡和多桑聊天，忽然兩人大聲小聲吵起來，原來郭先生講到他赴美的計畫，多桑反對的理由是：「老母還在，你去了一定回不來，做子息的人不可以這樣！」多桑一定想起他才三十歲時因為忙於社會運動，和渭水兩兄弟都沒有好好盡孝道；也有可能是看到太多因政治問題流落國外的人，最後難免妻離子散，於心不忍吧？

秋霞最印象深刻的是一位「無黨籍」的高玉樹先生，他對選舉很熱衷，兩次競選台北市長。第一次對手是吳三連先生，可能因同是台灣派吧？高先生以消極態度競選而落選，算是求仁得仁。第二次對上國民黨籍的王民寧，這位姓王的在二二八時做了很多有爭議的事，很多人記憶猶新，而國民黨全力支持他，所以選戰激烈之外，還帶一點險峻。投票那天，多桑催促每個有投票權的家人都一定要去投票，秋霞問他：「多桑您要選誰？我的票就支持您。」多桑正色說：「我選誰是我的自由，但是我不說；妳要選誰也是妳的自由，我不會叫妳選哪一個人。」多桑真是徹底奉行民主政治的人！

當天晚上開票結果還沒出來忽然就停止開票，然後還停電，氣氛顯得很肅殺！十點多時門房匆匆來報有訪客，原來是高先生！多桑匆匆穿上外套就和他一起出門……

二二八的時候，陳儀天天派車來接多桑會談、共赴電台廣播，那時情況的險惡秋霞沒有經歷過；吳國楨派座車來載多桑赴官邸接派任民政廳長那次，全家的驚恐狀，秋霞永遠無法忘記。這次，高玉樹會被作票嗎？如果當選變成不當選那也還好，現在多桑陪他去哪裡？會有生命危險嗎？

情況太曲折，以多桑的權位根本不可能帶起甚麼作用，他和高玉樹只能見到陳誠，要他勸「老先生」不要強硬，美國一定有掌握開票結果，硬不宣布的話，只有他自己在美國方面的信用完蛋了。

高玉樹先生在台北市長任內有很多建樹，他也成為全國公務員率先公布個人財產的第一位市長。

高玉樹和多桑曾有一個話題，講到怎樣防止公務的貪汙舞弊？他們提過一個名詞——「公務員財產來源不明罪」。可見得像多桑這樣正直的從政者，是多麼厭惡貪官汙吏、舞弊、謀私利啊。

【註】《高玉樹回憶錄》著墨於政治理念、學經歷和政績較多，選舉的部分相對輕描淡寫，他和蔣渭川後來交集也不多，是所謂「君子之交」。一九七五年蔣渭川逝世時因已無公職在身，告別式極其簡單，高玉樹隻身前來悼念，在靈前佇立許久，默哀許久才離去。

第五章——松柏回歸醫生本業，是社會醫生

01 醫「病」、醫人、醫心

秋霞作夢也沒想到松柏有正式當醫生為民眾看診的一天！雖然只是代診，而且要揮別家人，住在基隆。基隆市是在哪裡啊？據說是一個山城，又有海港，這麼說起來應該是個很美的地方吧？秋霞在心中描繪起未來，山中小城的生活。

松柏每天寫家書，託翁學長的兒子晃一君帶到成功中學，交給松平，松平放學把信帶回家交給秋霞，回信也是這樣交換。兩個讀中學的男孩子就這樣當起信差，很盡責，也常常拿來取笑哥哥嫂嫂。

學長太太很照顧松柏，念在看診時間很長、病人很多，相當忙，就讓松柏吃得很好，每星期日松柏回到台北，家人都能感覺他過得很愉快，氣色不錯。和多桑的談天內容多了他的醫病心得，更多一些社會底層的窮人和病苦人的生活百態。這是和台北都會區很大的不同。

松柏在台大醫學院選的是外科，當初遲遲無法放膽開業，最大的原因當然是外科診所需要設備、器材、助理，甚至病床和病房，龐大的資金，使開業的心願躊躇不前，只好放下。學長的診所是「翁內兒科」，每天病人川流不息，松柏忙著問診、開藥、為病人打針，也為外傷敷藥包紮，不需動外科手術。學長太太讚美松柏「好像懂得『讀心術』，病人一走進來，他就知道他哪裡不舒服，閒聊幾句，還沒開藥病人都說『覺得好多了呢』，松柏有名了，診所生意愈來愈好！」

秋霞期待著，想去基隆看個究竟。終於，松柏決定讓秋霞在一個星期天帶了慧容和理容坐火車來基隆一趟。

畢竟是鄉下地方，火車很舊，也不太乾淨，人很多，帶的貨物也多，菜、衣服和一些雜物，都露出來，沒有裝在袋子裡，秋霞覺得和年輕時坐火車那種優雅的經驗很不一樣。想到翁學長的兒子要搭火車去台北上學，每天！那一定相當辛苦吧？

忽然，理容「哇」的一聲大哭起來，全車人都嚇了一跳，她大聲地哭，緊緊抓著媽媽：「媽咪～那個人、那個人一直看我……」害得一位歐巴桑很不好意思，急忙地說：「失禮啦失禮啦！我沒有壞意啦，我是想你們母女怎麼長這麼漂亮，好像俳優啊，才會一直看。失禮、真失禮！」其實這些人看來都很老實，真的沒有壞意，秋霞也欠身向大家致歉意說小孩實在聲音太大了。女兒們沒有出入過公共場所，就是出門也都是看到認識的親人，尤其理容，唱歌跳舞、表演，平時一點也不怯場，大概看姐姐也是一臉緊張，都嚇到了。

這一趟坐火車到基隆，算起來還好。秋霞記得一次獨自去「頂雙溪」，那才是驚心動魄！松柏受朋友邀請去看一條產業道路的開拓，在山上住了好一陣子，開設道路是為了將木材運送下山，還不知投資報酬率如何。投資者請託秋霞上山探望松柏時，攜帶要發給工人的薪資。生平第一遭，身懷鉅款，坐「輕便車」去到一個完全陌生的地方！車子蜿蜒前行，深入山地，同一車廂裡的人真的都「一直一直的盯著你看」！彼此都不知道對方在想甚麼，每一分鐘都像一年那麼長。車子短暫停著時，就會冒出幾個小孩，向大人要「飯」吃……

幸好後來松柏認賠退出，才沒有深陷泥淖。松柏可能比多桑有較新式的經濟頭腦吧，但是整個大環境不好，蔣家又沒有雄厚的財力，說甚麼都不會是成就大事業的料。他應該本本分分的當一個醫生吧。

基隆讓秋霞非常失望。首先是火車的煤煙把大家薰得一身煙味！難怪車上的乘客看起來臉色都不好，車廂也乾淨不起來。多雨的基隆，是有名的雨港，房子為了防漏水都塗上黑色瀝青油，小小的民房沿著丘陵地興建，一層一層疊高，很像灰灰黑黑的鴿子籠，整個都市顯得暮氣沉沉。想像中的山城、港都，應該像松柏愛唱的〈歸來吧！蘇蘭多〉那樣，有著紅瓦白牆、藍天和雲朵，海上風帆點點，不是嗎？

學長家是基隆望族，診所位於市中心最繁華的地段，鄰近有夜市、百貨店，生活機能很不錯，秋霞注意到學長的女兒讀的小學是基隆首屈一指的公立小學，初中就考取北一女了，這讓秋霞增添了一大好印象！

學長太太熱情款待，感謝松柏把診所經營得那麼好。她鼓勵松柏要開業，尤其開內科診所，一定會是成功受人尊敬的醫生。

秋霞與有榮焉，想說松柏從小在多桑從事的社會運動、商界，見識過多少各色各樣的人，又歷經二二八，到現在詭譎的政界。一路的顛沛、坎坷，練就了精明冷靜的頭腦，他又有醫學院的專業訓練和人文素養，能體察別人的想法、分析問題、解決問題，如果在一個小城市當一個小醫生，不必賺大錢、不需要大富大貴，只要小孩平安長大，接受教育，有好教養，秋霞覺得於願足矣。相信松柏也是一樣的想法吧。

02 決定了！搬到基隆

多桑在內政部常次任內歷經的幾任部長，都對這位次長深表嘉許與支持，多桑剛正不阿、不巧言令色，這種脾氣也漸獲下屬的理解，權力傾軋的事情好像變少了，至少官位的爭奪戰延燒不到這裡。到現在，看來多桑的政途漸漸趨於平穩。

松柏因緣際會，為學長代診的工作也結束了。「去基隆開業」應該正是時候。

自己不開業的鄭教授、林教授、杜博士都極力贊成松柏離家創業，翁學長更是積極，為松柏尋覓適合開業的地點。根據學長的分析，新創業的醫生應該要到偏遠地區、生活水準不高的地方去開業，因為生活條件低的人容易生病，需要醫生。學長甚至務實地說：「對你這種『社會學』修得很好的醫生來說，在低生活水準的地區開業，正可以大顯身手，和三教九流的人打交道。」

秋霞還沒有意識到甚麼生活水準、社會學、賺不賺錢的層次，只是對「離家」、

「開業」的遠景，全心全意的嚮往。第四個孩子就快要出生了呢，這一大家子要生活啊！

多桑一向理性，雖不捨松柏離開，但對於小樹長在母株近旁，飽受壓抑的缺點了然於心，也就順勢贊同。充滿矛盾心情的是卡將，松柏是她的長子，和小弟松平之間，松柏有五位妹妹，妹妹和妹夫都敬重這位大哥，有事隨時可以相商的光景將要不復存在了，大家都有點捨不得。

儘管不捨，搬家的事還是進行著。學長的住家在「仁愛區」，是全基隆的首善之區，面對港口、鄰近火車站，有最大的街道，開滿了商店，診所也多，內科、小兒科、皮膚科、齒科、骨科……學長幫忙選定的租屋則在「安樂區」，那是在火車站的背面，在台北的話就是所謂的「後車站」了。但基隆沒有後車站，出了車站要走過一條汽車、三輪車與行人共用的陸橋，越過橋先經過中山區，然後才到安樂區。接著地勢漸次高起來，據說這條路一直上去，越過山就會到金包里、萬里、石門、野柳等北海岸。

租屋在安樂區邊緣，緊鄰中山區，所以可算是基隆的邊陲地帶中最靠近「主流」的區域了。松柏對這裡也只有片片段段的概念：勞動人口多，以碼頭工人為最多數；沒有西醫診所，中醫、草藥店、跌打損傷科等，才是這裡的醫療主力；只有一間小學名為「安樂國小」，但很多足齡的小孩並沒有入學，上學的小孩很多還是赤著腳，不習慣穿鞋。

租屋是一間兩層樓木造房屋的一樓。房東是一位獨居老太太，住在二樓，她上下樓使用室內的樓梯，也就是說她出出入入都在「家裡」。

非常老舊又顯得危險的房子，樓梯的後方是廚房和盥洗處，中間是診療室，左邊是榻榻米通鋪，是全家的睡房，診療室有診察桌、洗手台（消毒水台）、桌上有X光片的燈台和血壓計、聽診器、頭燈等，外加一張診療床；藥局有內服藥品櫃、外用藥品和工具櫃、病歷格等等，診療室佔了整間屋子最大的空間，但設備實在相當克難。

知道初期的艱難，先只帶襁褓中的小女兒娟仔來，大的三個女兒暫時跟多桑卡將住，小姑小叔幫忙照顧。

秋霞一生中最大的震撼和恐懼這才要開始！

租屋過去經營撞球間，開過賭場，發生過凶殺案，也有人自殺；是一間不折不扣的凶宅！承租時介紹人有據實說明，但松柏研究現代科學的人不會介意這些，秋霞則是深信介紹人說的：「醫學是救人的，所有進醫院來的殺氣，都會因為醫生的正義之手拿的正義之刀，可破除血光之災！把殺氣變成吉祥氣。」

鬼不可怕，行得正做得正，醫病、醫人、醫心，做的是好事就沒甚麼好怕的。夫妻倆互相激勵一番。但因為存心「救人」、「做好事」，每看完一個病人，包好了藥、交代服藥的細節後，兩人都不好意思開口收醫藥費！搞得病家滿臉狐疑，問：「多少？」松柏竟漲紅了臉說：「不要了……下次……再收啦！」好心的病人會笑說：「先ㄟ啊，我一次就要看好啊，你叫我下次來？下次不會來了啦。」

最糟糕的是房東老太太有精神分裂症，好好的時候沒事，有時發起瘋來摔碗、敲鍋，跺地板，最可怕的是半夜淒厲的鬼吼，哭天搶地要尋死。聲音騷擾還只能忍受，最怕她做出危險的事來，把房子燒了也說不定，拿刀砍人也有可能。成天擔驚受怕，秋霞神經衰弱非常嚴重了，靠吃安眠藥入睡也無解。

兩個月後，松柏籌了一大筆錢，用比市價多上好幾萬的錢買下整個屋子，也和精神科的學長接洽好收容老太太的療養院，讓老人受到好的照顧，安享天年。

開業醫的震撼實習告一段落。現在有了自己的房子了，診所和家庭的藍圖就在這幢簡易、木造的兩層樓房展開了。

03 悲喜一九五七

這幢危樓市值七萬元新台幣，手頭拮据又家無恆產的松柏勉強湊足了十二萬元買下來，多付五萬元可以讓房東老太太住進療養院以安度餘年。這樣，總算兩層樓的空間可供家居與診所使用了，不必再擔驚受怕了。但是攸關安全的房屋結構問題只好暫時擱置，目前也無力多做修繕。

這幢房子最大的優點，是它面臨安樂區最大、也是唯一的一條馬路，佔盡地利之便。屋後有一座山，據說就是有「靠山」的意思（許多年後聽耆老說這座山是「好查某仔山」意指「會生出好女兒」）。基隆雖然多雨潮濕、市容也不好看，但是人們不失純樸，也很善良。

更重要的是，這幢名聲遠播的凶宅，傳說會因為有仁心仁術的好醫生來開業，而破除血光、凶災！的確有此傳言，但究竟是真是假，鄰居也都在等著看。

召到一批木工、水泥工、水電工，松柏自己畫圖，帶著工人採買木料，和他們商量，用最省的材料、最快的效率，做最必要的整修。工人們見識到這位年輕的「先ㄟ」的本事，自己做工頭、也親身撩落去做，水電也懂、鋸子也會操作，糊水泥牆也很快就學到要領。和工人相處融洽，工人們也好像在做自己家的事一樣。

動工期間還沒正式開業，已經有不少患者上門來了，診間還在敲敲打打，松柏已必須開始診療業務。初時以為這是開業順利的好兆頭，豈知，事態嚴重。

病人漸漸的多起來！左鄰右舍也有平日來幫忙打雜的人也患病了，松柏意識到這不是尋常的狀況，抽個空跑到翁學長家，問問看他有甚麼見解？兩人研判這應該是「流行性感冒」。慢慢有國外更多的訊息了，確認這是「新型」的流行性感冒！又叫做「亞洲型流感」。疫苗尚未面世，特效藥也不保證能治癒。

已經來不及布署！未完工的診所立刻陷入沒日沒夜的看診狀態，能用的人手都用上了，隔壁骨傷科的助手、藥商，都被拜託來幫忙。打針、消毒的細緻工作不可馬虎，吃飯和睡覺的時間只好犧牲了。

未滿周歲的娟仔在診所一牆之隔的房間昏睡、高燒，秋霞抱著她束手無策，只能祈求老天垂憐，孩子不要有個三長兩短。

這是悲喜交織的一九五七年，天意讓松柏和秋霞順利的來到基隆開業，在安樂區這個勞動者的聚集處落腳，未來，這應該就是一家人安身立命的所在吧？與窮、病、苦的人們為鄰，秋霞想著：我們哪裡有比他們了不起嗎？沒有，我們只是比較幸運而已。甫開業就遭遇大流行性感冒的衝擊，是危機也是良機，在逆境中廣結善緣，受到那麼多人的幫助。

夏天過後，疫情趨緩，松柏的診所已經奠定了堅實的基礎，孩子們也幸運地都健康平安。夏天過後，學校要開學了，慧容將從台北的東門國小轉學過來，理容也將要讀一年級。基隆，一家人就要安身立命在此。

04 與松輝阿兄重逢

流行性感冒過去了，病患不再擠得人山人海，但診所從清晨開門到晚上，還是沒有一刻是空閒的，總有三、五個在候診。吃飯的時間都不一定，甚至完全抽不出時間吃飯，松柏無意訂出休診時間，他想病患一定是不得已才來找醫生，那就要盡快解除他的病痛，不要拖延。這種三餐不繼、生活亂了步調的日子，實在是以前在多桑身邊無法想像的事。

剛開業時急就章修整的房屋也只做一半，二樓的地板縫隙、吱吱嘎嘎的木板摩擦聲，顛顛危危的樓梯……都沒有時間徹底地修好，更遑論掛招牌了！這間診所還沒有名字呢，甚至也還沒有想取甚麼名字。

每個星期日休診，攜家帶眷回台北，孩子們和阿公阿嬤團聚，松柏有很多事可以跟多桑報告，行醫的狀況、基隆的風土民情，多桑非常感興趣，與五十年前的台灣窮鄉僻壤做比較。多桑在宜蘭度過窮困的童年，和渭水阿兄一起叫賣李子冰，飢渴交迫中只是吞口水也不敢偷吃一支冰！失學的青年期在台北大稻埕做小生意支持阿兄的社會運動，一生都是顛沛流離，到現在內政部也不是清閒的差事。松柏和多桑一樣都是「勞心」的人，體力上的勞累對他們來說反而是調劑，所以多桑一有空就在花園裡搬磚、砌花圃，造一座假山、在上面栽種，樂此不疲；松柏則是在診所一角隔出工作室，自製板凳、桌子或置物櫃，也修理舊傢具。對於做出成品，就欣欣然，很開心。

診所名號依多桑的意思：「就取名『樂安醫院』吧」！嗯，安樂區的樂安醫院。有渭水伯「大安醫院」的影子，既合情合理，讀音也好聽，用台語發音「ㄌㄛ安病院」更好聽。

很快的招牌做好了，學長說「也沒算算筆畫！也沒拜託大官題字！也沒看日子這樣就開張啊？松柏你真是『青蕃』啊！」大家都笑起來。

那時有很多沒有醫生執照的號稱「總統牌」的密醫，他們在政府的保障下行醫，也不用繳稅，招牌掛得冠冕堂皇，都是顯赫的人題的字。也有人掛上蔣總統頒贈的匾額！松柏說：「幫人治病的人是我，又不是蔣總統！」

掛招牌那天早上，一位省立基隆中學的高中生走過，往火車站搭火車到八堵上學，到他放學走回家路過時，看到招牌已掛好了。他飛快地奔回家，他家在大馬路右轉的支線，西定溪邊的西定路上。他忙不迭地說：「爸爸，那邊安一路上新開一家醫院，院長名叫『蔣松柏』，你是蔣松輝！那他是你的誰啊？」他父親驚訝的叫起來：「啊？松柏仔？松柏到基隆來啦？快要三十年沒見了……」

蔣松輝是蔣渭水的長子，那位路過的高中生是蔣智揚，蔣渭水的嫡長孫。當天晚上，兩位堂兄弟重逢了！上次的見面是在蔣渭水臨終的病榻前，一九三一年八月五日。那時松輝十八歲，松柏才只有十歲。

蔣松輝從小跟著祖父母在宜蘭生活，考上台北一中才來到台北和父親蔣渭水一起，相聚短短三、四年，剛剛考取長崎醫大就逢父親驟逝！是一對「薄緣的父子」。無力就學的松輝投靠在上海行醫的母舅石煥長，定居揚子江畔，他娶了日籍妻子，三個兒子取名智揚、仁揚、勇揚。

堂兄弟睽違二十六年之後的相見，大家都百感交集，秋霞一直是小姑小叔們的「大嫂」，現在有一位日籍只會說日語的年長許多的嫂嫂，和三個大男孩侄子，倍覺親切又有安全感。在基隆，不再是孤單的一個小家庭了！

松輝一家從三〇年代住在上海，直到戰後，猶疑許久要不要回台灣？台灣籍、日本籍，逗留上海總不是辦法，直到一九四七年才等到船期，整裝搬家回台灣。

輪船到達基隆港那天正是二月二十八日，船在外海下錨，被通知不能進港，但沒有人知道是為甚麼。平白在船上多待了兩天，終於，船被允許進港了！

回台之前已接洽好新的工作，在基隆麵粉株式會社擔任會計，上岸後直接赴麵粉廠的宿舍，安頓家小。他沒有聽廣播，沒有去港邊，不知道台北的緝煙事件，也不知道屠殺、反抗等等事件。只知道有戒嚴，感受到有騷動不安。長期的社會經驗讓他懂得明哲保身，低調、不要出風頭，沒有人知道他是誰，做一個安分的小市民，就是他的保護色。

「要感謝『窮』，因為窮，我沒有去長崎讀書，躲過了原子彈；因為窮，我拖拖拉拉的，直到一九四七才決定搬回台灣，又躲過了二二八！」松輝說得實在沒錯。他還說：「如果我戰後就跑回來，我一定像阮老ㄟ（我爸爸蔣渭水）和阮三叔仔（我叔叔蔣渭川）一樣，冒死去協調官府和民間的糾紛……那麼我的下場一定比三叔和我弟弟（蔣渭水的三子蔣時欽）還要慘。」

松輝堂兄說的一點都沒錯！明哲保身以免惹禍上身。不過想到戰後已經十多年了，他們一家落腳基隆也已經十年，應該把渭水姆接來同住，讓她安享天年才好。

05 多桑的二二八，就此沉埋？

一九六〇年，對松柏、對多桑，又是充滿變數的一年。

多桑在內政部整整十年了！勞心勞力、無私無我、戮力為公，歷任的部長：谷正綱、余井塘、黃季陸、王德溥、田炯錦，都對他深表信任，也支持他的作為。唯一遺憾是心心念念的二二八事件調查，屢次向總統提建言都被借題敷衍了事，後來連晉見的機會都少了，上書只能透過總統府祕書長，是否傳到？誰知道？多桑自始，只有一九四九年遞補上省參議員之時對魏道明省主席的報告書有得到善意回應，但其後也是不了了之。魏道明省主席只是勸告他：「你這人就是硬梆梆的，說的話會刺到人，老先生不愛聽這種話啊。」二二八時冒死寫下的日記，正本寄到南京，下落如何？不知道，複寫本藏在家中，何時才是讓它重見天日的最佳時機？

這一年的五月三日，內政部長連震東上任。

秋霞和松柏診所的業務則是忙到天天都毫無喘息的時間，孩子們也一天天長大了。

慧容升上了高年級，開始有補習課程；理容則是早把慧容的教科書都讀得爛熟，自己的功課輕鬆得不得了，還有餘力參加鋼琴比賽，在學校的升旗典禮還彈唱國歌、國旗歌，松柏也被校長邀請擔任家長會長。

帶著四位女兒來到基隆的小家庭，再添了一口！還是個女孩兒，取名「婷婷」。松柏沒有重男輕女的觀念，秋霞娘家有五個妹妹、自己家有六個妹妹，現在，歡天喜地的迎接這第五個「千金」！松柏不迷信，也沒有特別的宗教觀，只認同生命價值，感謝每一個生命都是造物主所賜，疼惜每一個生命。

但是家裡實在太擠了。兩層木造屋處處都有危險，萬一有個地震是不是會垮下來？非常令人擔心。小鎮醫生的診所雖然「生意」鼎盛，但是病人的醫藥費卻常常只是拿一條自己捕撈的魚、一把自己種的青菜來相抵，要存到足夠的錢來改建房屋，想也知道會是永遠到不了的夢想。秋霞想問：改建房子的事可以和多桑商量嗎？但是，很快地打消了念頭。

戰爭結束時多桑剛剛滿五十歲，日治時期是他生命的精華年代，從事社會運動和文化啟蒙起家，後來辦報紙、開辦讀書會，再後來經營書店、開文化公司，他關心文化和教育的脈絡十分清楚，一以貫之。多桑對金錢的價值觀也有他自己的一套，不是商人的在商言商、將本求利那麼淺薄。

多桑曾經告誡松柏：「如果有人跟你借錢，絕對不要借。如果你因為同情，或認為他一向有信用，就覺得『借』給他沒關係。你如果借給他，那你就要想是『送給他』，而不要期望他有了錢會還你。這是人性。你缺錢時也是一樣，絕對不要跟人借錢。」

困境激發勇氣！松柏這一生從來沒有不勞而獲的事情，但是只要是他想做的，就一定會達成目標，把它做到。此路不通，沒關係，一定有路的。相信有一天，會把家建造成一座堅強的堡壘，庇護家人。

儘管如此，自己的煩惱和計畫還是不敢在老父面前提起。有一次回台北發現多桑神情抑鬱，好像一下子蒼老許多，連震東成為他的上司不過三個月，多桑沒有甚麼猶豫，毅然遞出辭呈。辭去了擔任將近十一年的內政部常務次長職。

多桑辭官是求仁得仁，只是以後再沒機會在政府機關做二二八事件的調查，是一個遺憾。另外有一件讓秋霞痛心的事，一次看到多桑桌上一篇公文，「考績『丙』等」！有任職十一年，丙等的次長？想到多桑常唸那些二二八死難的友人無以瞑目；而那些諸如黎姓某軍總司令、石姓名律師，護蔣總統有功者的官邸，那些享受著民脂民膏的官府美眷們，日日宴客、笙歌不輟，對比多桑沉痛的神情，秋霞心內有著深深的悲哀。

06 再越過一座山

考驗總是沒完沒了，高山險阻，前路多崎，爬過一山還有一山。

全家暫時搬到對面巷子內的租屋，破舊的老屋完全打掉重建。一幢鋼筋水泥構造，地下一層的地基，兩間店面的四層樓房，「樂安醫院」昂然矗立在原址，當時可稱之為「大廈」了。松柏有遠見，申請的建築執照和建築結構都以六層樓規劃，也預留了電梯空間，計畫十年後再來完成兩棟六樓的電梯大廈。看來不僅「安身立命」，彷彿立志要永世傳家。

這一年松柏四十歲，在這個小地方已小有知名度。新居落成、診所新開張、賀客盈門，這番來自各方人情的盛情總是要還的，便藉著為多桑祝壽，在家裡辦外燴宴席，擺了五桌宴請賓客。「不收紅包」是秋霞的堅持，她記得多桑逃難一年後為她和松柏主辦婚禮，七百多封賀電和禮金一一回復的辛苦歷程。「不要欠人人情」也是家訓。

多桑顯得非常欣慰。松柏引導他參觀診所設備、規劃，每層樓的隔間和使用。說：「多桑，這裡的每一根柱子、每一面牆，到每一顆鐵釘，都是我們自己的！」

診所佔了一樓的一爿店面，另一爿租給當地的郵政支局，支局長一家就租住郵局那一邊的二樓，這一點多桑甚感滿意，因為這意味著松柏會有一份穩定的收入而不必擔心診所的淡季或旺季。診所這邊的二樓是客廳、飯廳、廚房，三樓整層是一家人的房間、書房、起居室。四樓除了有桌球桌可供娛樂，最吸引多桑的是這裡是松柏的「木工廠」工作室！大片的工作檯，一大堆待整修的舊家具、各式工具和零頭木塊木條木片……琳瑯滿目，父子有相同愛勞動的興趣，不免相視而笑。

帶多桑去廚房，看新砌的磚造灶頭，一邊角落又設有一個懷舊風格的灶，好像裝飾用的。松柏指指那兒，說：「底ㄏ一ㄚ」多桑問：「怎麼拿？」松柏指點著說要移出一個磚塊，裡頭是空的，再伸手進去拿。

理容一向調皮，跟前跟後聽得津津有味，趕忙問：是甚麼、是甚麼？這太有趣了。松柏蹲下身，附在她耳邊小聲的說：「是黃金喔，不可以讓別人知道喔。」

理容還想追問，但只是機警的點點頭，食指放在嘴唇，附和著說：「噓」，不可以讓別人知道，那當然就不要多問了。松柏知道理容打破砂鍋問到底的個性，還是要跟她解釋清楚：「黃金是很重要的東西，爸比媽咪要用來保護你們和阿公阿嬤，一定不可以告訴別人。」嗯，這很重要的大事，理容決定要很謹慎的保守這祕密。

多桑的二二八日記複寫本過去藏在多桑的書房，秋霞曾經想拿出來一探究竟，松柏說：「為了保護妳，和家人，妳還是不要知道的好。」秋霞也就放下了。現在，新家廚房的灶頭一角，藏著二二八不為人知的故事，甚麼時候可以公開拿出來？公開了會發生甚麼後果？會被槍斃還是暗殺？還是現在時代不同了，會被褒揚嗎？究竟是好事還是壞事？誰也不知道。

07 新朋、舊友

安樂區位於基隆市的邊陲，以從事勞動的人口居多，其中不少外來（外省籍）人士，他們多半是隨著「國軍」乘船來台，就地落戶。在地的住民說台語，腔調和台北人沒有很大的不同，「讀書」說成「讀冊」，「一百八十」說「百八」，名詞的後面都加一個「啊」等等，其實差異並不大；外省人則是南腔北調，各式各樣的語言，聽不出來是哪一國的話！必須加上比手畫腳，才能懂得對方正確的意思。松柏待人有一種特別的親和力，總是能很快拉近距離，雙方有良好溝通，讓問診進行順利。

松柏在看患者的空檔就往四樓的工作室跑，有患者來了，藥局生按了電鈴他再跑下樓，這樣一天上下幾趟的運動量，他當作養生，又不浪費時間。所以松柏少有機會待在二樓，二樓反而成了熟悉的訪客自己泡茶、自己聊天的地方，秋霞笑稱家裡簡直就是「公共場所」。所幸家人的生活空間在三樓，孩子們保有不受干擾的自由。

病患、友人都習慣了這個沒有架勢、不像醫生的醫生。有時停下來和坐在二樓的客人喝杯茶，高談闊論政治、社會、選舉等議題都頗能得到共鳴，但松柏鐵了心絕不參與政治，有政界人士來遊說選舉，都斷然回絕。醫生這個專業是老天要他用以服務人間，而不是要獲取功名利祿的；他寧可把時間和精神花在培植小學生的球隊、合唱團，辦演講比賽、頒獎學金等有益身心的獎勵活動。

有一天，里長帶來一位高高瘦瘦的男學生，說：「先ㄟ阿，這個孩子有天才，考取了國立藝專，他家沒有鋼琴，可以借用你家的琴讓他練習嗎？」雖然非親非故，松柏滿口就答應了，還告訴他每天要練多久都可以。這位學生就是後來成為台灣知名、蜚聲國際的作曲大師馬水龍。他與松柏成為忘年之交，終其一生保有亦師亦友的情誼。

生活簡樸的松柏，不買名牌、名車，也不常旅遊，最多的休憩是帶孩子們去金山、萬里海邊遊玩，或走走「獅頭山」，訪清幽的山中古剎。家中從不缺古典唱片的樂音，延請英語家教、書法老師、美術老師來家教學，也帶孩子看電影名片。出生於昭和世代的台灣知識分子，比他們的「先生」前輩吃苦耐勞之外，更多一分對他人、對晚輩的體恤和慈愛。

另一方面，多桑在內政部長連震東甫上任三個月就默然辭了常務次長之職，恢復自由身。沒想到再過了三個月，又獲中央任命為台灣產物保險公司董事長，任務是整頓官營事業弊端叢生的制度和營運。這又是個吃力不討好、會成為「砲灰」的職位，人事布局在戰後早就已經安插陳儀的人馬、皇親國戚、半山等等的勢力分贓，一顆「鐵丸子」硬梆梆的蔣渭川（魏道明之評語）有甚麼能耐來改革和整頓？

相較於松柏主動拒絕政壇的召喚，多桑的政治生涯卻是身不由己、非己所願，但他還是一直都勉力，盡忠職守，想把事情做好，奈何常遭橫逆和打擊。台產公司董事長任內，多桑開始著手撰寫回憶錄，要將一生所為誠實記載。多桑的自我期許應該是此生俯仰無愧吧。

隨著多桑有意淡出政治，松柏的基業又已然立足基隆，一些學生時代的故舊好友、宜蘭的蔣家親戚，和卡將三峽的娘家親戚，來相聚的親戚漸漸多起來。還有松輝堂兄一家也住在基隆，松柏的家儼然取代多桑，成為家族的中心了。

有一天，來了一位「傳奇人物」阿財——林寶財！這名字秋霞耳聞許久，這才第一次見到。阿財比松柏大十二歲，他當渭水伯的私人車伕時才十六歲，是渭水伯所倚重的子弟，直到渭水伯驟逝才失散。

阿財的來訪讓人驚覺：歷史並不遠！阿財經歷過臺灣文化協會成立、創辦《民報》、發行民眾黨特刊，也經歷過治警事件、協助渭水伯逃過特高警察的跟監，他載過阿甜仔去北署探監、跟著渭川阿叔奔走聯繫同志……阿財特別具有渭水伯的幽默特質，說到驚險處，他如何機智的化解，渭水伯怎樣對待同志和家人等等，散盡家財仍然樂觀向上……描述得栩栩如生，讓大家聽得有時大笑、更多時候感動流淚。

歷史實在離我們一點都不遠啊！故人來訪，帶我們接續起祖先的精神和時空，不但他們俯仰無愧於天地，作為家人後代也深感光榮。

08 素養、教養、教育

生活步調不知不覺間受到孩子們學校生活的影響。在台北，學校要發動「家長樂捐」是極其簡單的事，但在基隆這地區就行不通了，家長忙於生計，孩子有沒有去學校都無法可管，學校的樂隊、球隊怎可能要他們贊助？於是家長會長扛起責任，就是要找財源、分配資源。松柏主張「錢多少沒關係，但要用在刀口上」這主張和多桑的「不要貪污、不要索紅包」基本上是不謀而合的。合唱團需要的鋼琴，球隊需要的服裝、器材，松柏說服廠商優惠提供；回扣的部分也說服校長和總務，折成回饋，以減輕家長負擔。教練和老師們的指導、加班等費用則不能苛刻，由家長會集資贊助。

領導的人如果慷慨、無私、不貪心，影響到做事的人也就願意認真付出，一起把事情做好，這是因為松柏不是公職，有很大的空間可依照自己的意思發揮，不像多桑在公部門，僵硬的法規、公務員的陋習，想推動一些理想就會碰到很多困難。

原本忙碌的診所業務還要加上這些和本職不相干的外務，松柏曾經罹急性盲腸炎住院開刀，秋霞也有一次急性肝炎發作。一個人倒下，生活就亂了陣腳，雖然有雇用藥局生、有煮飯、洗衣的歐巴桑，女兒們都從小學起就懂得分擔家事，也參與部分外務，作為「先生的女兒」，都不是溫室裡的花。

慧容國小五年級時已經開始有為了應付初中聯考的「惡補」，每天要帶兩個便當上學，因為一個是晚餐，放學後帶去老師家補習。

有一次放學回家悶悶不樂，說：「集體說謊！我很生氣。」原來先是同學們喊著：「毒蛇來了、毒蛇來了（督學來了）！」老師教大家趕快把參考書從書包拿出來，和桌子上的都一起放進黑板前的講台下面。校長和督學好幾位走進教室，站在講台上，老師率領同學們大聲喊：「校長好，督學好。」然後督學問大家有沒有帶參考書啊？有沒有補習啊？同學們也大聲回答：「沒有！」督學就拿起前面一位女生的書包隨便翻了翻，說：「很好」。再訓勉一頓好好讀書、報效國家，還要小心匪諜。

慧容說：「好像小時候爸比說的《國王的新衣》故事，明明大家都在說假話，但是我的難過是我不敢站起來說『國王沒有穿衣服』，我如果站起來說實話『參考書都在講台下』，那同學一定會以為我瘋了！」

松柏說：「他們並不是說謊，他們是在演戲，劇本已寫好了，校長只是照著演。還好你沒有站起來指正，你如果說了，校長就不知道要怎麼繼續演了。」大家一聽，都笑起來。松柏繼續說：「你知道這是不對的，不必當時就說穿，再看看別的事就可以看出共同點，在心裡給它們畫叉叉或打勾勾，說這是錯的，這樣就不會生氣了。」

理容也爭著發表意見，說她的老師叫她去辦公室幫忙改考卷，聽到幾位老師在聊天，說：「醫生有錢讓小孩學鋼琴，一定也可以讓小孩來補習」，然後一位老師轉向她，用手按住她的頭（壓得好痛！）說：「回去跟妳媽媽說，想要考上女中，現在就要來補習！」理容說她有乖乖聽老師的話，回答說：「好，我回去跟我媽媽說，但是老師，甚麼是『補習』？」大家又都笑了，她才三年級啊。

小孩子純真的心靈會不會遭到外界汙染？其實要看心中有沒有「良知」。

慧容班上美術課和音樂課是導師之外的兼任老師。有一位外省「阿兵哥老師」人非常沉默、嚴肅，但是態度上感覺得出來是很有學問、有禮貌、很認真教學的老師，同學們並不怕他，但很自然的上課都不敢吵鬧。他上課時常常用很多彩色但是很舊的圖片，用他很不標準的國語說明給同學們聽。慧容半懂不懂的也記得一些「野獸派」、「印象派」很美的圖畫。其中印象很深的「三個臉的女人」！老師說是「畢卡索」。真的，畫家的「心眼」會觀察到一般人眼睛看不到的角度。

這位老師在學生都放學之後，常提著油漆為學校圍牆上漆。身穿卡其色的衣褲（有點像軍服但不是）嚴肅的面容，他用鮮豔的紅藍白，用心的在圍牆畫出青天白日滿地紅國旗，和「反攻大陸、解救同胞」大字。這位令人遠遠尊敬著的老師，有一天再也沒有來上課了，同學和家長都傳說著：「他是匪諜，他被槍斃了。」

聽到時，秋霞對這種震撼的感覺並不陌生。在「白色恐怖」的時代裡，多桑面對不分省籍的台灣青年所受到的迫害，惋惜有用的人才，卻難施援手。那種深沉的無力感，秋霞很有體會。

09 遠離政壇

多桑自動辭了內政部常務次長職之後，短期有點灰心失志，但很快地恢復信心。以連震東部長底下這個位置作為自己政壇的「完結篇」，其實可以說是適得其所，不值得留戀。回顧在內政部十一年，雖沒甚麼通天大本領，只有關懷社會、憂心政局的使命感，經過好幾次低潮打擊，也從沒有放棄繼續貢獻心力的努力。不曾在職位上趁機獲利，還可能因此擋了別人的財路，受人怨妒，但一切都心安理得，沒有甚麼好不平的。

六十五歲，揮揮衣袖離開非己所願的政壇，於公於私都了無遺憾。

卻是萬萬沒料到，才過不到三個月，十月十二日行政院以多桑是「行政院顧問」的身分，推派他到「臺灣產物保險公司」擔任董事長。

二二八已過去十多年！那些夥同國民黨來台接收的半山們還正在各個公營事

業部門大展身手，各據地盤、結黨營私，各種手段和鬥爭才在如火如荼的展開，一個官派、空降的「臺灣產物保險公司董事長」，名為「整頓」、「治理」，使公司「上軌道」。但是，這分明又是火坑！一個具有優秀本質的耿直台灣人，能在這個「中華民國」政治與文化的醬缸中發揮甚麼作為呢，不過就是砲灰而已！

【註】「臺灣產物保險公司」之簡史

簡稱「臺產」的「臺灣產物保險公司」前身是日治時期日本人在台所設之保險會社組合，二戰後由中國國民黨政府接收。

一九四六年三月，台灣省行政長官公署成立「臺灣產物保險公司籌備處」，責成日本在台的「大成火災海上保險」概括承受其他在台十一家日資保險公司，並由臺灣銀行、臺灣土地銀行、第一商業銀行、彰化銀行、華南銀行、臺灣航業、臺灣鐵路管理局等單位投資，總共「舊台幣」一千萬元，合組成臺灣產物保險；同年六月，「大成火災海上保險」被接收，「臺灣產物保險公司籌備處」即完成任務。

一九四八年三月十二日正式成立「臺灣產物保險公司」。

一九六八年台灣省合作金庫、台灣中小企業銀行、中興紙業公司等先後參加投資，為一「省營」事業單位。

一九九七年九月三十日正式掛牌上市。一九九八年一月二十二日正式改為「民營」。

二〇〇五年八月行政院金管會核准成立「台產資產管理股份有限公司」，其資本額八億元由公司全數持有。

一九六〇年十月十二日人事命令一出，可想而知省議會的半山派又是一片杯葛聲，多桑對政壇雖是灰心已極，但不屈不撓、不向惡勢力低頭的他，只仗著兩袖清風，和「不是我去求官」的氣魄，明知山有虎、仍向虎山行。如果遭到這些橫逆他就退縮不前，那麼他就不是「蔣渭川」了！

保險業的種種法規歷經戰爭和國際變動，早就不合時宜，要改革一定要有高瞻遠矚、不計己利的胸襟才能做到；又，保險業勢必要朝向「市場開放」的目標發展，這「市場」更是那些有貪慾和私心者眼中的大肥肉！很多地盤已經早就私下掛勾、相互圖利底定。有責無權的董事長即便夠勇敢地清理重重黑幕，下場大概也只有「萬箭穿身」吧？魏道明省主席好幾年前就忠告過多桑：「這個碎糊糊的瓷器，你別想把它修補黏合起來，只會把你自己搞得滿身是傷……」

多桑在離開內政部後，已經認為自己是晚年該著手整理回憶錄的時候了。卻是直到一九六〇到一九六九年間，把關於台灣產物保險公司的人事內幕和法規弊端的報告書和回憶錄的寫作一併進行。政府首長更迭如跑馬燈，多桑寫作期間，歷經省政府周至柔與黃杰兩位主席，以及行政院長嚴家淦。包括最後一次上書蔣總統，呈請調查二二八，全部沒有得到回應。

一九六四年六月，多桑辭去台產公司董事長之職，受聘為省政府無給職顧問。至此，完全退出政壇，不再在政治方面發言，投注心力在永恆不變的志趣——蒔花、園藝和閱讀、剪報上。

退休後與松平一家同住，蔣松平是台北市立仁愛醫院婦產科醫師，有一女二子，多桑和卡將終於得享含飴弄孫之樂。

七〇年代，慧容、理容相繼上了大學，也「回」到了台北。幼時與阿公阿嬤共同生活的畫面還歷歷在目，感覺無論多偉大的人，阿公，永遠是慈愛、溫暖，好會和我們一起唱歌的阿公！

10 像巨木倒下

松柏的「樂安醫院」樓上真的像一個公共場所，只要認識的人不管熟不熟都可以自己上樓、自己泡茶聊天，其中最常出現的是搬來基隆第一天就認識的木工陳桑，因為松柏對木工有興趣也有些心得，所以一見如故，其他還有當老師的、藥商、警消、計程車運將、銀行員、土地掮客……三教九流的人，只要自認為和「先ㄟ」投緣的都來者不拒。理容在學校讀了歷史，笑說：「爸比，你好像孟嘗君喔！『大庇天下寒士皆歡顏』。」

秋霞倒覺得很像多桑講過，當年的「大安醫院」故事一樣，在大稻埕有三片店面、二樓原本有十間病房，渭水伯醫術精湛，是一位很成功、也很受尊敬的醫生，但就在松柏出生那一年，一九二一，開始投入「臺灣文化協會」，常常看了幾個病人、收到了一些醫藥費後就把醫院關上門，到處奔波去演講，向民眾鼓吹自治和人權的思想，隔了好幾天再開門，再收治幾個病人。後來大安醫院漸漸變成「社會運動者包吃包住的旅館」！一些留學生在等船班時就借住在大安醫院；有的青年和渭水伯一樣因為言論刺痛總督府，被判刑抓進去坐監牢，出來後不敢回家的人也會在這裡住一陣子。渭水伯卻說他是在「醫這個生了病的台灣」！處方就是「文化要提升」。

結果渭水伯沒有把台灣醫治好，自己也才四十歲就得了急病死了。現在的台灣，有比渭水伯的時代好嗎？健康嗎？松柏眼看著自己家裡經常的高朋滿座、高談闊論，他們都是善良人，安分守己的公民，但是每到選舉，都不在意候選人的政見和地方建設，注意力都在關心「味素粉」、「洗衣粉」或「買票的價碼」！這些是多桑在內政部任職時巡迴鄉鎮極力破除的賄選惡習，沒想到十幾年了！就像吸食阿片成癮已經無法矯正了。

多桑退休後有一次來基隆，看到松柏家門前的安一路在動工程，說道：「我每一次來，好像沒有一次沒有在挖路。」松柏說：「是啊，基隆的空氣已經夠髒了又常下雨，挖路都是一下說修水管，一下說要鋪瀝青，都是沒必要的事。多桑您一向最討厭的『消化預算』就是這樣，只為了把公帑花掉。」多桑沉默。

還有一次，多桑來的前幾天，「太子爺」蔣經國剛巡視過基隆，繼續往金山方向巡視台北縣。這條路一天之間鋪好了平平整整的路面，讓太子的車隊舒適的駛過。多桑來時又看到在挖路！原來，太子走過了啊、經費還沒用完啊、再把路面敲一敲消化掉預算啊……多桑更沉默了。渭水伯同時代的人內心一定都在淌血。

一九七一年，有如晴天霹靂！台灣退出聯合國。政府宣稱這是聯合國不義的「排我納匪」。這之前美國曾經建議，既然國際間傾向以「中華人民共和國」取代「中華民國」在聯合國的席位，那麼，台灣不妨以「台灣」的名義保留住當初作為創始會員國的席位。這個提議被蔣介石以「漢賊不兩立！」悍然拒絕。

秋霞這一生從沒有看到過松柏這麼長時間的沮喪！從來，無論發生甚麼意料之外的挫折，松柏都能在思考分析過後找到辦法：問題在哪裡？我要怎麼解決？萬一做不到的話我還能怎麼做？往往難題就迎刃而解。這次不一樣了，「悍然退出聯合國」，這是把台灣推向自殺的路！蔣介石逞一己之快，不但得罪了美國的好意，還將台灣變成國際孤兒！

這一年，多桑的寶貝孫女慧容剛剛結婚，夫婿是台大醫學院畢業的宜蘭人，婚宴上好多宜蘭鄉親來賀喜，這應該是多桑此生最開心的一天。

台灣被屏棄於國際社會，不僅松柏頓失人生的目標，多桑更是惶惶然倍感空虛。多桑說：「把孩子們放生吧，趁著年輕，去美國！」會這麼說，是因為多桑見識過戰後，台灣人遭受過這個政府的欺壓、蹂躪，和一切的不平。他更加上一句叮嚀：「優ちゃん，去了美國不要睬政治，不要捐款，你們要知道『這個政府眼中沒有政治犯，抓到了就是叛亂犯』，一定要記住。」

一九七四年，りりちゃん（理容）從師大音樂系畢業。從小由「阿公」鋼琴啟蒙，開啟對音樂的熱情，依自己的志趣，走自己喜歡的成長路，也選擇當一位音樂老師，是多桑和卡將、松柏和秋霞都很欣慰的事。

一九七五年四月五日，蔣總統「駕崩」，全國人民被強迫戴孝一整個月。理容在國中的每一節音樂課都要不停地唱「總、統、蔣公，你是民族的救星世界的偉人……內除軍閥外抗強敵…蔣、公、蔣、公……」回家抱怨著：「唱這些唱到腦袋都要壞掉了！在小孩子吸收力最好的年紀！」但在學校卻不敢說，也不敢不帶著學生一直唱。

多桑異常沉默寡言，秋霞每次見他，都覺得他心情更不好，有幾次更默默地流淚。猜想他的心境，是想追問蔣總統：「我屢次勸你『戒嚴是國家之恥』而你都不廢止！還有，你欠我一個二二八的調查！有科學方法可以調查二二八而你不做……」秋霞這樣猜測，因為她知道多桑心心念念，也常常找機會要跟蔣總統說這些。

一九七五年五月五日，蔣總統死後整整一個月，全國人民都準備除去戴孝黑紗、電視節目恢復彩色、生活恢復正常之際，多桑在睡夢安詳辭世，得年八十。

秋霞的日記寫著：「凌晨一時，家翁如巨木倒地般，突然逝世。之前健康如常，毫無徵兆，突發心肌梗塞瞬息仙逝，安然歸天……」

【註】蔣渭川都不知道他會受到蔣介石政府的重用，是因為美國以停止美援作為要脅蔣介石必須重用台灣人，而且蔣渭川是當時擁有最多台灣人支持的台灣人領袖。

蔣渭川有生之年都不知道他會在《美國對華白皮書》中被提到：「在台灣人當中，蔣渭川是一個沒有政治野心而極有潛在勢力的領導人物。」

後記　**秋霞看多桑**

蔣理容

「像巨木倒下」是秋霞在一九九五年蔣渭川先生百歲冥誕前夕，也是《蔣渭川和他的時代》一書付梓之際所寫的追思文。標題已盡情顯示了渭川阿公在兒媳心目中的形象，如巨木昂揚，威武不屈、貧賤不移，努力到最後一刻，寧可壯烈離去，絕不苟延殘喘。

原文以日文書寫，由小姑蔣節雲的先生鄭邦傑先生（時任中央氣象局副局長）翻譯。

一九七五年五月五日凌晨一時，不幸家翁如巨木倒地般，突然逝世，帶給家人無限的悲傷。逝世前健康如常，毫無徵兆，突然發生心肌梗塞瞬時仙逝，享年八十，可謂嵩壽，安然歸天。

家翁生性勤儉、諸事淡泊，雖然歷任省參議員、民政廳長、內政部常務次長等要職，但其日常生活極為簡樸，律己嚴謹，對家庭則備極關懷，是一位和藹可親之大家長。

家翁於七十歲時自政界退隱，餘生過著悠閒自樂的生活，但仍保持其向前邁進之氣慨！構想嶄新、令人欽佩。生平喜好花木，每日太陽尚未升起，即於庭院整理花圃、設計花壇、種植蔬菜等。自行設計動工建造的小魚池，池上並有鋼骨水泥的跨池小橋！頗為壯觀。家翁對美化環境具有濃厚興趣，自得其箇中三昧樂趣。在庭園工作時多穿著舊衣，滿身泥土，常常被來訪的貴客誤為園丁，而鬧出笑話！日常三餐並無好惡，晚餐小酌一小瓶溫酒而已。遇有來客或兒女共餐，則增為三小瓶。鮮有酩酊大醉之時。可說是極好伺候的老人家。

居家的餐後時間，除逗樂孫兒們外，愛好剪報，是自年輕以來的習慣。每日將五、六份報紙所刊載有關政治、經濟、文化等報導、專刊等，分門別類、剪貼成冊，收藏於專用書房。不時地調出來研讀，以吸收新知識、瞭解世界新潮流，以及其他國家進步的狀況。

家翁就任民政廳長之前的許多插曲中，印象最深刻的，就是在我們租住多年的又古老、又狹窄的家中，當時的文人吳國楨先生有一段日子幾乎每天來家中，與家翁密談。只是家翁並未告知內情，我們是由新聞報導才得知其將就任民政廳長之消息。

家翁具有強烈的民族精神，志高氣昂極富愛國心。惜早年處境不佳，飽受失學之苦。其一生耿直，只知奉獻心力，不為利權所惑。退隱後安享餘生，雖然兩袖清風，但怡然自得，實難能可貴。為近代政治家所少見者。

吾等忝為其後代，永遠以家翁為榮，以其清高風範為鏡。

全家福攝於一九五九年。蔣渭川（中坐者）後為松柏與秋霞。前排左三、左四是理容與慧容。

蔣家媽媽蔣林麵與六位女兒，攝於一九四〇年。

秋霞全家與祖母。攝於一九四三年，後右一是秋霞。

秋霞與娘家人合影。攝於一九五七年，後右一是秋霞，中立者小女孩是理容。

戰後的波麗路餐廳招牌

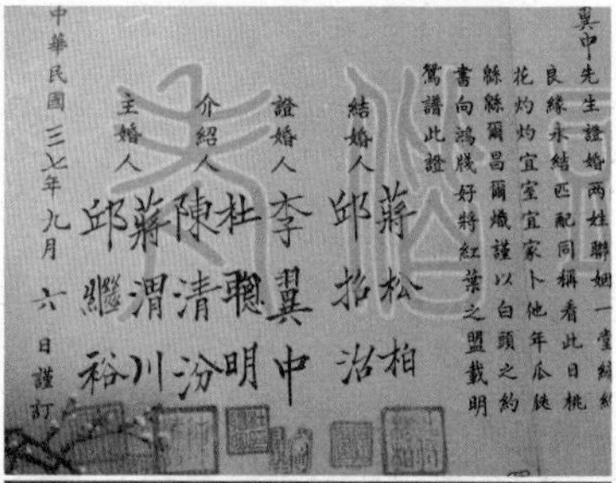

冀中先生證婚兩姓聯姻一堂締約
良緣永結匹配同稱看此日桃
花灼灼宜室宜家卜他年瓜瓞
綿綿爾昌爾熾謹以白頭之約
書向鴻牋好將紅葉之盟載明
鴛譜此證

結婚人 蔣松柏 邱招治
證婚人 李翼中
介紹人 杜聰明 陳清汾
主婚人 蔣渭川 邱纘裕

中華民國三七年九月六日謹訂

兩代婚禮（一九四八、一九七七）都由杜聰明博士擔任介紹人。

秋霞與二位小姑滿雲（中）、節雲（左）。

滿雲與楊碧峰。

節雲與鄭邦傑。

松柏的「老弟弟」蔣松平於一九六〇年代就讀台北醫學院時。

家人出遊基隆大竿林合照。

松柏在基隆自宅醫院設宴席招待親朋故舊好友為父親祝壽。

宜蘭街巽門故居，今宜蘭市中山路二段。
攝於一九二七年二月二十日父親蔣老番（蔣鴻章）靈前，中間柱之右二蔣渭水，右三蔣渭川。

《民族正氣～蔣渭水傳》作者丘秀芷探訪在慈雲寺帶髮修行的陳甜
攝於一九八四年

蔣渭水元配石有晚年獨照
攝於一九七〇年代

蔣渭水長子蔣松輝
片取自一九三一年八月五日大眾葬儀
片
為蔣渭水長子，學業成績總是名列前
，公學校畢業考入台北一中（今建國
學）招生二百人當中的八名台灣學生
一。中學需唸五年，他僅四年就考取
灣總督府臺北高等學校，當年蔣渭水
逝以致失去繼續進入醫學校的心願。
九二九年松輝尚就讀台北一中時，承
命將臺灣民眾黨控訴臺灣總督府「阿
特許」的英文電報拍發至日內瓦的國
聯盟，堪稱英雄出少年，虎父無犬子。

蔣渭水親筆簽名他與陳甜的合照贈與高兩貴先生
蔣渭水指導台北青年會的成立，非常年輕的高兩貴熱心參與其中的體育會、讀書會，並為「黑色青年聯盟」成員，與蔣渭水理念不合但革命情感甚篤。一九四九年蔣渭川受吳國楨起用為民政廳長時，渭川還赴台中邀請高兩貴出來共事未果。

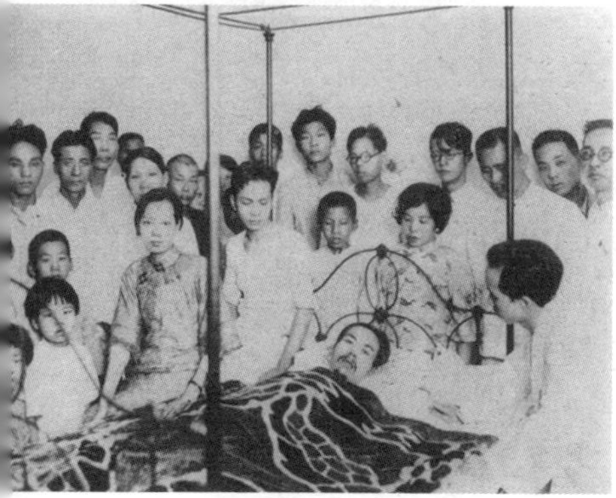

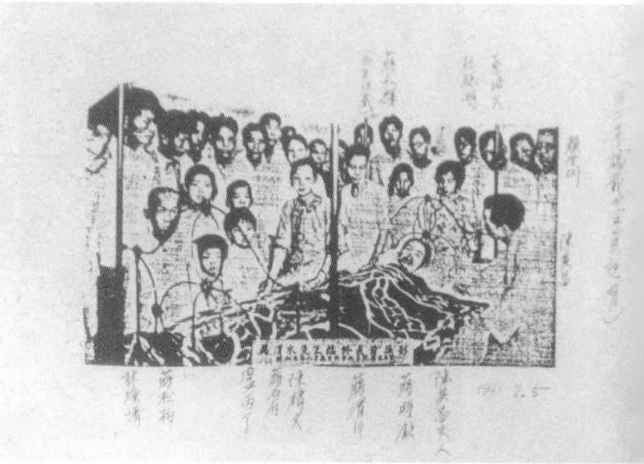

一九三一年八月五日，蔣渭水臨終攝影於「臺北病院」今台大醫學院附屬醫院。
右圖為蔣渭水長子蔣松輝手跡紀錄病床邊同志及家人。

石工工會罷工得勝紀念
攝於一九二八年

臺灣工友總聯盟為臺灣民衆黨內最大的團體組織
攝於一九二八年

臺灣民衆黨第三次全島黨員大會
攝於一九二九年

一九三九年十一月當選台北市第二屆民選市議會議員

蔣渭川在政壇初試啼聲，得到當選二十名中之第七高票。當時投票率高達 96.73%，足以證明日治末期台人投注公共事務的熱情。同年成立「台灣出版協會」擔任理事。

蔣渭川選舉事務所

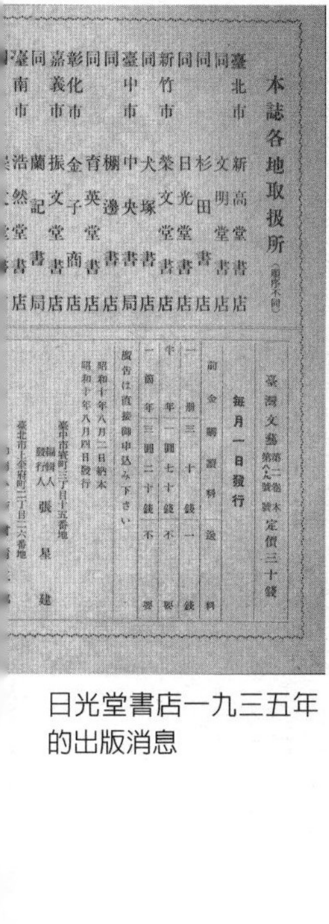

本誌各地取扱所（順序不同）

臺北市 新高堂書店
同 文明堂書店
同 杉田書店
同 日光堂書店
新竹市 榮文堂書店
同 大塚書店
臺中市 中央書局
同 棚邊書店
同 育英堂書店
彰化市 金子商店
嘉義市 振文堂書店
同 蘭記書局
臺南市 浩然堂書店

臺灣文藝 第二卷第八・九號 定價三十錢
每月一日發行
前金購讀料 送料
一冊 三十錢 一錢
半年 一圓七十錢 不要
一箇年 三圓二十錢 不要
廣告は直接御申込み下さい
昭和十年八月二日納本
昭和十年八月四日發行
臺中市寶町三丁目十五番地
編輯人 發行人 張星建
臺北市上奎府町二丁目二六番地

日光堂書店一九三五年的出版消息

山水亭　攝影年代不詳 照片謝里法先生提供

知名的「山水亭」在日治時期一樓即是蔣渭川的「日光堂書店」，戰後擬增資擴大營業，因已有同名書店故改名為「三民書局」。「臺灣民眾黨」籌備處在此掛牌，但是建「黨」不成，改成立「台灣民眾協會」，又被規勸改名為「台灣省政治建設協會」本部設於此。今之延平北路二段 76、78、80 號。二二八事件時，三月十日，蔣渭川家的槍擊慘案即發生在此。

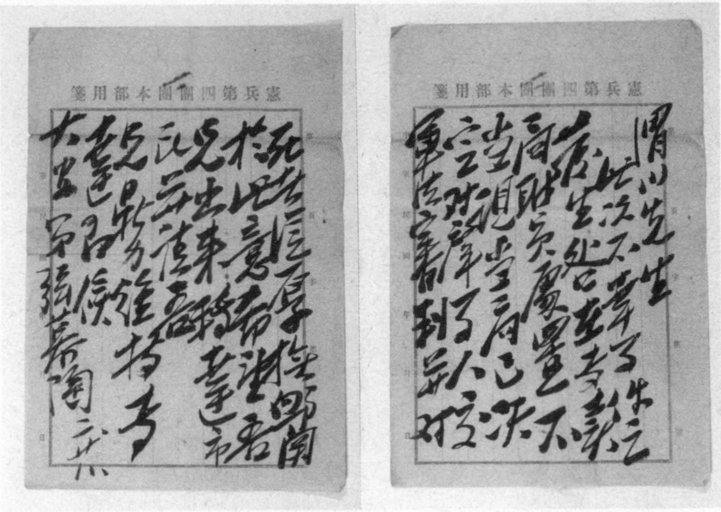

憲兵第四團團本部用箋

憲兵第四團團本部用箋

張慕陶親筆信　二二七緝菸事件引起民怨大爆發後之次日二月二十八日憲兵第四團團長張慕陶奉陳儀之令來請求蔣渭川協助平撫民怨。另有柯遠芬也送信來邀請，後又派人來取回。李翼中也有一信、張慕陶隔天也來了第二信，但都下落不明。而張慕陶的這一封信則是夾在蔣渭川的日記中。

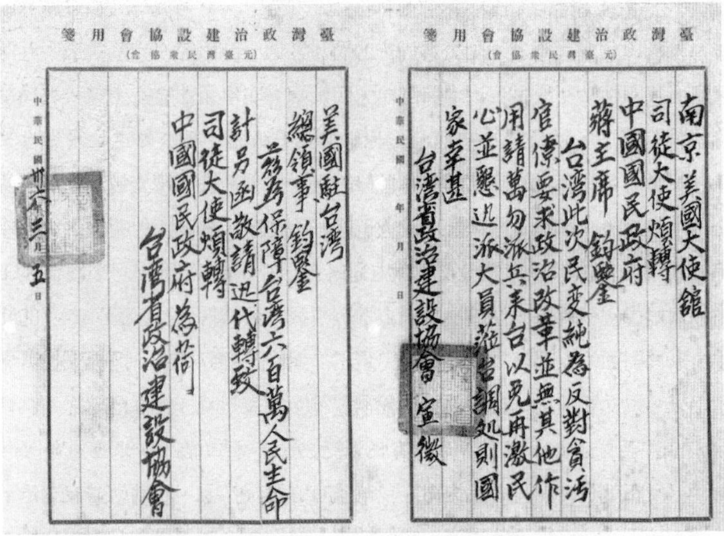

臺灣政治建設協會用箋

（元臺灣民衆協會）

南京美國大使館
司徒大使煩轉
中國國民政府
蔣主席鈞鑒
台灣此次民变純為反對貪污官僚要求政治改革並無其他作用請萬勿派兵来台以免再激民心並懇迅派大員蒞台調処則國家幸甚
台湾省政治建設協會　寅微

臺灣政治建設協會用箋

（元臺灣民衆協會）

美國駐台灣
總領事鈞鑒
茲為保障台湾六百萬人民生命計另函敬請迅代轉致
司徒大使煩轉
中國國民政府蔣主席
台湾省政治建設協會

中華民國卅六年三月五日

臺灣省政治建設協會於一九四七年三月五日致中國國民政府蔣介石主席的電文「台灣此次民變純為反對貪汙官僚……萬勿派兵來台以免再激民心……」此電文之正本存於美國國家檔案局，一九九三年蔣梨雲與其女高雪惠發現後公諸於世。

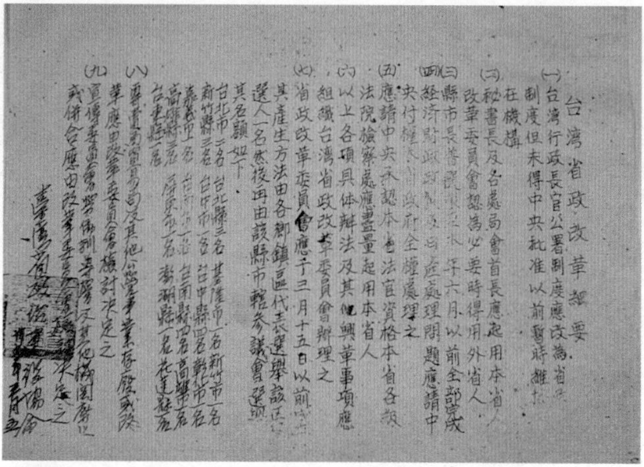

台灣省政改革綱要
(一)台灣行政長官公署制度應改為省[illegible]制度但未得中央批准以前暫時維[illegible]在機構
(二)秘書長及各處局會首長應起用本省人
(三)改革委員會認為必要時得用外省人
(四)縣市長普選[illegible]本年六月以前全部完成
(五)經濟財政[illegible]處理問題應請中央付權[illegible]政府全權處理之
(六)應請中央承認本省法官資格本省各級法院檢察處應盡量起用本省人
(七)以上各項具体辦法及其他興革事項應組織台灣省政改革委員會辦理之
省政改革委員會應于三月十五日以前[illegible]其產生方法由各鄉鎮區代表選舉該區[illegible]選人一名然後再由該縣市轄參議會選[illegible]其名額如下
台北市二名 台北縣三名 基隆市一名 新竹市一名
新竹縣三名 台中市一名 台中縣四名 彰化市一名
嘉義市一名 台南市一名 台南縣四名 高雄市一名
高雄縣三名 屏東市一名 澎湖縣一名 花蓮縣一名
台東縣一名
(八)[illegible]及其他公營事業[illegible]應由改革委員會檢討決定之
(九)宣傳委員會[illegible]及其他機關[illegible]合併合應由改革委員會[illegible]決定之
臺灣省政治建設協會

臺灣省政治建設協會之九點「省政改革綱要」原則與細則

於三月五日擬定並於三月六日重申「今日為最後一次廣播……介於官民之間協調的一是官方要我制止暴動，二是民間希望省政改革，現在這兩條使命都已完成，長官也都在廣播中承諾了，自忖已經盡力，今後要由選出來的委員繼續努力……」的信函，但都下落不明。

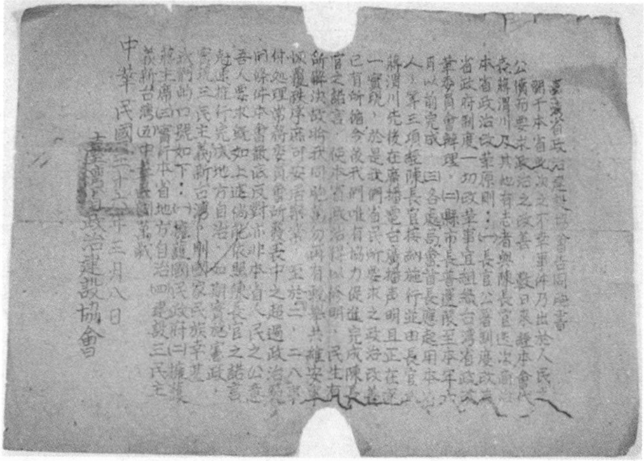

臺灣省政治建設協會告同胞書
[illegible]
中華民國三十六年三月八日
臺灣省政治建設協會

臺灣省政治建設協會「告全國同胞書」

三月八日事態惡化，因前一天「二二八事件處理委員會」公開廣播及三十二條的提出，令陳儀有了發怒的藉口，終止會談，並藉一齣真殺人假暴動的事件宣布戒嚴！次日臺灣省政治建設協會緊急草擬聲明書反對三十二條。此篇「告全國同胞書」託電台播出並郵寄報社於次日刊出。豈知事態急轉直下，大軍已至、屠殺開始。

蔣渭川蒙難一年中唯一的影像——一夕之間髮鬚全白。

蔣巧雲

省府委員名單公告

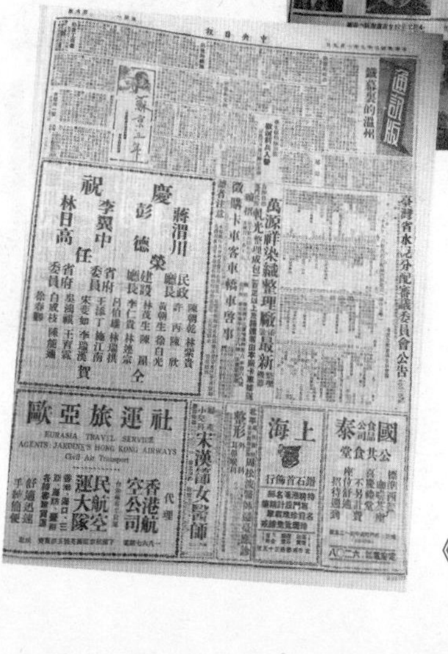

《中央日報》刊登帶有諷刺性的「慶賀」廣告

一九四七年五月在南京的中央政府頒贈匾額「志慮忠貞」予「先烈蔣渭水」，一九五〇年蔣介石再頒「民族正氣」匾額。

二二八才過去兩個月，即由行政院長張群代表政府頒贈「志慮忠貞」匾額予蔣渭水遺族，以寬慰受血洗的台灣人心。然而那個時候，蔣渭水的弟弟蔣渭川才剛逃過殺手子彈不過一個多月！還在家破人亡流離失所蒙難中……

一九五〇年八月五日「蔣渭水逝世二十周年紀念大會」在大稻埕第一劇場舉行（上），紀念會由台北市長吳三連主持（下左），內政部常務次長蔣渭川代表家屬致詞（下右）。

蔣介石一九四九年在台灣「復行視事」。為安撫於二二八受創至深的台人，便在一九五〇年提前舉行「蔣渭水氏逝世二十周年紀念大會」，陳誠副總統率五院院長參加。

自一九五〇至一九六〇年，蔣渭川擔任內政部次長十一年間，歷經六位部長，戮力從公，經常在全島偏鄉及山地巡視，舉凡民生問題、土地、產業、風災民瘼、宣傳選舉……曾有半年內累計在外七十天的紀錄。為安全考量，習醫的兒子卻不能從醫，而必須自付車資、旅費隨行陪伴。

左一為蔣渭川，右一為蔣松柏。

探訪災害、傾聽民意，選舉制度的宣導、汽油車首航等等。

蔣渭川與親如兄弟的郭雨新，攝於一九六四年。蔣渭川曾勸其「母親健在不遠遊」。

一九九九年蔣渭川的家人與吳鴻麒夫人（中坐者）難得的留影。

蔣渭川長女蔣梨雲（右）、長外孫女高雪惠博士（左，馬里蘭大學醫學院教授）
攝於一九九三年十月美國國家檔案局（華盛頓特區）

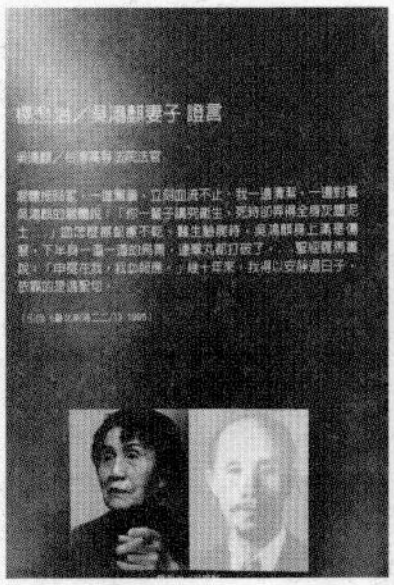

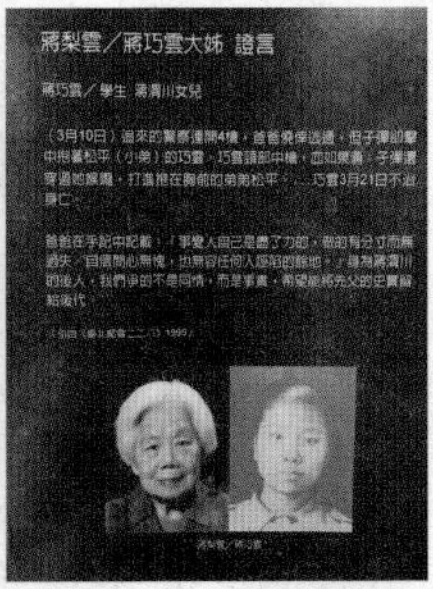

吳鴻麒夫人楊烝治證言、蔣梨雲證言、陳儀的兩面手法　　攝於台北市二二八紀念館

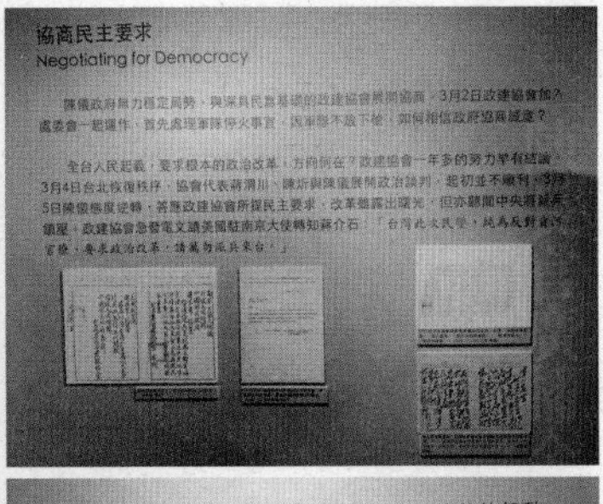

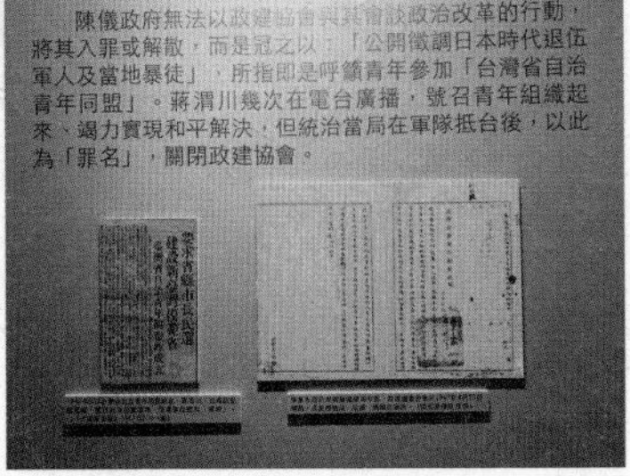

二〇二一年「二二八消失的政黨～臺灣省政治建設協會」展覽
攝於台北市二二八紀念館
是二二八事件七十四年以來首度由公部門為「臺灣省政治建設協會」作完整的研究與展出。臺灣省政治建設協會的歷史可追溯至百年前的「臺灣文化協會」，印證了歷史其實離我們並不遙遠。

國家圖書館出版品預行編目（CIP）資料

秋霞的一千零一夜 / 蔣理容作 . -- 第一版 . -- 臺北市 : 玉山社出版事業股份有限公司 , 2021.09

面；　公分

ISBN 978-986-294-276-5(平裝)

1. 蔣渭川 2. 臺灣傳記

783.3886　　110012067

秋霞的一千零一夜

多桑蔣渭川的二二八

作　　者 / 蔣理容
發 行 人 / 魏淑貞
出 版 者 / 玉山社出版事業股份有限公司
台北市 106 仁愛路四段 145 號 3 樓之 2
電話 / （02）27753736
傳真 / （02）27753776
電子郵件地址 / tipi395@ms19.hinet.net
玉山社網站網址 / http://www.tipi.com.tw
郵撥 / 18599799 玉山社出版事業股份有限公司

執行編輯 / 蔡明雲、沈依靜、楊書柔
行銷企劃 / 吳怡萱
業務行政 / 林欣怡

法律顧問 / 魏千峰律師

定價：新台幣 480 元
第一版第一刷：2021 年 9 月